순응과 전복
현대 한국 영화의 어떤 경향

발행일
2019년 3월 15일 초판 1쇄

지은이 | 김영진
펴낸이 | 정무영
펴낸곳 | (주)을유문화사

창립일 | 1945년 12월 1일
주소 | 서울시 마포구 월드컵로16길 52-7
전화 | 02-733-8153
팩스 | 02-732-9154
홈페이지 | www.eulyoo.co.kr

ISBN 978-89-324-7399-4 03680

순응과 전복
현대 한국 영화의 어떤 경향

을유문화사

이 책은 세계 어느 영화사에서도 유례가 없었던 2000년대 이후 한국 영화의 미학적 활기에 관해 쓴 글이다. 그 이전 시대의 한국 영화사가 언급되기는 하나 맥락을 다루기 위해 끌어들인 것일 뿐, 대개는 현대 한국 영화의 반역적 작품들에 천착했다. 현대 한국 영화사 전체를 포괄한 것도 아니며 감독론의 묶음도 아닌 이것은 철저하게 감독과 장르의 상관관계에 주목해 영화 작업의 주 매개자이자 창조의 큐레이터인 감독들이 어떻게 장르의 규칙을 변용했는지를 살피고자 했다. 그 시도의 상당수는 실패했으며 일부는 대단한 성공을 거뒀다. 성공을 거둔 이들은 현대 한국 영화의 미학적 대변자가 되었다.

투자자들은 질색하겠지만 나는 이들 감독이 추구했던 그 위반의 정서와 날렵한 재능을 존경했다. 그러나 한국의 영화산업이 점점 촘촘한 관리 체계를 갖추면서 창작자들의 위반 시도는 점점 드물어지게 되었다. 그렇다고 이 책이 시초부터 불과 20여 년도 지나지 않은 과거의 찬란한 성취와 현재의 드문 성취를 회고조로 돌아보는 것은 아니다. 신新전통은 이제 시작되었고 여전히 현재 진행형이라고 믿는다. 비록 정기적으로 비평을 쓰는 자리에서는 한발 물러난 상태지만 언제라도 징후가 보이면 다시 부지런히 비평적 촉을 발휘해 게으름을 떨쳐 낼 의지가 있다.

오랫동안 긴 분량의 책을 내고자 했으나 망설였다. 그 소심함에 각성의 불을 지핀 것은 을유문화사 정상준 편집주간의 10년이 넘도록 지치지 않았던 격려, 고무, 협박 덕분이다. 또한 내 젊음을 바쳤으나 지금은 폐간된 영화주간지『필름2.0』에 감사한다. 한때 그곳의 창간 멤버였으며 요즘도 간간히 글을 보내는『씨네21』에도 감사한다. 특히『필름2.0』시절 나는 일주일에 평균 60~80매 이상 어마어마한 분량의 평론과 에세이와 인물 기사를 썼는데, 이 책을 내면서 그 시절 한국 영화의 활기와 내 기운의 합이 잘 맞았다는 생각을 새삼 하게 되었다. 끝으로 정성스럽게 책을 만들어 준 최은정 에디터를 비롯한 을유문화사 분들에게 지극한 감사의 말을 전한다.

2019년 새해

김영진

글을 시작하며

1장

아비 없는
자식들의 여정

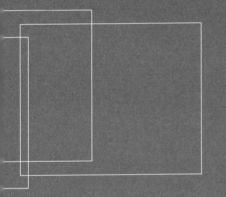

장르와 작가,
한국식 변용 모델을
찾아서

홀로 선 자식들의 과제

한국 영화감독의 대다수는 '아비 없는 자식들'이다. 그들은 과거 한국 영화의 장르전통을 의식하지 않고 영화를 만든다. 대신 그들에겐 아비 없는 자식들이 지닌 모험 정신이 있다. 이런 분위기는 현대 한국 영화의 역동성에 힘을 싣는 가장 주요한 요인이다. 이를테면 할리우드 영화는 어떤 범주의 영화든 넓게 보아 이것은 할리우드 영화다, 라고 구분 지을 수 있는 스타일의 공통점이 드러난다. 때로 이완과 이탈을 허용하기도 하지만 할리우드 시스템은 자기 브랜드의 경계를 완전히 벗어나는 창작적 활기는 결코 허용하지 않는다.

스튜디오 시스템이라는 통제 아래서도 창작자로서의 개성을 잃지 않았던 작가주의 계열의 감독들에게도 전통의 무게는 벗어날 수 없는 것이다. 할리우드의 스티븐 스필버그Steven Spielberg와 마틴 스콜세지Martin Scorsese 등의 감독 세대는 존 포드John Ford를 영화적 아버지로 여기고 그걸 존중하면서 동시에 뛰어넘으려는 강박감으로 영화를 만든다.[1] 구로자와 기요시黑沢 清나 수오 마사유키周防 正行는 일본식 전통가옥 안에서 벌어지는 멜로드라마를 찍을 때 오즈 야스지로小津 安二郎의 다다미 앵글을 의식하지 않을 수 없다는 걸 깨달았다.[2] 오랫동안 축적된 대중 영화 장르의 관습을 충분히 의식한 상태에서 영화를 만드는 홍콩의 예는 말할 것도 없고, 그 밖의 다른 아시아 국가의 영화에서도 특정 시기에는 선배들의 위대한 전통을 의식하면서 후배 감독들이 영화를 만든다. 이를테면 대만에서 허우샤오시엔侯孝賢, 에드워드 양楊德昌 등

1. 〈수색자들〉에 대한 뉴 할리우드 세대의 강박감은 유명한 일화다. 스티븐 스필버그, 마틴 스콜세지, 폴 슈레이더, 조지 루카스 등은 틈만 나면 〈수색자〉를 반복 관람했다. Brian Henderson, "The Searchers: An American Dilemma", in Movies and Methods Vol 2, ed Bill Nichols (University of California Press, 1985) pp. 430-431.

2. 2000년에 나눈 필자와의 인터뷰에서 기요시는 오즈의 멜로드라마를 로망 포르노로 모방한 〈간다천음란전쟁〉(Kandagawa Wars, 1993)을 만든 이후 될 수 있으면 일본식 전통가옥의 다다미방을 찍지 않는다고 고백했다.

의 감독들이 이끌어 낸 신 대만 영화의 미학이 전 세계 영화제에서 각광을 받았던 1990년대에 대만의 젊은 감독들은 현대 대만 영화의 스타일이 된 장시간 촬영과 고정 화면의 미장센을 고수했다. 현대 이란 영화는 한때 픽션과 다큐멘터리의 경계를 오가는 압바스 키아로스타미Abbas Kiarostami와 모흐센 마흐말바프Mohsen Makhmalbaf라는 두 거장의 스타일의 자장 안에 있었다.

이에 반해 한국의 신세대 감독들은 이전 세대가 지켰던 영화 만들기 규범을 전혀 의식하지 않는 가운데 영화를 제작한다. 이들이 이전 세대의 영화감독들에 대한 자의식이 전혀 없는 이유는 무엇보다 그들의 영화를 보지 못했기 때문이다.[3] 과거의 영화 전통에 대한 자의식이 부족한 상황에서 한국의 젊은 감독들은 한국적 장르 영화의 전통적 꼴이 무엇인지 체계적인 학습 기회를 가지지 못했다. 그렇게 장르전통의 연속성이 단절된 상태에서 1990년대 이후의 산업 지형 변화는 창작자들에게 장르관습을 끌어들일 것을 요구했다.

1980년대까지 충무로로 대변되는 종래의 영화제작사들은 제작 투자를 겸한 채 수공업적인 산업의 제왕적 지위를 누렸다. 하지만 투자자와 제작자로 이원화된 1990년대 이후의 산업구조에서 새로운 세대 영화제작자들은 장르 규범과 스타의 관계를 의식해 한국적 감성으로 변용한 기획 영화를 강박적으로 도모하게 되었다. 이때 등장한 감독들은 1980년대 말에 등장했던 이른바 '코리안 뉴웨이브' 세대[4]에 속하는 장선우, 박광수 등의 감독과는 다른 상황에서 작업했다. 장선우, 박광수, 정지영 등의 감독이 분단 체제의 남한 현

---

3. 2006년 2월 영상자료원의 정기상영프로그램을 통해 이두용의 〈최후의 증인〉을 본 몇몇 감독은 아버지 세대의 영화에 대한 자신들의 무지가 결핍감은 아닐까 의심했다고 토로했다. 오승욱, 류승완, 정윤철 등의 감독은 한국에도 뉴 할리우드 시대의 영화에 비견할 만한 성취가 드물게 있었다는 것에 충격을 받았다고 말했다.

4. '코리안 뉴웨이브'가 학술적으로 명확한 명칭이냐에 대해서는 논란의 여지가 있다. 중국의 '5세대', '6세대' 등의 감독 구분이 중국 영화인들에게 거부감을 불러일으키는 것처럼 이는 서구 영화제에 소개된 한국 감독들을 편의적으로 부르는 일종의 저널리즘적 수사에 가깝기 때문이다. 영국의 영화평론가 토니 레인즈가 처음 명명한 것으로 알려진 이 명칭은 관행적으로 한국의 평단에도 수용되었다.

실을 직접적으로 주제화한 영화들로 경력을 시작하고 이어 갔다면 그다음 세대의 감독들에게 가장 중요한 과제는 어떤 장르 규범의 세련과 혁신으로 제작자와 대중을 동시에 만족시킬 것인가라는 점이었다.[5]

장르와 작가

1950년대 프랑스 영화잡지 『카이에 뒤 시네마Cahiers du Cinéma』 평자들이 할리우드 감독에 대해 소설가, 화가, 음악가와 같은 예술가의 지위를 부여하기 위해 만들어 낸 '작가Auteur' 이론은 표준화된 제작 공정을 강요하는 할리우드에서 감독의 개성을 지킨 일군의 영화들을 식별하기 위한 유용한 비평 정책으로 자리 잡았다. 영화감독이 영화 창조 독창성의 기원적 담지자라고 여기는 방침은 집단 창작물인 영화에 대한 낭만적인 단순화라는 비판에 곧 직면했지만, 구조주의 이후의 현대 영화 이론의 백가쟁명 시대 이후에도 작품의 창조적 특질을 가늠하는 참조 틀로 여전히 살아남았다. 이 작가 정책은 영화 장르의 변화와 진화를 가늠하는 데도 다양한 쓸모가 있다.

영화 장르의 진화 또는 수정 과정에는 산업적 변화, 기술의 발전, 감독을 비롯한 영화인들의 창조력이라는 매개 변수가 끼어든다. 할리우드 장르의

---

5. 세대 구분상으로는 코리안 뉴웨이브에 속하지만 연출경력 면에서는 뒤늦게 데뷔한 김홍준 감독은 BFI가 기획한 영화 100주년 기념 다큐멘터리에서 급격하게 변모된 한국 영화산업에 대한 불안감을 피력한다. 장선우가 연출한 이 다큐멘터리에 인터뷰어로 출연한 그는 "현재의 충무로는 임권택의 〈만다라〉와 같은 영화가 나왔던 환경과는 너무 달라졌다. 이전처럼 영화감독이 제작자를 찾아가 이런 영화를 만들고 싶다고 해서 만들어질 수 있는 구조가 아니다. 자본과 대중의 요구를 동시에 충족시키는 산업적 변화가 엄청나게 빠른 속도로 진행되고 있다. 나는 그 변화가 두렵다."고 말했다. 물론 그 이후에도 홍상수와 김기덕처럼 장르 규범을 의식하지 않는 작가들도 등장했다. 그렇지만 데뷔 당시 큰 비평적 주목을 받았던 이들의 영화는 주류 영화 시스템 배급에서는 점차 소외당했다. 홍상수는 2003년 〈여자는 남자의 미래다〉를 전환점으로 독립영화배급시스템으로 방향을 틀어야 했고, 김기덕은 〈나쁜 남자〉 등의 예외가 있긴 했으나 서구영화제에서의 국제적 명성에도 불구하고 국내 산업에선 소외당했다.

체계에 관해 토마스 샤츠Thomas Schatz는 '꾸밈없는 화법에서 의식적인 형식
주의로 넘어가는 변화에 기초를 둔 포괄 분야의 내적인 발달에 적용되는 모
형'을 제시했다.[6] 그러나 고전적 시기와 수정주의적 시기의 명확한 획이 그려
지는 내적 발달이 한국 영화사에선 그려지지 않는다. 한국 영화의 장르 역사
는 단절과 비약으로 점철된 기이한 비연속적 궤적을 보인다. 대신 그만큼 다
양한 참조 점들이 생긴다. 가장 좋은 예가 박찬욱의 영화들이다. 2004년 칸
영화제에서 〈올드 보이〉로 심사위원 대상을 받았을 때 자신의 영화가 주류 상
업 영화와 작가 영화 사이에 또 다른 길을 모색하는 것이라고 공언했던 박찬
욱은 1990년대 이후 곧잘 B 영화의 옹호자임을 드러냈다. 〈올드 보이〉의 칸
수상 이후 박찬욱은 눈에 띄게 B 영화와 자기 영화의 근친성에 대한 언급을
삼갔는데, 이것이 필요 이상으로 언론과 대중의 오해와 공세적 비판을 불러일
으킨다고 판단했기 때문이다. 그럼에도 불구하고 한국의 언론과 대중은 박찬
욱의 영화가 여전히 주류 내러티브 영화와는 다른 개성을 가졌다고 여긴다.

2000년대 중반까지 박찬욱이 영화잡지와의 인터뷰에서 즐겨 B 영화의 우
수성을 논했던 것은 고전기 할리우드에서 극장 수급용으로 제작되던 숱한
패키지용 시리즈물을 말한 것이 아니라 스튜디오 시스템이 쇠약해진 1950년
대 이후 할리우드 바깥에서 독자적으로 자기 개성을 걸고 저예산 영화를 만
들던 로버트 알드리치Robert Aldrich와 같은 감독의 영화를 향한 것이었다. 박
찬욱의 경우, 앨프리드 히치콕Alfred Hitchcock과 잉마르 베리만Ingmar Bergman
과 로버트 알드리치Robert Aldrich가 평화 공존하는 영화 세계의 적자임을 드
러낸다는 점에서 쿠엔틴 타란티노Quentin Tarantino가 대변했던 포스트모던
한 세대의 혼성 장르 계승자의 계보에 편입시키고 싶은 유혹을 느끼게 한다.

---

6. 서부극의 경우 〈역마차〉에서 〈내 사랑 클레멘타인〉 〈수색자들〉로 이어지는 장르 형성과 발전 수정의
모형을 제시할 수 있다. 토마스 샤츠, 『할리우드 장르의 구조』, 한창호, 허문영 역 (한나래, 1995) pp. 107-
130.

하지만 박찬욱은 쿠엔틴 타란티노처럼 분명하게 유희적 감성과 태도를 영화 바깥에서 드러내지 않았다. 〈복수는 나의 것〉, 〈올드 보이〉, 〈친절한 금자씨〉 등 '복수 3부작'을 통해 그가 다룬 주제는 진지한 도덕적·윤리적 딜레마를 다룬 것이었다.

유희적인 태도와 성찰적인 태도를 조화시킨 박찬욱을 비롯해 그와 비슷한 세대적 취향을 공유하는 감독들의 정체성은 하나로 묶이지 않는다. 대신 각자 포섭될 수 없는 과거 영화의 영향을 드러낸다는 것만으로도 공통적인 특징을 보인다. 물론 이들의 영화 취향은 한국 영화 전통 안에서 형성된 것이 아니라 외래 것을 자기 것으로 소화한 결과의 바탕 위에 서 있다. 〈아라한 장풍 대작전〉, 〈주먹이 운다〉의 류승완은 성룡의 액션 영화와 마틴 스콜세이지의 거리 폭력 영화에 대한 영향을 받아들여 자신의 영화 세계에서 폭력을 양가적으로 다룬다. 데뷔작 〈죽거나 혹은 나쁘거나〉를 비롯하여 류승완의 대다수 영화는 유희적인 폭력 묘사를 추구할 것으로 보였던 것에서 밑바닥 인생의 페이소스를 느끼게 하는 비판적 리얼리즘의 흔적을 발견하게 한다. 극단적인 유희적 태도를 표방했던 〈다찌마와리〉의 상업적 실패 이후 류승완은 보다 안정된 장르적 관습에 기초한 일련의 영화들, 〈부당거래〉, 〈베를린〉, 〈베테랑〉 등으로 경력의 궤도를 바꾸었다. 김지운은 기상천외한 희극 영화였던 〈조용한 가족〉과 〈반칙왕〉 이후 점점 더 서구 영화의 영향을 의식하면서도 텍스트 내부에서는 성찰적인 태도를 취하는 〈장화 홍련〉과 〈달콤한 인생〉으로 또 다른 맥락에서 당혹감을 안겨 줬다. 〈좋은 놈, 나쁜 놈, 이상한 놈〉이나 〈악마를 보았다〉, 〈밀정〉 등에 이르기까지 김지운의 영화관은 초기 영화의 유희적인 성찰에서 성찰적인 유희로 강조점을 달리해 대중에게 접근하며 스스로 신중하게 예술가의 이미지를 포장하려 하고 있다. 일체유심조一切唯心造를 암시하는 잠언으로 시작하는 〈달콤한 인생〉은 누아르 영화의 관습을 이리저리 비튼 영화였고, 일제 강점기를 배경으로 한 대작 〈좋은 놈, 나쁜 놈, 이상한 놈〉이나 〈밀정〉은 정체성에 대한 탐문을 바탕에 깔고 나아가서는 스펙터클 쾌감에 복종하는 영화였다.

2000년대 이후 특히 한국 영화산업 내에서 주류 영화감독으로 떠오른 이들은 장르전통과 관습을 절대적인 참조 틀로 받아들이지 않으면서도 대중에게 특정 장르로 소구되는 이미지를 갖는다는 점에서 작가적 자의식을 지녔던 이전 세대 감독들과 구별된다. 앞서 거론한 감독들 외에도 상당수 감독들이 그들과 비슷한 지향점을 가지고 영화를 만든다. 이는 동시대의 홍상수나 김기덕을 비롯해 이전의 코리안 뉴웨이브 세대인 박광수, 장선우와 다른 입장이다. 또한 1960년대부터 1980년대에 걸친 충무로의 전통을 대변하는 신상옥, 김기영, 임권택, 유현목, 김수용, 이만희 등의 감독과 구별되는 입장이다. 첨언한다면 신상옥과 임권택, 이만희 등의 감독들이 마지못해 장르 영화를 만들면서 자기 색깔을 드러냈다면, 이들 2000년대 이후의 감독들 영화는 장르관습을 더 적극적으로 전유하고 즐기며 감독의 개성을 스타일로 증명하는 상업적 작가주의의 노선을 따른다. 1960년대와 1970년대 통제와 보호라는 양날의 칼을 휘둘렀던 정부의 영화 정책에 따라 한국 영화의 전통적 거장들은 흥행성이 강한 장르 영화를 자주 만들면서도 때로 정부의 포상을 받는 우수 영화를 주로 '문예영화[7]'의 형태로 만들어 냄으로써 자신들의 작가적 개성을 지킬 수 있었다. 그렇지만 현대 한국 영화감독들에게 작가적 개성의 고수는 장르라는 우회를 통하지 않고서는 점점 힘들어지는 추세가 되었다. 일반적으로 장르는 감독들이 작업하는 데 도움이 되는 표현 체계를 제공하고 창조적 독선을 확실하게 제한하는 참조 틀이다. 그러나 또한 현대 한국 영화에서의 장르와 작가의 관계는 필연적으로 어느 지역의 영화 전통에도 포섭

---

7. 문예 영화라는 개념은 문학 작품을 영화화한 것을 일컬으며 일본식 조어를 받아들인 사례다. 이 개념에는 문학을 영화화했으니 덩달아 예술성도 확보했을 것이라는 전근대적 영화 인식이 내포돼 있다

되지 않는 로컬리티를 드러낸다.

현대 한국 영화의 작가적 개성을 지닌 감독들이 소화하는 장르적 관습은 "집단적인 이상들을 의례화하고 사회적 및 문화적 갈등의 일시적 해소를 찬양하며 부담스러운 문화적 갈등을 오락의 가면 뒤에 은폐하는 기능을 맡는"[8] 할리우드 고전기나 형성기의 관습적 약호와는 좀 다르다. 그보다는 자의식이 강하고 분석적인 태도로 주류 영화 제작에 접근하는 가운데, 고전주의 할리우드의 강력한 화법을 싸구려 영화의 자유분방한 소재와 유럽 누벨바그 영화 세대의 혁신적인 표현 양식과 결합하여 새로운 종류의 영화를 만들고자 한 1970년대의 뉴 할리우드 세대의 감독들과 비슷한 입장에서 도구화시킨 틀로서의 장르에 가깝다. 이것이 "활극/희곡/환상 영화의 면모가 가득한 내용을 관객에게 전하면서 은근한 위장으로 감춘 채 심오한 추가적인 의미를 일부 관객에게 보내는 두 차원의 전달 체제를 개발했다"[9]고 본 뉴 할리우드 세대의 영화 제작에 대한 노엘 캐롤Noel Carroll의 평가와 꼭 일치하는 것이라고 보긴 쉽지 않겠으나 최소한 어떤 유비관계를 만들 수 있다는 것은 분명하다. "모든 유형의 영화에서 구조적 붕괴의 과정이 진행 중"이라고 본 폴린 카엘Paulin Kael의 뉴 할리우드 세대의 영화에 대한 진단[10]을 떠올린다면 급격하게 세대교체를 이룬 1990년대 중후반 이후의 한국 영화계에서도 미약하지만 간과할 수 없는 변화가 진행되었기 때문이다.

미국의 예를 들어 잠깐 우회하자면, 1960년대 말 대형 스튜디오 바깥에서 만든 젊은이들의 독립 영화가 박스 오피스를 점령하면서 도래한 뉴 할리우

8. Thomas Schatz, "The Structural Influence", in Film Genre Reader 2, ed. Barry Kieith Grant (University of Texas Press, 1986) p. 97.

9. Noel Carroll, The Future of Allusion: Hollywood in the Seventies, 존 힐, 파멜라 힐,『세계영화연구』, 안정효 외 역, (현암사, 2004)에서 재인용.

10. Paulin Kael, I Lost it at the Movies, (London: Jonathan Cape, 1966), pp. 8-9.

드 영화가 유행했을 때 당시 저명한 비평가 폴린 카엘은 뉴 할리우드 영화의 작품들이 "의미와 비평의 기준뿐만 아니라 장인정신도 거부한다"라고 개탄했으며 영화 서술체의 붕괴를 두고 전반적인 전통적 영화 문화가 붕괴하는 징조로 보기도 했다. "폭넓고 정교한 해석의 가능성에 대한 강조는 예술전용관 관객들로 하여금 명확함의 부족을 복합성으로, 서투름과 혼란스러움을 모호성과 표현 양식으로 받아들인다."[11]라는 뉴 할리우드 세대 영화의 부정적인 일면에 대한 카엘의 지적은 놀랄 만큼 2000년대 중반 일부 한국 영화의 수용 현실과 일치한다. 그러나 카엘 역시 뉴 할리우드 세대 영화가 품은 저항정신의 폭발력을 이해하고 로버트 알트만Robert Artman의 영화를 비롯한 상당수 뉴 할리우드 영화에 지지를 보냈다. 〈우리에게 내일은 없다Bonnie And Clyde, 1967〉에 대한 평에서 카엘은 이 영화가 주인공들과의 동일시를 위한 안전한 기초 혹은 그들의 행동을 심판하기 위한 명쾌한 도덕적 틀도 제시하지 않았으며 미국 사회에서 폭력이 차지하는 역할과 당시의 관심을 명확하게 밝혔다고 지지했다. 카엘이 "적극적이면서도 다른 한편으로는 초조한 일종의 불균형에 빠져들어 화면에서 벌어지는 사건들에 대해 진지한 참여와 희극적인 거리두기 사이에서 갈팡질팡해야 했다."[12]라고 파악한 관객의 입장은 2000년대 한국 영화를 대표하는 봉준호의 〈살인의 추억〉이나 박찬욱의 〈친절한 금자씨〉 등의 영화를 본 관객의 반응을 떠올리게 한다. 이는 곧 주류 영화를 지향하면서도 소수자 집단이 품는 불화의 태도를 반영함으로써 대중에게 이념적 대표성이 적은 사람들의 입장을 호소하려는 야심이 담긴 이런 유형의 영화들이 대중지향적인 영화로 남는 특이한 결과를 낳는다.[13] 1990년대 중반에 조금씩 시도되어 2000년대에 개화한 것은 대표적으로 박찬욱 등 상

11. Paulin Kael, I Lost it at the Movies, (London: Jonathan Cape, 1966), p.15.

12. Paulin Kael, Kiss Kiss Bang Bang, (London: Calder & Boyars, 1970) p.56.

업적 작가의 야심을 품은 새로운 세대 영화들이 현대 한국 영화의 흐름을 장르적 관습에 대한 절충과 저항의 흔적으로 재창조한 결과물들이었다.

동시에 다른 한편을 이루는 것은 장르 영화의 일반적 토대에 기초하면서도 지극히 한국적인 로컬리티를 드러내는 장르 순응형 감독들의 영화가 대세를 이루는 과정이었다. 일반적으로 장르 영화라고 하면 대중의 욕망을 충족시킬 수 있는 목표지향적 서술체 영화의 특징을 가리킨다. 장르의 표준 규범을 확립한 할리우드 영화에 대해 가장 세심하게 연구한 학자 중 한 사람인 데이비드 보드웰David Bordwell에 따르면 고전적 서술체 영화라 불리던 할리우드 서술체 영화 전통의 여러 변형으로 봐야 하는 것이 장르다. "할리우드 고전주의 서술체 영화가 보여 주는 일련의 특성인 서술의 직선적 전개, 결말, 대칭, 그리고 서술과 장면의 균형뿐만 아니라 특징이 되는 의미론적 영역은 유럽의 예술영화와 같은 모형들과는 다른 서술체 영화의 유형을 아주 폭넓게 정의한다."[14] 고전적 할리우드 영화는 분명한 문제를 해결하거나 구체적인 목적을 달성하기 위해 분투하며, 심리적인 면이 확실하게 설정된 개인들을 주요 원인 제공자로 내세우고, 문제가 해결되거나 또는 목표 달성의 성공 여부를 확실하게 종결지으며 이야기가 끝난다. 등장인물 주변에서 벌어지는 사태의 진전이 가장 중요한 집결의 원인을 제공하는 한편, 공간적 형상은 구성의 필요성뿐 아니라 사실주의를 동기로 삼는다.

이런 보편적 장르 영화의 전제는 18세기 이후 서구사회의 대중문화에 보

13. 예를 들면 박광수의 〈이재수의 난〉, 장선우의 〈성냥팔이 소녀의 재림〉, 장준환의 〈지구를 지켜라〉 등이 주류 영화산업에서 만들어질 수 있다는 것은 다른 나라에서는 가능하지 않은 예외적인 사례에 속할 것이다. 이 영화들이 상업적으로 재앙을 맞으면서 모험적인 영화제작이 주춤해진 것은 사실이지만, 동시에 이런 시도가 불가능하지 않다는 것도 한국 영화계의 아직 종식되지 않은 모험 정신의 일면이다. 2000년대 중반 이후 이런 흐름은 확실히 변방으로 물러났지만, 봉준호 등 성공한 영화감독들이 추구하는 모험심이 얼마간 보수적인 영화산업의 흐름에서 균형추 역할을 하리라는 전망도 가능하다.

14. David Bordwell, 「Making Meaning: Inference and Rhetoric in the interpretation of Cinema」, (Cambridge, Mass. : Harvard University Press, 1989), pp. 150-151.

편적인 규범이 된 멜로드라마 문법을 확장시킨 것이다. 흔히 소프 오페라라 불리기도 하는 이 통속적인 드라마 형태는 학자 피터 브룩스Peter Brooks의 표현에 따르면 '비극적 시각의 상실에 대한 대응'이다. "서구 근대 사회에서 부르주아 계급이 핵가족이라는 특정한 형태로 확립되면서 공적 영역에서는 윤리적 진공 상태가 동시에 생겨났다. 멜로드라마는 인식을 만들어 내는 하나의 유형이다. 이 멜로드라마의 특징은 '강렬한 정서에 대한 탐닉, 도덕적 양극화와 도식화, 존재와 상황과 행동의 극단적 상태, 선에 가해지는 박해와 미덕에 대한 궁극적인 보상, 과장되고 화려한 표현, 암울한 구성, 긴장감, 숨 가쁜 운명의 급변'이다."[15] 멜로드라마의 특성에 대한 피터 브룩스의 일반적 정의를 받아들인다면 현대 의식의 분산 현상에 반발하는 윤리적 중심을 다시 찾으려고 시도한다는 면에서 모든 주요 할리우드 장르는 멜로드라마라고 할 수 있다. 이 정의와 비슷한 통찰을 보여 주는 것으로 영화학자 스티브 닐Steve Neale의 정의도 생각해 볼 수 있다. 닐에 따르면, 일반적으로 장르 영화 규범은 낭만적인 사랑과 인간관계에서의 다른 여러 형태, 폭력, 사회의 질서와 무질서, 법, 공동체, 일과 여과, 시사 문제와 대중 역사 등의 소재를 각기 다르게 배치하는 한 가지 방식이다.[16]

한국의 현대 상업적 작가들

현대 한국 영화에서의 일부 장르 순응형 감독들이 추구하는 정서적 카타르시스는 근본적으로 닐이 거론한 장르 규범에 속해 있는 기능이다. 그것과 길

---

15. Peter Brooks, The Melodramatic Imagination, (New Heaven: Yale University, 1976), p. 4.

16. Steve Neale, Genre, (London: BFI, 1980) p. 31.

항관계에 있는, 영화산업과 일정한 긴장 관계를 맺는 일군의 상업적 작가들은 장르를 자의식으로 다룬다. 이 자의식은 자국의 전통과 견고하게 엮여 있지 않으며 오히려 좀 과장한다면 아시아와 서구를 가로지르는 폭넓은 영화적 교양에 바탕을 둔다. 목표 지향적이며 문제 해결적인 이야기체 영화의 인과론과 장르가 맺는 긴밀한 관계가 한국에서 절실하지 않았던 것은 1990년대 초 등장한 신생 제작사들의 '기획 영화' 유행과 밀접한 관계가 있다. 한국 영화산업은 주로 감독의 성향과 능력에 의존하면서도 기획력에 기대는 모순을 드러내는 가운데, 장르를 선취하면서 탈각시킨 이중적 역할을 했다. 현대 한국 영화에서는 영화 한 편이 상업적인 성공을 거두면 하나의 유행 패턴이 만들어진다. 주기는 짧으나 단기간의 소규모 하위 장르가 형성되는 양상을 보인다. 기획이 장르를 집어삼키는 흐름 속에서 장르의 일반 법칙과 전제가 헐거워지는 기현상이 일어난다.

이런 상황에서 역설적으로 더 중요해졌던 것은 작가의 위치다. 단, 이때 작가의 위치는 철저하게 장르 규범 내에서 행사되는 예술적 야심이라는 전제에서 보호된다. 홍상수와 김기덕 등 1990년대 중반에 등장해 한때 한국 영화의 표현 패러다임 변화에 큰 영향력을 행사한 감독들이 2000년대 이후 점진적으로 영화산업에서 차지하는 위치의 비중이 줄어든 것이 하나의 실례다. 그들과는 반대로 박찬욱, 봉준호 등은 개인적인 성향이 강한 데뷔작 실패를 뒤집고 장르관습을 표면적으로 내세우며 자기 개성을 주장함으로써 시장에서 승리자로 올라설 수 있었다. 그들의 영화는 2000년대 중반까지 한국 영화계에 주요한 미학적 활력을 불어넣는 중심 세력이었다. 이들의 부상과 더불어 1990년대 초 기획 영화의 초창기, 1990년대 후반 산업적 융성기를 거쳐 2000년대 초 장르관습과 작가적 개성의 균형을 맞추려는 감독들의 시대가 열리면서 각 시대별로 작가가 장르를 수용하는 태도와 목표도 다르게 나타난다. 이를테면 이명세가 장르관습을 대하는 태도와 박찬욱, 김지운 등이 장르관습을 대하는 취향의 차이가 분석될 수 있을 것이지만, 2010년을 넘어가면서 기류는 또다시 바뀌었다. 박찬욱, 봉준호 등은 여전히 비평의 월계관을 쓴 채 상업적으로도 호응을 얻었다. 그러나 그들 세대도 앞선 세대와 마찬가지로 기성세대의 자리로 이동하면서 그들을 잇는 다음 세대 감독들은 더 촘촘해지고 규모가 커진 투자 제작 환경의 영향으로 훨씬 더 장르 고착적인 성향의 작품들을 만든다. 이후 세대 감독들 영화 중에는 나홍진, 윤종빈 등의 영화가 혈통적으로 386에서 이제 586이 된 박찬욱 세대의 미학적 유전자와 비슷하거나 아니면 더 과격하거나 순응된 패턴으로 똬리를 틀고 있는지도 모르겠다.

그렇더라도 현대 한국 영화가 저항 혹은 순응하려는 '장르' 전통에 대한 설명은 여전히 곤란한 문제에 부딪힐 수밖에 없다. 한국 영화 역사에서 장르의 정전, 규칙을 정리하는 것은 보다 큰 차원의 논의를 필요로 한다. 비평 의식의 관행은 의식적, 신화적 기능으로서의 장르관습의 수용과 활용보다는 전통적으로 작가의식에 기초한 리얼리즘 정신에 대해 보다 우호적인 반응을 보였다. 아울러 통제와 보호의 양날을 지녔던 정부의 우산 밑에서 전근대적인 산업 독과점 체제를 유지하며 장르관습을 축적하고 혁신하는 과제보다는 이른바 '문예 영화'라 불렸던 예술영화가 작가 영화로 인정받는 것에 더 유리했던 한국적 상황에 대해서도 나름의 역사적 설명을 시도하는 것이 필요할 것이다.

한국적 맥락에서 장르관습의 다양한 참조 틀을 빌려와 순응과 저항의 면모를 종횡으로 펼치는 현대 한국 영화의 어떤 경향에 주목하는 것은 비체계적이고 부분적인 고찰에 머물지만, 그 비일관적 체계의 역동성이 한국 영화 에너지의 원천이기도 하다. 장르관습의 대전제를 따르는 척하면서도 자기만의 형식적 얼룩을 남기는 일부 주류 영화에서의 스타일 성취에 주목하는 것은 특히나 유별난 현대 한국 영화의 흐름이다. 어떤 형식이나 이념, 스타일의 족보에 속하지 않으면서도 과감하게 아비 없는 자식들의 무모한 야심을 추구하려 드는 현대 한국 영화의 어떤 경향은 한국 영화계의 근본적인 동력이었다. 이제 박찬욱 등이 속한 세대는 더 이상 한국 영화계의 뉴웨이브가 아니라 중견 감독 세대를 대표한다. 그들의 예술적 위치는 과거에 비해 위태로워 보인다. 그들의 예술적 영향력을 넘어서 또 다른 새로운 것을 만들어 낼 다음 세대의 출현 가능성은 더욱 강퍅해지는 대기업 극장 투자 자본의 견제 속에서 더욱 위축되고 있다.

한국 주류 영화산업의 흐름은 점점 할리우드의 표준 장르관습을 복제하는 방향으로 흘러가는 듯이 보이지만 거기에서 새로운 에너지가 생성될 리는 만무하다. 그러므로 2000년대 중반까지 한국 영화계를 지탱했던, 아버지 세대의 우산을 의식하지 않고 족보도 계통도 없는 모험을 감행했던 젊은 한국 영화감독들의 상상력, 그 힘의 정체를 밝히는 것은 여전히 필요하다.

임권택 ⓒ최성열

이명세 ⓒ최성열

이창동 ⓒ백종헌

박찬욱 ⓒ모호필름

봉준호 ⓒ손홍주

류승완 ⓒ최성열

나홍진 ⓒ오계옥

한국 영화사의 빛바랜 천재적 재능들

고 김기영 감독이 타계하기 2년 전, 나는 그때 내가 일하던 잡지사 『씨네21』에서 김기영 감독의 회고전을 기획해 그의 집을 방문한 적이 있다. 당시 책들로 가득 채워진 환기도 되지 않는 서재에서 연신 파이프 담배를 피우던 그분의 모습이 기억난다. 그는 명절 때도 일하는 자신의 근면성을 자랑했고, 새로 쓴 시나리오의 내용을 슬쩍 들려주면서 누구에게도 발설하지 말라고 신신당부했다. 그 시나리오의 내용은 우리가 익히 알고 있던 김기영의 대표작 〈하녀〉와 비슷한 이야기였다. 여자 때문에 패가망신하는 중산층 남자의 이야기를 김기영은 평생 줄기차게 리메이크했다. 〈하녀〉, 〈화녀〉, 〈충녀〉, 〈화녀 82〉, 〈육식동물〉모두 조금씩 배경을 달리한 비슷한 줄거리의 영화였다. "왜 그렇게 특정 소재에 집착하시느냐"라고 묻자 그분의 대답은 단순명쾌했다. "장사가 잘되니까."

김기영 감독은 해방 이후 남한이 배출한 드문 천재였다. 〈화녀〉에서 김기영과 일한 후 오랫동안 영화를 하지 않았던 중견 배우 윤여정은 첫 작품을 너무 센 감독과 작업한 나머지 다른 감독들이 시시해 보였다고 고백했다. 정일성 촬영감독은 새벽 4시부터 콘티를 함께 점검하고 새벽 6시면 남대문시장에 나가 손수 소도구를 장만했던 김기영 감독의 열정과 재능을 회고했다. 그렇게 해서 세상에 나온 김기영의 영화는 어떤 장르나 사조, 흐름으로 묶일 수 없었다. 김기영의 영화는 그냥 김기영의 영화일 뿐이다. 1990년대 후반 영화광들의 문화에서 엉뚱하게도 컬트 영화로 둔갑했던 〈살인나비를 쫓는 여자〉와 같은 그의 태작도 해석 자체를 거부하는 기괴하고 독특한 취향으로 관객의 감성을 습격했던 것은 마찬가지다.

김기영 감독에게 〈살인나비를 쫓는 여자〉에 관해 물었을 때 그는 이 영화를 거의 기억하지 못했고 말하고 싶어 하지도 않았다. 이 영화가 나왔던 1978년은 한국 영화가 최악의 불황을 겪던 암흑기였다. 영화를 유신정권의 홍보 수단으로 여기는 정부의 감시 속에 엄격한 검열을 거쳐 영화는 만들어졌고, 대개는 의무제작편수를 때우기 위해 날림으로 제작됐다. 〈살인나비를 쫓는 여자〉도 기획부터 완성까지 고작 한 달이 걸린 날림 영화였다. '의지의 승리', '미녀의 환생', '살인나비'라는 세 에피소드로 구성된 이 영화는 죽은 줄 알았던 인간이 해골이 돼서도 나는 죽지 않는다고 외치고 고려시대의 여인이 환생하기도 하는 기상천외한 상황으로 죽음에 대한 강박감을 공포 영화의 문법으로 풀어낸다. 이 아방가르드한 형식 실험은 곧 아무도 영화를 보지 않고 필름이 창고로 직행할지 모른다는 체념에서 찍어 낸 결과다. "나는 예술을 하려고 한 게 아니다. 나는 내 취미대로 영화를 갖고 놀았다"라고 말했던 김기영 감독은 좌충우돌하는 세상관과 비뚤어진 염세주의를 바탕으로 독자적인 영화 세계를 만들었지만, 한국의 영화 환경이 그런 그의 취미를 살려 줄 만큼 관대했던 것은 아니었다. 그의 작품 목록에는 〈하녀〉 시리즈와 같은 흥행작뿐만 아니라 〈이어도〉, 〈흙〉과 같은 덜 알려진 수작도 있으나 어쩔 수 없이 대충 찍은 영화들도 수두룩하다. 〈바보사냥〉과 같은 그의 후기작은 기획부터 극장에 걸리기까지 불과 23일이 걸린 초날림 영화였다. 흥미로운 것은 그런데도 영화는 볼만했다는 것이다.

생전의 김기영 감독은 자기 영화의 시사회장에 거의 가지 않았다. 완성된 영화는 늘 의도의 30퍼센트밖에 나오지 않는다고 여겼기 때문이다. 이는 물리적 매체인 영화의 원시성을 나타내는 상식적인 언급과는 다르다. 이장호 감독이 〈별들의 고향〉으로 데뷔했던 1974년에 한국 영화 대다수는 필름을 아끼느라 원래 필름의 반을 잘라 쓰는 테크니스코프^{Techniscope} 사이즈가 유행하고 있었다. 돈을 아끼기 위해 필름을 잘라 썼던 이런 관행은 1970년대라는 가까운 과거에 일어났던 일이다. 신상옥 감독은 한국에 처음으로 스튜디오 시스템을 세울 야심을 품은 거인이었지만, 그의 영화들 모두 거장이란 수식어로 온전하게 수습될 수 있는 수준의 것은 아니다. 40여 년의 영화 인생 동안 109편의 영화를 만든 김수용 감독은 한국 영화계에 드문 세련된 스타일을 추구했으나 수작만큼이나 범작도 많이 찍었으며 1967년 한 해 동안 10편의 영화를 연출하기도 했던 전형적인 다작의 장인이다. 그리고 잘 알다시피 이 남작의 시대였던 1960년대를 거치고 목적 영화가 양산됐던 1970년대를 작가적 전환점의 계기로 삼아 오늘날까지 살아남은 거의 유일한 장인이 임권택 감독이다.

거의 모든 영화인이 최고의 천재로 추억하는 고 이만희 감독은 몇 차례 대공분실에 끌려가 고초를 겪은 정치적 상황과 지방배급업자들의 돈으로 제작비를 충당해 영화를 만드는 1960년대의 낙후된 충무로 시스템이라는 이중고 속에서 가슴에 불을 안고 살았다. 당장 영화를 찍고 있는 와중에 차기작 연출 개런티를 이미 술로 탕진할 만큼 절제되지 않은 생활을 했다. 그런데도 그의 영화 수준은 늘 평균 이상이었다. 이만희의 조감독 출신인 모 감독의 증언에 따르면 변변한 시나리오도 나오지 않은 상태에서 촬영 도중 현장에서 즉흥적으로 각본을 만들어 갔던 미스터리 스릴러 영화도 플롯이 세워지는 기적이 일어났다고 한다. 이런 일화들은 결국 개인의 천재성으로 버텼던 불안정한 영화산업 시스템의 낙후를 가리킨다. 현대 이전의 한국 영화사에서 어떤 영화감독도 일관된 필모그라피를 갖고 있지 못하다는 것은 놀라운 일이 아니다. 전근대적인 영화산업의 그늘 속에, 군사정권의 감시 속에 영화는 대충 찍혀지고 있었고 감독들은 그 구조에서 먹고살기 위해, 또는 자신의 예술 세계를 표현하기 위해 최선이 아닌 차선을 택했다.

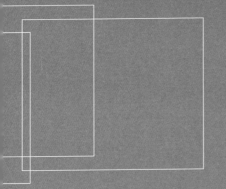

2장   전통의 단절과 부활

세대교체를 위한
본능적 허물벗기

영화사가 이영일에 따르면 한국 영화사에서 장르는 '지속형 장르'와 '단속형 장르' 그리고 '소멸하는 장르'로 나눌 수 있다.[1] "멜로드라마는 어느 시대에나 지속됐다. 단속형 장르로는 사극을 들 수 있는데, 이 장르는 1960년대에서 1970년대로 넘어가면서 뚝 끊어져 거의 나오지 않았다. 소멸하는 장르로는 신파를 들 수 있다. 이와 같은 장르의 타입은 도표화가 가능할 정도로 분명하다. '대중들의 정서 곡선'이라고 부를 만하다." 흔히 제2의 황금기라 불리는 1950년대 후반에서 1960년대에 한국 영화는 놀라운 성장을 했다. 제작 편수가 1955년 15편에서 1959년 103편으로 늘어났다. "이 시기에는 장르도 열 가지가 넘었는데 이는 영화에 대한 대중의 욕구가 강렬했다는 뜻이다. 다양한 장르가 나올 수 있었던 이유는 첫째, 영화가 오락 수단으로 사랑받았기 때문이다. … 두 번째로는 〈춘향전〉과 〈자유부인〉의 흥행 성공이 불러일으킨 붐을 들 수 있다."[2] 영화가 대중오락으로 자리 잡는 과정에서 일어난 장르의 분화와 발전은 1970년대 위기와 단절을 맞았다. 영화를 통제와 보호 대상 산업으로 분류한 당국의 정책은 정치적 억압이 강화되는 1970년대를 맞으면서 한국 영화의 암흑기를 초래하게 된다.

1962년 영화법이 최초로 만들어진 이래 한국의 영화 정책은 제작사의 자본 규모를 안정적으로 보호해 주기 위해 허가받은 제작사들에게 배타적인 외화 수입권을 제공했다. 외화 수입을 통해 축적된 자금으로 한국 영화를 안정적으로 재생산해 내는 시스템을 구축하는 것이 정책 목표였다. 하지만 외화 수입권이 이권으로만 기능하고, 영화제작자들이 수입권을 얻기 위해 제

---

1. 한국예술연구소 편, 『이영일의 한국영화사 강의록』, 도서출판 소도, 2002, p.71.
2. 한국예술연구소 편, 『이영일의 한국영화사 강의록』, 도서출판 소도, 2002, p.72.

작 편수 채우기에만 골몰하자 제작업자 보호 정책은 원래의 취지를 살리지 못하게 됐다. 이에 따라 1970년 3차 영화법이 개정됐지만 결과는 가혹했다. 제작업과 수입업을 분리한 후 영화진흥조합을 설치하고, 수입업자들에게 기금을 받아 직접 한국 영화 진흥에 사용하고자 했지만, 이는 국산 영화의 흥행성이 현저히 떨어지고 있던 당시의 상황과 결부되어 1973년 초 스물세 개의 영화사 가운데 스무 개가 도산 직전에 이르게 되는 결과를 낳았다. 1973년에 개정된 4차 영화법 이후 우수 영화를 선정하여 외화 수입권을 보상으로 제공하는 우수영화보상정책이 부활했으나, 제작업자들은 정부 정책의 선전이 우선시되는 우수 영화의 조건에 맞는 작품을 만드는 데 주력할 수밖에 없는 상황이 되었다. 또한 검열이 대폭 강화되는데, 이는 여러 검열 제도 정비와 함께 검열의 수준을 '당시의 긴급조치 수준을 적용'하는 정도로 강화하는 것을 포함했다.[3]

이런 상황에서 1970년대 영화 제작은 장르의 지속적인 분화를 가능하게 하는 외재적 조건을 소멸시켰다. 심지어 이영일은 이 시기 영화를 정책 영화, 흥행 영화 그리고 호스테스 영화의 세 부류만으로 나눈다. "정부 시책 영화는 쿼터를 딸 수 있으니까 꾸준히 나왔다. 문예 영화는 1970년대에는 정책 영화의 범주에 속한다. '예술성 먼 우수 영화'에 대해 쿼터를 주었기 때문에 업체들이 생존을 위해 열심히 만들었다. 두 번째로, 흥행 영화를 보면 대중의 정서가 전향적이 아니라 퇴행적으로 변하는 것을 알 수 있다. 신파성의 부활과 저속 코미디, 명동 깡패를 다룬 저질 액션물이 나왔다. 당시에 '흥행물'이라는 용어로 불렸는데, 이는 당시의 영화 제작이 '쿼터 따기 아니면 흥행하기'였음을 반증한다. 이를 통해 통제 사회에서 영화의 경향이 어떠한가를 이해할 수 있겠다."[4] 여러 장르를 단순히 흥행물이라고 정의하는 이영일의 표현

3. 3, 4차 영화법 개정 내용에 대해서는 다음을 참고하였다. 김동호, 「한국영화정책의 발전방향에 관한 연구」, 한양대학교 행정대학원 석사학위논문, 1992, p.64-65

에는 1960년대 각 장르의 전통이 1970년대에 어떤 질적 전화도 이루어 내지 못했던 현실에 대한 혐오감이 들어 있다. 그는 이런 한국 영화산업의 퇴행적 궤적 속에서 심지어 그가 '지속적 장르'라고 불렀던 멜로드라마조차도 1980년대에 최대의 위기를 맞았다고 보며, "1980년대 이후 관습적으로 지속된 장르는 드물다."[5]라고 단정 짓는다.

한국 영화사에서 장르의 전통이 존중받지 못했다는 이영일의 시각을 뒷받침해 주는 진술로 김수용의 회고록 『나의 사랑, 시네마』에는 1960년대 초반을 돌이키는 다음과 같은 문단이 나온다. "1960년은 영화 검열이 문교부로부터 민간단체인 영화윤리전국위원회(영륜)로 이관된 해였다. 이것은 4.19 혁명이 가져다준 선물이었으며 마침내 영화계에도 밀어닥친 민주화 바람의 신호탄임이 분명했다. 영륜 위원장이었던 시나리오 작가 이청기를 비롯한 스물다섯 명의 위원과 세 명의 전문위원이 모두 기라성 같은 학계, 예술계, 언론계의 민주인사들이었다. 그래서 그해 제작된 98편의 한국 영화는 거의 무수정으로 검열을 통과할 것 같았으며, 사람들은 그것을 한국 영화 발전의 청신호로 간주했다. 그러나 뿌리 깊은 권위주의에 사로잡힌 관료들은 영륜에서 검열이 끝난 루이 말Louis Malle 감독의 〈연인들〉을 문교부가 재검열하도록 했다. 이로써 민간단체의 자율 영화 검열은 9개월 15일 만에 막을 내렸다.

〈연인들The Lovers, 1958〉은 프랑스 누벨바그 선두주자였던 25세의 루이 말이 제작과 감독을 겸한, 신선하고 충격적인 러브스토리다. 아직 서울에서는 김화랑의 〈5형제〉, 신상옥의 〈로맨스 빠빠〉가 대사와 줄거리만으로 영화를 만들고 있을 때 이 아름다운 영화는 대사도 없는 무언극에 브람스의 「현악 6중주 제1번」을 배경으로 젊은 연인들의 사랑을 펼쳐 나갔다. 여인의 침대와

---

4. 한국예술연구소 편, 『이영일의 한국영화사 강의록』, 도서출판 소도, 2002, p. 102.

5. 한국예술연구소 편, 『이영일의 한국영화사 강의록』, 도서출판 소도, 2002, p. 71.

욕실에서 거듭되는 정사 장면은 황홀했다. 그러나 검열관은 사치와 불륜으로부터 관객을 보호한다는 구실로 관련 장면을 모두 삭제해 버려 생명 없는 필름이 되고 말았다. 한국영화진흥조합에서 발행한 『한국영화총서』(1972)는 그해에 제작된 영화 중 두 편의 문예물을 빼고는 모두 통속물이나 희극물로 분류했다. 권영순의 〈표류기〉(박경리 원작)와 조긍하의 〈과부〉(황순원 원작)가 문예물인데, 모파상 원작의 〈돌아온 사나이〉(김수용 감독)는 통속물이었다. 최훈의 〈어느 여교사의 수기〉, 신상옥의 〈이 생명 다하도록〉, 강대진의 〈박서방〉 같은 문제작들도 모두 통속물로 분류한 마당에 무엇을 더 말할 수 있을까."[6]

이 인용문은 한국 영화사의 가치 평가 기준에서 장르 개념이 적절한 위치를 차지하지 못하고 있다는 것을 보여 준다. 다양한 장르를 통속물과 희극물, 문예물로 분류했다는 한국영화진흥조합이 발행한 『한국영화총서』는 실제 산업의 작동 양상과는 별도로 장르의 동력에 무심했던 당시 영화계의 현실을 보여 준다. 당시 한국 영화계에서 예술적 가치를 인정받는 것은 문학작품을 영화화한 문예 영화이고 정부로부터 포상받을 수 있는 우수 영화의 기준은 반공이나 국책 홍보 영화였으며 기타 나머지는 모조리 통속물로 뭉뚱그려지는 장르 영화였다는 것이다. 1960년에 김수용 감독은 데뷔작 〈공처가〉 이래 코미디 영화를 주로 찍었던 젊은 신인 연출자였다. 그는 스스로 '본격 영화'로 부르는 영화를 서너 편 연출했으나 당시 문교부 고시 제148호로 64개의 제작사가 16개 회사로 통합 정리된 후로 소설을 영화화한 이른바 문예물을 선뜻 영화화하겠다고 나서는 사람이 없자 다시 코미디 영화를 연출하게 된다. 그것이 신상옥 감독이 운영하던 신필름에서 제작한 〈구봉서의 벼락부자〉였다. 당대 최고의 코미디언 구봉서가 주연한 이 영화는 풍속 희극이라 불릴 만한 것으로, 우연찮게 일확천금을 쥐게 된 평범한 월급쟁이가 겪는

6. 김수용, 『나의 사랑, 시네마』, 씨네 21, 2006, p. 23.

소동극을 담고 있다. 김수용은 이것을 흥행성이 약한 영화를 찍을 수 없게 된 제작 여건 탓에 다음 영화 때는 자신이 원하는 것을 찍기 위해 마지못해 연출을 맡은 흥행물로 여기고 있다. 이런 연출자의 자의식은 한국 영화사에서 좀 더 면밀히 검토해야 할 문제다. 한국에서 대중 영화가 제대로 대접받지 못하는 뿌리 깊은 유산을 이 회고록의 한 줄에서도 발견하게 된다.[7]

'통속물'에 대한 섬세하지 못한 비평적 시선과는 별개로 산업의 실제 동력은 장르적 규범에 따라 진행되고 있었다. 그걸 대표적으로 보여 주는 감독이 김수용이 회고록에서 언급한 1960년에 '대사와 줄거리만으로 만든' 〈로맨스 빠빠〉를 연출한 신상옥이다. 신필름의 창사 작품인 〈로맨스 빠빠〉로 상업적 성공을 거두고 이듬해 〈성춘향〉과 〈사랑방 손님과 어머니〉가 연속 흥행하면서 신상옥은 신필름의 전설을 열었다. 1960년대 중반에 신필름에는 상근으로 월급을 받는 직원만 200여 명이 있을 만큼 사세를 떨쳤다. 이곳에서 일하던 다양한 분야의 스태프들은 한 해 최고 28편의 영화 물량을 소화하는 생산력을 자랑했다. 신상옥은 자신이 경영했던 이 영화사에서 1960년대를 통틀어 3백여 편의 영화를 제작했으며, 감독 개인으로는 평균 매년 2편 이상의 영화를 연출했다. 그의 필모그래피에는 멜로드라마의 전범을 제시한 〈사랑방 손님과 어머니〉, 대중적 흡인력을 지닌 전쟁 액션 영화 〈빨간 마후라〉, 일종의 홈 코미디 드라마인 〈로맨스 빠빠〉에서 대작 사극인 〈연산군〉, 〈청일전쟁과 여걸 민비〉와 〈여마적〉 등의 마카로니 웨스턴Macaroni Western을 의식한 활극 영화와 〈상록수〉와 〈쌀〉 등의 계몽 영화에 이르기까지 다양했다.

1960년대 한국 영화계는 신필름에서 제작하는 영화와 다른 영화사에서 제작하는 영화의 흐름으로 양분됐다. 신필름의 대량 제작 체제는 이 스튜디

7. 영화사가 이영일도 『한국영화전사』에서 1960년대 영화 장르를 멜로드라마, 문예 영화, 코미디, 액션 영화, 청춘 영화로 나누고 코미디의 신장과 성행은 '관객의 저속 취향을 발견함으로써 가능했다'는 평가를 내리고 있다. 이영일, 『한국영화전사』, 삼애사, 1969, p.301.

오가 장르 규범의 확립 아래 일사불란하게 가동됐음을 알려 준다. 그렇지만 신필름에서 주력하던 사극과 서민 희극은 텔레비전 드라마로 차츰 흡수되면서 장르적 시효를 상실해 갔다. 그 돌파구로 내세운 〈여마적〉 류의 활극 영화는 홍콩 쇼브라더스와의 합작 바람을 가져오는 또 다른 돌파구를 열었으나 이것 역시 홍콩처럼 '영화 도시'를 가능하게 하는 규모의 경제를 이룩하지는 못했다. 신상옥 감독 스스로 신필름이 성장하지 못한 것은 지방 배급업자들이 장악한 지방 극장망의 수익을 투명하게 거둬들이지 못한 전근대적인 유통망 탓이라고 진단했다.[8] 이와 더불어 신필름의 몰락은 텔레비전이 극장 관객을 앗아간 점과 영화사를 통제와 규제의 대상으로 보는 제3공화국 이후의 영화 정책 탓이 복합적으로 작용한 결과일 것이다. 무엇보다도 앞서 인용한 김수용 감독의 글에서 분별없이 쉽게 통속물로 분류된, 장르 영화 제작에 대한 영화계 안팎의 시선이 곱지 않았던 것도 근대 영화산업의 뿌리가 자라나는 데 큰 방해 요소였음을 부인하지 못할 것이다. 신상옥 감독 자신의 필모그래피에서도 늘 평가를 받는 것은 〈사랑방 손님과 어머니〉, 〈벙어리 삼룡〉과 같은 문예물이나 〈로맨스 빠빠〉와 같은 서민 희극이다. 신상옥 자신도 영화사 경영을 위해 흥행 영화를 찍은 것은 고육책이었다고 고백하고 있다.[9]

정창화 감독이 홍콩에 건너가 액션 영화감독으로 성공한 것이나, 임권택 감독이 과거에 만든 통속극에 대해 굳이 기억하기를 꺼려하는 것의 이면에는 대중 영화를 제대로 평가하지 못한 한국 평단이나 언론의 현학적 취향이라는 관행 탓도 있었다. 영화평론가 정성일이 임권택 감독을 인터뷰한 책

8. 2000년 중앙대학교 첨단영상대학원 신상옥 감독 초청 특강에서 나온 발언.

9. 이연호, 신상옥 인터뷰, 『키노』, 1997, 10월호, "글쎄 나 자신을 예술가라고 생각해 본 적은 없는데, 근본적으로 두 가지야. 예술이랍시고 하고 싶으면 돈이 따라오지 않고, 돈을 자기가 벌어서 자기가 하고 싶은 걸 해야 하니까 양쪽을 동시에 할 수는 없어서 예술에만 전념을 못했지. 또 한쪽으로는 피카소처럼 야심이 많아가지고 이것도 하고 저것도 하고 싶었어. 〈여마적〉도 하고 〈빨간 마후라〉도 하고 별것 다 했잖아."

『임권택이 임권택을 말한다』에서 임권택은 〈잡초〉(1973) 이전에 만든 50여 편의 영화들이 단연코 습작이었다고 부정한다. 정성일이 〈원한의 거리에 눈이 나린다〉와 같은 영화는 B급 영화의 걸작이라는 걸 강조하면서 그 시기의 영화들을 껴안을 생각이 없느냐고 물어도 임권택은 단호하게 부정했다.[10] 1962년 데뷔 이후 임권택은 입체 영화까지 포함해 다루지 않은 장르가 거의 없을 만큼 다양한 영화를 찍었다. 1960년대 말에서 1970년대 초까지 한 해 7~8편의 영화를 연출할 정도로 바쁜 다작 감독이었던 그가 제작자들에게 인기 있는 감독이었던 이유는 그가 특히 액션을 잘 찍는 감독이었기 때문이다. 그는 건달들이 맨주먹으로 싸우는 소재의 액션 영화뿐만 아니라 총격전을 내세우는 만주 배경의 활극과 홍콩 무협 영화나 일본 사무라이 검술 영화의 흔적이 엿보이는 사극 검객 영화도 찍었다.

신상옥 감독과 같은 거대 영화사의 수장조차도 자신의 영화를 예술과 흥행물로 나눠 대하던 자의식은 장인적 숙련도로 영화를 다룰 수밖에 없었던 할리우드 고전기의 거장들과 비교된다. 태생적으로 저예산 B 영화로 분류됐던 필름 누아르 장르를 제외하고 대다수 장르에서 존 포드, 앨프리드 히치콕, 하워드 혹스Howard Hawks, 프랭크 카프라Frank Capra 등의 일급 스튜디오 고용 감독들은 자신의 예술적 자의식을 억누를 수밖에 없는 환경에서 장르 규범을 지키며 작품을 완성했다.[11] 그것들은 훗날 예술가·작가의 영화로 칭송받으며 영화 역사에 등재됐다. '시스템 천재'라는 역설을 가능하게 한 이런 할리우드 장르의 역설은 한국 영화사에선 통용되지 못했다. 한국 영화사의 일급 감독들은 자신이 원하는 영화를 만들기 위해 통속물로 분류되는 장르 영화를 찍

---

10. 정성일 대담, 『임권택이 임권택을 말한다』, 현문서가, 2003, p. 151.

11. 이에 관한 가장 전형적인 예로는 피터 보그다노비치가 말년의 존 포드를 인터뷰한 내용이 들어 있는 다큐멘터리 〈디렉티브 바이 존 포드〉일 것이다. 여기서 존 포드는 집요하게 작품의 예술적인 의미를 묻는 보그다노비치에게 퉁명스런 답변으로 일관한다.

었다. 타의에 의해 B 영화의 제작 기준으로 찍을 수밖에 없는 이런 영화들로 연출력을 인정받은 후에 그 일급 감독들은 정부의 포상을 받을 수 있고 예술적 명예를 인정받을 수 있는 속칭 문예 영화로 자신의 기량을 쏟아 넣었다.

리얼리즘의 실체

1960년대 한국 사회는 쿠데타로 집권한 군사정권이 '한국적'이라는 수식을 붙인 유사 민주주의 체제를 확립하는 가운데 대중에게 주입한 중산층 육성이라는 허구적 환상이 유포되면서, 자유주의와 합리성의 맹아마저도 부정된 사이비 근대의 시기로 전개됐다. 이런 한국 사회에서 의식 있는 감독들은 사이비 근대화에 대한 비판적이고 복합적인 시선을 견지하게 되었다. 이는 장르의 기본 전제인 신화적 관습의 충족이라는 목표를 충족하는 데 걸림돌이 됐다. 한국 영화사에서 뚜렷한 족적을 남긴 상당수 감독이 다양한 장르 영화를 찍었으면서도 그들의 대표작이 장르관습 바깥에서 현실의 리얼리티를 건져내기 위해 나름의 스타일로 서명을 새긴 영화들이었던 것은 그런 이유 때문이라고 추측해 볼 수 있다.

한국 영화사에서 작가로 칭송받는 주요 감독들의 작품 연보에서 자신이 속한 사회의 신화적 전제들을 완성하는 장르 규칙의 완성자이자 논평자로서 자리매김했던 흔적을 찾아보기는 힘들다. 이를테면 한국 영화의 제2 황금기에 거의 동시에 등장한 대표적인 감독인 유현목, 김기영, 신상옥에 대하여 이영일은 리얼리즘이라는 분류로 묶어 평가하고 있다.[12] 이들 감독의 상당수가 영화를 리얼리즘 영화가 아닌 장르 영화로 찍고 있지만, 그런데도 리얼리즘

12. 한국예술연구소 편, 『이영일의 한국영화사 강의록』, 도서출판 소도, 2002, p.72.

이라는 잣대를 들이대고 평가하는 관성이 한국 영화 비평의 완강한 기준이었음을 이영일의 분류법은 알려 준다.

이영일은 "무엇이 한국 영화를 아직까지 이토록 리얼리즘에 집착하게 만드는가를 생각하는 것이 중요하다. 한국인의 미의식에는 이것뿐인가? 그 대답은 이렇게 되어야 할 것이다. 한국의 역사와 현실이 리얼리즘에 있어서만 한국 작가의 감정, 사상을 대상화할 수 있는 실체감과 존재감을 주기 때문이다"라고 주장하고 있다.[13] 그는 "내 입장은 오직 리얼리즘이라는 게 아니다. 아름다운 시적 세계가 너무 많다. 한국 영화는 리얼리즘을 초극해야 한다. 극복해야 한다"고 부연한다.[14] "유현목의 영화는 리얼리즘이다, 라는 말은 개념일 뿐 미학론이 아니다. 이것은 한국 영화 이론의 미개척 상태를 반영한 것이다. … 같은 리얼리즘도 작가마다 그 실상에는 굉장한 차이가 있다. 따라서 미학의 개념이 아니라 질적인 실체를 규명해야 하며 본래적인 것과 변화하는 것을 아울러 해명할 수 있어야 한다."[15]

말의 정확한 의미에서 이영일의 리얼리즘 논법은 모더니즘 영화의 수사학과 곧잘 혼동된다. 서구 미학사에서 일반 모더니즘은 리얼리즘에 대한 반작용이었지만 영화에서는 모더니즘이라는 큰 흐름 속에 리얼리즘과 표현주의가 존재했기 때문이다.[16] 할리우드의 고전적 내러티브와 스타일 규범이 관객에게 진짜 현실을 연상시키는 박진감을 준다면 실제 리얼리티를 어떻게 건져 낼 것인가를 추구한 이탈리아 네오리얼리즘 이후의 영화는 '모던 시네마',

13. 한국예술연구소 편, 『이영일의 한국영화사 강의록』, 도서출판 소도, 2002, p.178.

14. 한국예술연구소 편, 『이영일의 한국영화사 강의록』, 도서출판 소도, 2002, p.178.

15. "유현목 영화는 1960년대 초반에 유입된/자생한 한국 모더니즘 영화의 한 흔적이며 그 속에는 리얼리즘적 요소와 자생적 요소, 그리고 유입된 모더니즘적 양식 등이 혼재된 흔적이라는 것이다." 이효인, 「유현목 영화의 양식 문제」, 이용관 외 책임 편집, 『유현목, 한국 리얼리즘의 길찾기』, 도서출판 큰사람, 1999, p.46.

16. "유현목 영화는 1960년대 초반에 유입된/자생한 한국 모더니즘 영화의 한 흔적이며 그 속에는 리얼리즘적 요소와 자생적 요소, 그리고 유입된 모더니즘적 양식 등이 혼재된 흔적이라는 것이다." 이효인, 「유현목 영화의 양식 문제」, 이용관 외 책임 편집, 『유현목, 한국 리얼리즘의 길찾기』, 도서출판 큰사람, 1999, p.46.

곧 현대 영화로 분류된다. 그 흐름 속에서 작가의 사상을 리얼리즘과 표현주의 규범에 얽매이지 않고 표현하는 누벨바그 등의 후속 미학적 사조가 나타났다. 여하튼 1960년대 대표작들로 곧잘 거론되는 유현목과 신상옥, 김기영과 김수용, 이만희의 대표작은 그들이 적지 않게 만든 장르 영화가 아니라 〈오발탄〉, 〈사랑방 손님과 어머니〉, 〈하녀〉, 〈안개〉, 〈만추〉 등이었다. 유현목의 〈오발탄〉을 리얼리즘 영화로 분류할 수 있는 것은 아니지만 한국 평단의 관습은 이 영화를 리얼리즘으로 평가했다. 〈오발탄〉을 비롯한 상기 영화에서 장르 영화의 기초 모델이라 할 로망스나, 멜로드라마의 관습에서 빌려온 장르 내러티브와 스타일은 배척되었다. 장르관습 바깥에서 당대의 현실을 직접적으로 다루거나 반영한 이들 영화의 화두는 근대와 어떻게 맞설 것인가라는 점이었다.

한국 영화사에서 할리우드 고전기에 해당하는 장르의 분화와 형성을 이뤄낸 1960년대에도 주요 감독들의 필모그래피는 특정 장르의 형성과 수정 모델에 포섭되지 않는다. 그들의 작가성은 현대 한국문학에서 소재를, 당대 근대화 바람에 휩싸인 현실에서 주제를, 할리우드의 고전적 스타일과 네오리얼리즘 이후의 서구 모더니즘 영화에서 스타일을 취한 절충적 양상으로 나타났다. 그들은 편의적으로 장르 영화를 찍었으며 생존의 안전판을 마련한 다음에는 다시 작가 영화의 자의식으로 돌아갔다. 직접적으로 웨스턴의 영향을 받아들인 액션 영화 〈여마적〉을 찍은 신상옥의 경우를 예로 들 수 있다. 할리우드 웨스턴과 스파게티 웨스턴Spaghetti Western의 영향을 받아들여 일제 강점시대의 만주를 배경으로 변용한 이 변종 웨스턴은 권선징악의 영웅주의라는 점에서 웨스턴의 신화적 로망스 구조와 닮아 있지만, 이후 신상옥이 다른 영화에 자기 생성과 수정의 단계를 거칠 만큼 몰두해 이 장르를 심화시킨 것은 아니었다.

장르 영화의 기본적인 법칙은 반복과 차이다. 존 포드는 문명을 향한 서부의 여정이라는 플롯을 놓고 〈역마차Stagecoach, 1939〉, 〈황야의 결투My Darling Clementine, 1946〉, 〈수색자들The Searchers, 1956〉, 〈리버티 밸런스를 쏜 사나이The Man Who Shot Liberty Valance, 1962〉를 만들었다. 하워드 혹스는 위기에 처한 남성 공동체의 영웅적 활약이라는 소재를 놓고 〈리오 브라보Rio Bravo, 1959〉, 〈엘도라도El Dorado, 1967〉, 〈리오 로보Rio Lobo, 1970〉를 만들었다. 앨프리드 히치콕은 대칭의 압운押韻 구조로 정체성의 혼란을 묘사하는 〈현기증Vertigo, 1958〉과 〈사이코Psycho, 1960〉를 만들었다. 오즈 야스지로는 한 집안에서 장성한 딸이 시집가는 스토리를 두고 여러 편의 변주를 만들었다. 이것은 리얼리티에 대한 픽션의 우위를 고수하는 장르관습의 편의를 드러낸다. 관객들은 또 비슷한 애기라는 것을 알면서도 부담 없이 특정 감독의 신작을 보러 간다. 홍콩에서도 오우삼吳宇森의 액션 영화는 반복되는 자기만의 내러티브와 스타일의 서명이 있다. 그의 선배인 장철의 무협 영화도 마찬가지다.

그에 반해 한국의 전통적 작가들이 의식적으로 몰두한 것은 픽션의 신화적 기제가 아니라 4.19 혁명을 계기로 5.16을 거쳐 폭발한 현대 한국 사회의 근대화 현실에 비친 인물들의 내적 욕구의 반영이었다. 그것은 〈사랑방 손님과 어머니〉에서 여성의 자각과 수절이라는 전통적 가치로 묘사되거나, 〈하녀〉에서 사회의 경제적 발전이 야기한 불평등한 계급 갈등이 가족 내부에서 폭발해 인물의 내적 파멸로 묘사되는 형태 등으로 표출됐다. 이것이 '한국의 역사와 현실이 리얼리즘에 있어서만 한국 작가의 감정, 사상을 대상화할 수 있는 실체감과 존재감을 준다'라는 이영일의 표현이 겨냥하는 성취일 것이다. 1960년대 영화에서 작가들이 묘사한 것은 로망스 문학과 고전 할리우드에서 추구했던 신화적인 영웅이 아니라 사회에 맞서 자아를 재정립하기 위해 분투했던 근대적인 주체들이었다.

가라타니 고진柄谷行人은 리스먼의 『고독한 군중』을 인용하여 근대적 주체는 내부지향적 주체이며 이는 그 이전의 전통지향형 주체와 그 이후의 타인지향형 주체와 구분된다고 주장한다.[17] 근대 이전의 사회에서 전통지향형 주체들이 전통의 관습에 따라 자아를 세웠다면, 내부지향형 주체는 자율적인 '자기'를 가지며 쉽게 전통이나 타인에 의해 움직이지 않는다. 그에 반해 타인지향형 주체는 전통지향형 주체와 달리 일정한 객관적 규범을 가지지 않는다. 그들이 지향하는 타인이란 각자가 서로를 의식해서 만들어 낸 상상물이다. 전통적 규범에서 벗어나 있기 때문에 주체적인 것처럼 보이지만 실은 주체성이 전혀 없는 부동하는 사람들이다. 내부지향은 전통지향이 강한 곳에서 그것에 대항하여 등장하는 내적 자율성이다. 전통지향이 없는 미국에서는 서로 타인이 어떻게 하는가를 보고 그것을 기준으로 삼게 된다. 미국에 강한 체제순응주의가 있는 것은 그 때문이다. 미국에서는 대중사회, 소비사회가 가장 빨리 저항 없이 실현됐다. 고진에 따르면 일본에서는 내부지향이 없었고 이는 메이지 이후의 근대문학이나 사상 속에서 나온 것이다. 서구에서는 근대적 주체가 세속적 금욕을 강조하는 프로테스탄티즘이었지만 일본에서는 입신출세주의에 대한 거부감으로 나타난다. 메이지 이후 일본이 학력에 의해 새롭게 등급이 정해지는 시스템이 되었고, 도쿠가와 시대에도 예외였던 신분의 유동성이 메이지 이후 전면화됐다. 일본의 근대문학은 입신출세가 헛되다고 여겨지는 태도로부터 나온다. 일본인에게 근면이나 금욕이라는 에토스를 가져온 것은 입신출세주의다. 그러나 그것은 내부지향이 아니라 타인지향이다. 타인의 인정을 쟁취하고 싶다는 욕망에 내몰려 있기 때문이다. 그에 반해 근대적 자기라는 것은 전통이나 타인을 넘어서 자율적인 뭔가를 구하는 것이다. 거기서 입신출세로부터 탈락하고 배제됨으로써 나타나는 근대문학의 내면성이라는 것이 있다.

고진의 설명 가운데 일본 근대문학의 입신출세주의에 대한 자아의 거부

---

17. 가라타니 고진, 『근대문학의 종언』, 조영일 역, 도서출판 b, 2006. p. 70.

경향을 서술하는 대목은 일본 군인 출신으로 대통령이 된 박정희가 메이지 유신을 모델로 정권 차원에서 추진한 근대화 흐름에 맞선 한국문학과 영화에서 놀랄 만큼 유사한 경향을 찾아내게 만든다. 입신출세주의에 대한 거부감을 통해 세우는 자아상은 1960년대 이후 문학을 영화화한 문예 영화에서 흔히 볼 수 있는 인간형이었다. 김수용의 〈안개〉에서 주인공은 아내 덕분에 출세한 자신의 처지를 조소하며 아무것도 생산하지 못하는 고향 무진에서 무의미한 권태를 호흡하며 자기 삶을 일시적으로 방기한다. 유현목의 〈막차로 온 손님들〉에서 주인공 동진은 물질적인 세상을 혐오하며 시한부 인생을 살고 있고 그를 사랑하는 여인 보영은 막대한 유산 상속을 뿌리치고 동진의 곁에 머문다. 이만희의 〈휴일〉과 같은 영화에서 포착되는 것도 결국 그러한 맥락에서 낙오자라는 자아를 지닌 근대적 주체다. 신성일이 연기하는 허옥은 무일푼 백수 청년으로 가진 것도 능력도 없으면서 턱없는 허풍으로 세상을 대하는 청년이다. 택시비도 없으면서 택시를 잡아타고 목적지 근처에 택시를 세워 두고는 구멍가게에서 담배를 사는 척하며 거스름돈은 택시 운전사에게 받으라고 사기를 치곤 달아나는 대책 없는 청년이다. 일요일에 애인을 만난 그는 임신한 애인을 낙태시킬 수술비를 마련하기 위해 동분서주한다. 돈을 빌리러 친구들을 만난 허옥이 새삼 깨닫는 것은 물질적으로나 정신적으로나 폐허에 있다는 자각이다. 술집에서 백수들과 '대학을 나오고도 사회에서 낙제한 것은 내 책임이 아냐'라는 따위의 시시한 대화를 나누는 친구들을 허옥이 찾아갔을 때 카메라는 그들이 벽을 마주하고 대화하는 모습을 잡는다. 그들을 비추던 카메라는 그들이 화면 바깥으로 움직여 나갔을 때도 잠시 그들 배경의 벽을 응시하듯 잡는다. 의미 없는 낙서들이 깨알같이 적혀 있는 그 벽을 잠시 응시한 끝에 관객이 카메라를 통해 얻어 내는 감정은 모멸감이다. 어떤 지향으로 묶일 수 없는 삶에 대한 모멸이 거기 새겨 있다.

이런 영화들의 내성적인 정서는 미국 고전기 장르 영화의 표면에 흐르는 행동주의와 배치되는 것이다. 근본적으로 장르 영화의 주인공들은 가라타니 고진이 설명한 전통적 주체와 타인지향적 주체의 경계에 두루 걸쳐 있다. 그들은 전통적인 사회의 관습을 완전히 이탈하지 않고도 타인의 욕망을 대리 집행하는 일종의 영웅들이다. 그들은 현대 소비사회의 꽃인 CF의 주인공들과도 그리 멀리 떨어져 있지 않은 세계에 속한 허구의 상상인물이다. 미국 영화를 축으로 전개된 고전기 장르 영화나 다른 지역의 유사 장르관습을 따르는 영화가 찬양하는 것은 등장인물의 에너지다. 그들의 에너지는 안정된 상황을 붕괴시키는 어떤 공동체나 자아의 위기에 직면하여 아서왕의 원탁의 기사들처럼 위협적인 내부와 외부의 장애물을 제거함으로써 비로소 찬양받을 수 있는 것이다. 이는 절제된 내러티브의 객관적 상관물을 모델로 낭만주의적인 에너지를 심는 묘사 방식이다. 고전주의가 통제를, 낭만주의가 자유를 대표한다면 할리우드의 모든 생산품은 그 강조점이 다르다 하더라도 고전주의와 낭만주의 간의 특별한 긴장을 표현하고 있는 셈이다.[18] 할리우드의 고전적 대가들이 스타일을 다듬고 이미지를 반복시키고 대칭/비대칭 효과를 사용하는 것은 하나의 균질한 태도나 진술을 취하는 내러티브의 봉합을 의도하는 것이다.[19] 여기서 주인공들은 어떤 목표를 향해 단선적 플롯을 타고 쭉 달려 나가는 목표지향적 인물들이다. 이 표면적인 행동주의에서 분열과 혼란과 모순의 긴장을 읽어 내는 것이 장르를 다루는 작가성의 깊이를 판독하는 지표다. 그 긴장을 깊이 있게 구현하는 것이 작가 영화의 지표다. 로빈 우드가 유럽 모더니즘의 영향을 노골적으로 드러내는 로버트 알트만과 같은 감독의 영화를 비난하는 것도 그 때문이다. 표면적으로 제시되는 내성적인 성찰의 과시가 장르영화의 관습과 본질적으로 충돌하며 무의미한 스타일의

18. 로빈 우드, 『베트남에서 레이건까지 할리우드 영화읽기: 성의 정치학』, 이순진 역, 시각과 언어, 1994, p.70.

19. 로빈 우드, 『베트남에서 레이건까지 할리우드 영화읽기: 성의 정치학』, 이순진 역, 시각과 언어, 1994, p.338.

남용으로 나타난다는 것이다.[20]

장르관습의 재생

암흑기였던 1970년대를 거친 후 폐허와 같았던 1980년대를 보낸 한국 영화 산업은 1991년에 한국 영화의 점유율이 사상 최저인 15퍼센트로 떨어지는 나락을 경험했다. 최악의 위기에 대기업 자본이 유입되면서 전통적인 충무로 영화사 위주의 산업구조를 변화시켰던 1990년대는 1980년대의 변혁 운동권의 자장에 있었던 독립운동 진영이 〈파업전야〉와 같은 장편영화를 제작해 자주상영 방식으로 사회적 파장을 일으키고 근본적으로 이들과 문제의식을 공유한 장선우, 박광수, 정지영 등의 코리안 뉴웨이브 세대가 상업 장편영화 형식으로 그것을 소화하고 있었던 때였다. 동시에 홍콩 영화가 극장가를 휩쓸고 컬트를 영화의 이데아쯤으로 숭배해야 하는 듯한 담론 분위기가 조성되고 있던 시기이기도 했다. 그 당시 대중매체가 떠들썩하게 과장했던 신세대 논쟁이 교묘하게 포장하고 선전해 내는 시대의 담론은 소비자본주의의 매혹적인 구경거리에 관한 것으로 바뀌었다. 오랫동안 억압됐던 대중문화의 활기가 비디오 대여점을 중심으로 영화계로 넘어오면서 1980년대 대학가를 지배한 민중 문화적 담론보다는 대중문화의 매혹에 더 주목하는 쾌락주의가 산업적 요구와 맞물려 나타날 조짐을 보였던 것도 이때였다.[21]

1990년대 중반 이후에 영화계에 두각을 나타낸 감독들 가운데는 허구의

---

20. 로빈 우드, 『베트남에서 레이건까지 할리우드 영화읽기: 성의 정치학』, 이순진 역, 시각과 언어, 1994, p.45.

21. 『상상』이나 『리뷰』 등 대중문화를 본격적으로 다루는 계간지나 이매진 등의 월간지가 나타난 것도 대중 문화에 대한 사회적 관심의 확산을 보여 주는 이 시기 출판 흐름이었다. 이는 1995년 영화주간지 『씨네21』 과 영화월간지 『키노』의 창간으로 이어졌다.

구경거리라는 장르관습의 규칙을 통솔하며 스스로 만끽하려는 조짐이 나타났다. 스타일에 대한 자의식이 두드러지는 한편으로 잡종 장르의 긴장을 드러내는 이들 영화로부터 장르적 상상력을 도입하는 하나의 뚜렷한 흐름이 생기기 시작했다. 오랫동안 영화산업이 정체되어 있었던 까닭에 산업 체제와 필연적으로 맞물리게 되어 있는 장르적 표현 관습이 취약했던 한국 영화는 비로소 1990년대 중반에 이르러 장르 규칙과 긴장을 이루는 관습을 축적시킬 기미를 보였다. 이전에 비해 포스트 사조에 민감한 세대가 영화계에 들어왔고 허구의 장르 규칙에 침잠하는 경향도 넓어졌다. 이들 세대의 영화는 장르적 관습을 세련시키는 것뿐만 아니라 메타 장르적 스타일로 장르의 경계를 풀어헤치며, 그 해체된 경계 사이에서 허구의 규약으로 현실조차도 묻어 버리는 경향을 영화에 징후적으로 나타나게 했다. 흥행 성공뿐만 아니라 평단의 호의도 같이 끌어낼 수 있는 이런 경향은 허구의 규칙에 침잠하는 구경거리에의 경도로 흘렀다. 자의식적인 스타일을 지니고 있되, 기존 관습에 의지하거나 아니면 기존 관습과의 긴장에서 표현 통로를 얻는 경향의 감독들이 서서히 한국 영화계의 주류 흐름 근처에 떠올랐다.

1993년 여름 이용관과 이효인은 이 흐름을 두고 각자 다른 입장에서 논쟁을 벌였다. 『영화저널』 6월호에 기고한 글에서 이용관은 "지금 한국 영화는 예술 영화/작가 영화, 장르 영화/대중 영화, 저급한 통속 영화가 저마다의 영역을 확보하면서 새로운, 그러나 넓고 다양한 층의 형성이라는 점에서는 정상적인 모델을 형성하는 중이다. 한국 영화의 르네상스인 것이다"라고 단언했다.[22] 이에 대해 이효인은 "이용관 교수의 입장은 의심과 가능성을 동시에 제기하는 것이라는 점에서, 또한 그러한 영화들을 생산하는 산업의 구조적인 역학에 대한 근본적인 성찰이 부족하다는 점에서 전적으로 동의하기는

---

22. 이용관, 『영화저널』 복간 준비 2호, 1993년 6월.

어렵다. 〈투캅스〉를 보고 한국 영화에 감동한 관객이 〈화엄경〉이나 〈그 섬에 가고 싶다〉를 보러 가지 않는 것이 엄연한 현실이다. 따라서 최근 한국 영화의 흥행 성공은 불길한 측면이 있으며, 특히 신인들로부터 새로운 영화가 거의 나오지 않는다는 점에서 르네상스론은 부적절하다"[23]라고 공박했다.

장르관습이 이 시기 영화감독의 강박관념이었다는 흔적은 장선우, 정지영과 함께 '코리안 뉴웨이브'의 일원이었으며 현대 한국 영화계의 대표적인 리얼리스트로 평가받던 박광수의 영화에서도 발견할 수 있다. 박광수는 현대적인 어법을 소화할 수 있는 재능의 소유자였으나 그에게는 선배 세대의 감독들이 검열의 제한 속에서나마 1960년대에 추구할 수 있었던 대항 장르적 스타일을 전경화시킬 환경이 주어지지 않았다. 그는 5공화국 시대의 엄혹한 검열 제약 속에서도 당대 기층 민중의 삶을 스크린에 묘사하려는 대담성을 갖고 일련의 비평적 주목을 받는 영화를 연출했다. 그의 영화들은 사실적인 질감으로 평단의 상찬을 받았지만 형식적 구조면에서는 늘 장르관습과의 균형을 맞추느라 곤란을 겪는다. 박광수의 데뷔작 〈칠수와 만수〉(1988)는 칠수와 만수라는 두 페인트공의 삶을 통해 억눌린 한국 사회의 일면을 건드리지만 두 남자의 일상을 구성하는 과정에서 친숙한 멜로드라마의 상투형을 끌어들인다. 만수는 중동에 나가 돈을 벌고 싶어 하나 장기수 아버지 때문에 출국을 못하고 있고, 동두천에서 태어난 칠수는 미국으로 건너갈 허황된 꿈을 꾸고 있지만 뜻대로 되지 않는다. 만수와 함께 고층 건물에서 광고판을 그리던 칠수는 자신을 미대생이라고 속이고 한 여대생과 연애를 한다. 고층 건물에서 그림을 그리며 사회로부터 허락받은 유일한 그 위태로운 공간에서 신세한탄을 하다가 경찰로부터 데모하는 것으로 오해받아 포위당하는 절정부의 의미심장한 은유를 떠올린다면 거기에 도달하기까지 한 축을 이루는 칠

<hr>

23. 이효인, 『영화저널』복간호, 1993년 7월.

수의 연애 에피소드는 이 영화 전체의 플롯에 적지 않은 균열을 초래한다. 칠수와 만수가 갇힌 고층 건물의 옥상은 자유가 억압된 한국 사회의 상징적 축도였으나, 잠시 영화는 멜로드라마의 상투형에 기대어 내러티브에 목표 지향적인 강제된 활기를 입힌다.

박광수의 두 번째 영화 〈그들도 우리처럼〉도 비슷한 문제에 부딪힌다. 지식인 운동가 기영이 수배를 피해 폐업 직전 탄광촌에 와서 그곳의 현실을 본다는 내용의 이 영화는 등장인물의 시점에 따라 스타일이 일관성 없이 흐른다. 기영의 눈으로 본 탄광촌의 현실을 객관적으로 조망하는 듯이 보이던 영화는 기영과 다방 레지 영숙, 연탄 공장 부사장 성철 사이에 멜로드라마적인 삼각관계로 플롯을 끌고 가며 특히 성철의 일상을 묘사하는 대목에선 영화의 전체 기조와 어울리지 않는 예외적인 주관적 시점까지 삽입한다. 영화는 현실의 어떤 단면을 목격하는 지식인 운동가의 시점으로 전개될 것처럼 보였다. 하지만 삼각관계라는 멜로드라마의 긴장을 플롯의 동력으로 활용하는 과정에서 훗날 영숙을 놔둔 채 떠나가는 기영의 모습이 드러내는 지식인과 민중의 관계에 대한 암시를 더욱 모호한 지점에 몰아넣는다. 파리와 베를린을 오가는 〈베를린 리포트〉에서도 서구 문화의 번영과 퇴폐를 대변하는 공간 파리의 도시 이미지와 통일 독일의 상징 베를린의 쇠락한 이미지를 대비시킨다. 이 과정에서 안성기가 연기하는 기자 박상민의 눈으로 줄거리를 전개시키는 탐정 영화와 유사한 탐색의 플롯은 파리에서 벗어나 베를린으로 묘사 공간을 옮기면서 균형을 잃는다. 탐사 플롯과 로드 무비 구성을 절충하고 있지만 시점의 배분에서 일관성이 사라진다. 전작과 달리 현재가 아니라 과거를 답사하는 영화 〈그 섬에 가고 싶다〉는 평화롭던 한 섬이 한국전쟁의 과정에서 증오로 뒤덮이고 국군에 의한 양민 학살의 비극이 이 섬사람들에게 씻을 수 없는 상처를 남긴 흔적을 찾는다. 그 상처는 40년이 지난 후에도 아물지 않는다. 영화는 주인공인 시인 김철이 회상하는 섬사람들의 과거 삶과 대립, 반목이 계속되는 현재 삶을 교대로 오가는 과정에서 이전 영화와 마찬가지로 시인 김철의 회상 구조로 처리되는 출발 지점에서의 내러티브 설정이 중반 이후 와해되는 난처함을 드러낸다.

다른 한편으로 1990년대는 장르관습을 이용하는 데서 나아가 장르관습을 스스로 반영하는 자의식적 궤적을 보이는 영화들이 나타난 시기이기도 했다. 물론 이 과정은 자생적인 관습에 기초한 것은 아니다. 외래의 관습에 기대어 한국적 상황에 맞게 변주하는 이 초국적 장르관습 큐레이터의 선구자는 이명세였다. 배창호의 조감독 출신인 이명세는 첫 작품 〈개그맨〉에서 여러 장르의 관습을 횡단하며 색다른 퍼즐을 짜는 흥미로운 수사법을 구사했다. 관객의 기대보다 다소 먼저 찾아온 그의 데뷔작 〈개그맨〉은 갱 영화와 희극을 오가면서 장르적 관례를 비틀어 놓는데 상당한 재능을 보여 주었지만, 기존 관례를 이용한 패러디 장치는 당시 관객들에게는 낯선 것이었다. 〈개그맨〉에서 예고된 이명세의 영화 전략은 아이러니의 창조였다. 그의 그런 전략은 〈개그맨〉에서는 영화와 꿈의 유추 관계를, 〈나의 사랑 나의 신부〉에서는 사랑의 외양과 본질 간의 괴리를, 〈첫사랑〉에서는 추억 속에 걸러진 과거를 각각 향하고 있다. 그의 영화들은 현실에 대한 낭만적인 거부를 내포하지만, 그 거부는 그저 따뜻한 시선으로만 보고 싶은 감독의 욕망에 따른 거부여서 보고 나서 감정의 그늘이 관객의 가슴에 남지 않는 그런 거부다. 특히 〈개그맨〉에서의 패러디는 한국 영화계의 신인 감독들의 작품 중에서도 가장 야심 찬 것에 속했다. 1970년대에 실존했던 두 무장 강도의 이름과 행각을 빌어 이명세는 갱 영화가 아니라 코미디로 만들어 놓았다. 극중 인물 이종세와 문도석은 뚱뚱이와 홀쭉이를 연상시키는 한 쌍이고 그중 이종세는 여러모로 순진하고 멍청한 찰리 채플린을 생각나게 하는 외모와 행동 양식을 보여 준다. 오선영이라는 인물이 이들과 합류해 본격적인 무장 강도 행각에 나서는데, 이는 아서 펜의 〈보니와 클라이드〉를 떠올리게 하는 전개 과정이다.

갱 영화의 설정에 코미디의 인물 성격을 놓는 전치는 매 시퀀스마다 기대와 계획의 좌절을 마련해 놓고 있다.

이종세는 꿈에 젖어 있는 인물이다. 그는 대한민국 최고 영화감독이 되기 위해 강도짓을 벌이지만, 현실은 몽상에 빠진 자에게 만만치가 않으며 이종세는 죽음으로 그 대가를 치른다. 그런데 그 좌절한 꿈은 이종세가 여름날 오후 나른하게 이발소 의자에 드러누워 꾼 한여름 낮의 꿈이다. 이발소라는 휴식 공간에서 나른하게 즐긴 꿈꾸기는 영화관에서의 몽상과 그다지 멀리 떨어져 있지 않다. 그런 유사성을 떠올리게 하는 가운데 이명세는 극중 인물 이종세에게 다음과 같은 대사를 읊조리게 만든다. "아! 우리가 보는 모든 것이 한낱 꿈속의 꿈인가, 꿈속의 꿈처럼 보이는 것인가." 어쩜 영화를 본 관객의 독백을 대신하려는 것처럼 보이는 이 마지막 대사는 이명세의 의도를 강조하고 있다.

발터 벤야민이 보들레르Charles Baudelaire에 관한 글에서 지적했듯이 대도시 사람들의 방어적인 시선에는 먼 곳을 꿈꾸는 마력적인 시선이 없다. 사람들이 운집한 전철 같은 곳에서 수십 분간 아무 말 없이 다른 사람을 쳐다봐야 하는 상황에서의 시선은 방어적인 기능만을 맡는다.[24] 오늘날 먼 곳을 향한 시선의 열망에서 많은 부분을 흡수하는 곳은 영화관 스크린이다. 영화관에서 사람들은 일상의 논리를 버리고 저마다의 욕망, 꿈을 누린다. 그렇지만 이 욕망은 제도화된 욕망이어서 현실 적응력이 없다. 〈개그맨〉의 마지막 시퀀스에서 문도석이 별 생각 없이 이어 가는 말들은 바로 제도화된 욕망의 하나의 범례이자 그것의 부질없음을 말하는 것 같다. 유명 연예인이 과거에는 고생했으나 지금은 고소득을 올린다는 얘기와 영국에서 지극히 정상적인 어떤 사람이 느닷없이 경비행기로 관제탑을 들이받은 일이 일어났으며 그 이유는

---

24. 발터 벤야민, 『발터 벤야민의 문예이론』, 반성완 역, 민음사, 1983, pp.131-133.

스트레스 때문이었다는 얘기를 전하면서 문도석은 이렇게 덧붙인다. "참, 세상엔 별 희한한 놈들도 많죠." 욕망은 누구나 꿈꿀 수 있지만 제도가 만들어낸 욕망의 실현은 이를테면 멀쩡하게 비행기를 들이받는 것과 같이 부질없다. 이명세의 표현 의도가 냉소에 있는 것은 아니다. 오히려 이명세는 그런 식의 꿈꾸기를 장려한다. 그리고 어찌되었건 그것이 아름다운 것이라고 본다. 〈개그맨〉에서 의식적으로 긴 호흡으로 연출된 대다수 롱 테이크 장면은 그런 점에서 비판적인 거리 두기를 의도하는 것이 아니며 채플린의 영화 공간을 연상시키는 아이러니와 공감의 공간을 꾸미려는 의도다. 꿈꾸는 이들의 어리석음을 담는 아이러니는 비판적인 거리 두기가 아니라 어리석은 꿈꾸기일망정 그것을 즐기고 싶다는 감독의 공감으로 이어진다.

이명세의 두 번째 영화 〈나의 사랑 나의 신부〉는 영민과 미영이라는 남녀 주인공의 연애담을 통해 할리우드의 고전적인 스크루볼 코미디에서 케리 그랜트와 캐서린 헵번이 서로 티격태격 싸워가며 애정을 쌓는 것과 유사한 사랑 경험을 보여 준다. 사랑의 완성을 찬미하는 로맨틱 코미디의 전제와는 달리 〈나의 사랑 나의 신부〉가 품는 주제는 동상이몽이다. 서로 가장 가깝게 느끼는 사랑하는 사람들조차도 언제나 같은 자리에서 다른 생각을 하며 살아간다. 이 근원적인 불일치는 깊은 체념이 아니다. 그것은 절망도 아니다. 그저 행복과 불행이 동전의 양면처럼 공존하는 삶의 단면을 응시하면서 이명세는 현실과 몽상 역시 경계를 뚜렷이 하지 않은 채 포개지는 영화의 본질을 지속적으로 탐구한다.

이명세의 이후 필모그라피는 장르의 참조 틀을 빌려 현실과 허구의 경계를 지워 순수영화의 세계를 창조하려는 그 자신의 미학적 집착을 드러낸다. 이를테면 이명세의 다섯 번째 영화 〈지독한 사랑〉은 사춘기 소녀의 낭만적이고 관념적인 열정을 다룬 그의 세 번째 영화 〈첫사랑〉의 또 다른 버전이다. 어긋나는 정념이라는 주제는 〈나의 사랑 나의 신부〉와도 통하는 것이지만 〈지독한 사랑〉에선 어른의 육욕이 동반된 육체적이고 정념이 끼어든 집착이 열정의 다른 형태로 나타난다. 유부남 교수와 미혼 여기자 사이의 불가능한 연애를 다룬 이 영화에서 남녀 주인공은 사랑하기 때문에 증오한다. 낭만은 짧고 찰나의 관능적 욕망은 지속적으로 파고들며 현실은 구차하다. 남녀 주인공의 사랑이라는 외피 뒤에 숨은 또 다른 정념의 흔적들은 그들의 육체, 그들의 행동, 그들의 사소한 눈짓과 몸짓으로 드러난다. 2000년대 후반 이명세가 만든 〈M〉은 심지어 "우리가 보는 것은 꿈속의 꿈인가? 꿈속의 꿈처럼 보이는 것인가?"라는 〈개그맨〉의 마지막 대사를 스크린에 전면적으로 구현한 작품처럼 보인다. 그는 이 영화를 통해 〈첫사랑〉에서 추구했던 기억 속 공간의 구체화라는 미망을 붙잡으려는 불가능한 영화적 열망에 절실히 매달린다. 〈M〉에서는 더 나아가 삶과 죽음, 현실과 환상, 의식과 무의식, 빛과 어둠, 유성영화와 무성영화, 실재와 재현의 차이가 무너진 채 관객에게 엄습한다.

이명세의 최고 흥행작이자 대표작인 〈인정사정 볼 것 없다〉의 클라이맥스에서 우형사와 장성민이 빗속에서 맨몸으로 부딪치며 진기를 다 쏟아붓고 있을 때, 카메라도 온갖 수식을 다해 그들의 대결을 담는다. 고속 촬영과 저속 촬영, 일부러 등장인물을 흐릿하게 잡아내는 모션 블러 기법을 망라한 연출은 현실을 마치 꿈처럼, 몽상처럼 담아낸다. 그리고 아등바등하며 싸우는 인간들의 삶에서 좀처럼 잡히지 않는 슬픈 감정, 삶에 대한 근본적인 연민 같은 것이 풍겨 나온다. "내가 보는 것이 꿈속의 꿈인가, 아니면 꿈속의 꿈처럼 보이는 것인가"라는 〈개그맨〉의 명제는 여기서도 또 다른 버전으로 되풀이된다.

꿈을 꾸고 있는 동안에도 우리가 살고 있는 듯이, 그리고 의식적인 차원에서 살아내는 것보다 더 농밀한 생의 감각을 느끼기도 하듯이, 이명세는 이 꿈속의 꿈처럼 보이는 영화의 경험에 그의 연출된 카메라의 존재를 과감하게 드러내며 일종의 예술적 초자아로 군림하는 것을 두려워하지 않는다. 우리에게 남아 있는 이미지의 잔상들은 순수 영화적 쾌감의 극한에서 시간을 통해 공간을 새기는 예술이라는 영화 매체의 즐거움을 알려 주려는 이명세식 스타일의 결과물이다. 활동사진(영화의 옛말)의 매력을 간직하려는 고전주의자면서 시청각적 공명의 사차원을 추구하는 시인의 자질을 지닌 이명세의 영화 세계는 장르라는 신화적, 환상적 기제를 현실과 몽상의 경계를 교란하는 아이러니의 장치로 삼는다.

외래의 장르전통에 기대어 현재의 한국 사회를 비틀어 보려는 시도는 이명세의 영화 말고도 여균동의 초기 영화에서 발견된다. 그는 영화 공간의 허구적 규약에 대한 자의식을 감춘 스타일과 그런 스타일로 현실에 대해 심장한 발언을 하려는 시도를 균형 지으려 한다는 점에서 허구 규칙 속에서 길을 찾으려는 90년대 한국 영화 경향의 새로운 줄기를 일시적으로 대변했다. 여균동의 〈세상 밖으로〉는 사회의 국외자들이 기존 사회의 벽 바깥으로 탈출하려는 여정을 담는 로드 무비식의 구성을 취하고 있다. 그 여정은 서구 모더니즘 영화의 로드 무비 구조에서처럼 일시적 환멸 끝에 얻는 자기발견의 서사인 것도, 할리우드 서부영화에서처럼 영웅적 모험의 성격을 띤 것만도 아니다. 이 영화는 두 대륙의 로드 무비의 특징을 적당히 아우르면서 장르의 순응적인 영역에 유쾌하게 들어선다. 이것은 빔 벤더스Wim Venders 영화에서 곧잘 묘사된 우울한 낙오자들 이야기가 아니며, 주인공들이 사회의 바깥에서 사회를 조롱하는 위치를 즐기는 일종의 모험 영화다. 이 모험의 과정과 결말은 공공연하게 천명되며 시종일관 조지 로이 힐George Roy Hill의 〈내일을 향해 쏴라Butch Cassidy And The Sundance Kid, 1969〉를 의식한 패러디 형태로 전개된다. 영화는 한국 사회의 상처를 건드리며 지나가지만 분단과 군사문화와 천민자본주의의 속성을 가로지르는 주인공들의 모험은 비록 패배가 예정되어 있는 모험이라 할지라도 즐거운 볼거리가 된다. 볼거리의 즐거움과 현실의 아픔에 대한 시선을 어느 정도까지 조화시키는가라는 것이 이 영화의 내러티브와 스타일이 짊어진 과제였다.

두 죄수가 엉겁결에 탈옥한다. 두 사람은 한 여자를 만나고, 세 사람이 된 그들은 남도의 끝에서 서울로, 다시 서울을 벗어나 북쪽으로 달아난다. 〈세상 밖으로〉는 전형적인 로드 무비의 형식을 띤 풍경의 지리학을 담고 있다. 로드 무비 대부분이 그렇듯 사회 질서에서 벗어난 사람들에게 세상은 복된 풍경을 던져 주지 않음을 이 영화는 보여 준다. 감옥에서 도망친 문성근과 이경영은 황량한 벌판에서 그들의 여정을 시작하고 인적이 드문 국도에서 심혜진을 만난다. 세 사람은 인적 없는 주유소, 심야의 고속도로 휴게소, 서울의 심야 나이트클럽 뒷문, 달동네 등 세상이 주목하지 않는 주변부 공간을 배회한다. 이들의 배회는 우발적으로 파출소나 은행 등을 공격하는 사건을 겪으면서 사회의 중심 공간을 경유하기도 하지만, 그들의 여정은 매우 논리적으로 군사제한구역에서 세 사람이 사살당하는 것으로 끝난다.

세 사람이 체험하는 풍경은 막막하고 을씨년스럽고 때로는 화나게 만드는 상황으로 다가온다. 그에 반해 그들의 동정을 추측 보도하는 텔레비전 뉴스의 공식 화면은 그들이 체험하는 풍경을 범죄의 현장, 추상적으로 다시 정의되는 기존 사회체제의 시선 속에 포섭시킨다. 이 두 상황의 대비는 선명하다. 국외자의 상실감이 국외자에 대한 위협감으로 바뀐다. 똑같은 풍경이 정반대의 축에 자리하는 것이다. 영화 속에 스쳐 지나가는 풍경들은 의미가 고정되어 있지 않으나 그 풍경들이 사건으로 변할 때 거기에는 한국 사회의 상처와 천박한 성격과 군사 문화의 잔재들이 배어 있다. 영화 초반에 문성근과 이경영은 자신을 북쪽 고향으로 데려가 달라는 노파에게 쫓겨 허겁지겁 달아난다. 하지만 심혜진이 문성근과 이경영의 여정에 합류하면서 그들의 여정은 한국 사회의 지표를 건드리고 야유하는 모험이 된다. 첫 번째 희생양은 사회의 낙오자들을 박정희 대통령이 통치하던 유신정권 시절에 그랬던 것처럼 화끈하게 한데 몰아넣고 사살해 버려야 한다고 믿는 중년의 속물 남자다.

이 남자에게서 세 사람은 고급차를 탈취한다. 이어서 그들은 자판기 고장을 항의하는 권리 주장을 권리 주장으로 받아들이지 않는 무심한 주유소 여주인에게 폭력으로써 그들의 권리를 확인시키고, 우루과이라운드에 항의하는 자그마한 규모의 시위를 통과하며 약자를 조롱하는 젊고 뻔뻔스런 건달들을 혼내 준다. 그러고는 미군 트럭을 탈취해 서울로 진입한다.

세 사람이 체험하는 풍경과 사건의 의미는 한국 사회의 어떤 지표로 나타나고, 그들의 행위는 그 지표에 대한 야유의 성격을 띤다. 그러나 그들의 모험이 실패로 끝나고 그들 사이에 깊은 연대감이 형성되는 순간, 그 안에 웃음과 분노와 아픔이 다 있는 것은 아니다. 그들의 야유는 논리적이지만, 한국 사회의 한 줄기를 타고 진행되는 그들의 모험은 풍경 속을 이리저리 스쳐 가고 배회하며 야유할 대상을 구체적으로 정하지 않은 듯하다. 그럼에도 불구하고 문성근과 이경영과 심혜진이 하나가 되는 모습에 공감할 수 있다면, 거기에는 미처 스쳐 지나가기 쉬운 이 영화의 비밀이 있다. 이 영화의 야유는 현실에 대한 쓰라린 상실감에 기초하는 것이 아니라, 영화라는 허구의 규칙을 자기만족적으로 만끽하려는 데 근거하고 있기 때문이다.

문성근, 이경영, 심혜진은 영화배우로서의 자신들의 이름을 그대로 걸고 영화 속에 등장한다. 세 사람의 실명은 〈세상 밖으로〉라는 허구의 영화 공간에서 감춰지지 않고 오히려 공개적으로 재천명된다. 여기서 등장인물의 역할과 배우 간의 미묘한 전도가 일어난다. 문성근은 영화 속 죄수로 등장하는 것이 아니며, 죄수 역을 맡은 배우 문성근으로 등장하는 것이다. 그래서 욕으로 시작하고 욕으로 끝나는 주인공들의 대사는 처음부터 웃음을 준다. 등장인물이 아니라 유명 배우들이 체면 가리지 않고 원색적인 욕을 천연덕스럽게 남발하는 것으로 보이기 때문이다. 배우의 매력을 등장인물의 성격에 앞서 드러내고자 하는 이 영화에서의 의도적인 노력은 성공한다. 세 주인공 간의 연대는 국외자들 간의 연대를 표상하는 대신, 문성근과 이경영과 심혜진이라는 세 스타의 연대를 표상하는지도 모른다.

배우의 존재를 드러내되 그들의 스타성을 강조하는 것은 현실과 허구의 경계를 무너뜨리되 허구로써 현실을 덮으려는 이 영화의 전체 윤곽과 밀접하게 관련된다. 심혜진의 대사와 시점은 주인공들의 모험이 영화 〈내일을 향해 쏴라〉의 모방판이 되리라는 것을 누누이 강조한다. 이 영화의 줄거리는 〈내일을 향해 쏴라〉와 교묘하게 겹쳐진다. 그 겹쳐지는 과정을 따라가고 확인하는 것은 관객의 즐거움이다. 그 즐거움은 현실을 고통스럽게 환기하는 암시를 경쾌하게 지워 나간다. 이 과정을 따르다 보면, 문익환 목사의 방북과 같은 실제 일어난 역사적 사건까지도 경쾌한 유머로 다뤄진다. 세 사람이 북으로 향할 가능성이 없지 않다는 보도에 대해 심혜진은 우리가 언제 북으로 간다고 했느냐고 혼잣말로 항변을 하고, 스크린 바깥의 현실에선 문익환 목사의 실제 아들인 문성근은 북으로 간다는 것이 꼭 나쁜 생각만은 아니라고 말한다.

그렇게 해서 〈내일을 향해 쏴라〉와 같은, 스타가 등장하는 감동적인 영화로 관객이 봐 줄 것을 기대하는 이 영화의 전체 짜임새가 논리적으로 귀착하는 곳은 환상 속이다. 영화 후반부에서 이경영은 마치 어머니의 품안에 누워 이발소 벽에 걸린 밀레의 「만종」 그림 속에 빠져 들어간 어린 시절의 환상에서처럼, 그들의 정착지가 그림 속이었으면 좋겠다고 말한다. 그 장면 다음에 영화는 태연하게 「만종」의 그림 속에서 자세를 취하고 있는 세 사람을 보여 준다. 여기서 배우들은 이 상황을 재미있어 하며 웃고 있다. 세 사람의 여정은 피곤한 여정이지만 또한 그 여정에는 현실을 마음껏 비틀고 조롱하는 즐거움이 있다. 영화 속 이경영처럼 관객은 그 여정의 끝이 현실이 아닌, 평온함과 유쾌함이 보장되는 환상이기를 바란다. 영화는 군사제한구역의 경계에서 멈추지만 이 결말이 통렬하거나 커다란 아픔을 주는 것은 아니다. 세 사람이 자꾸 밀려나는 정황이 논리적으로 귀착하는 곳은 군사분계선이 아니기 때문이다. 이 영화의 전개 논리에 따르면, 그것은 밀레의 「만종」이라는 그림

속 공간이다.

　이 영화의 제목 '세상 밖으로'의 의미는 현실의 구체적인 공간을 지시하지도, 현실의 가장 아픈 공간을 가리키지도 않는다. 그것은 현실 바깥에 있는 허구 세계를 가리킨다. 이 세계는 문성근과 이경영과 심혜진이 스타로서 존재할 수 있는 스크린이라는 허구의 세계이며 그들이 마음껏 욕하고 비웃을 수 있는 세계다. 그것은 구태여 현실적 함축을 겨냥하지 않아도 좋다. 장르적 규약은 스타의 현전現前을 매개로 강화되고 이 동맹 속에서 우선적으로 확인되는 것은 허구적인 구경거리로서의 영화에 대한 믿음이다. 〈세상 밖으로〉의 경우, 그 믿음이 현실의 속내를 가리킬 때 그것은 미묘하게 현실의 아픔을 가리키면서도 또한 그 아픔에서 비껴 간다. 장르는 현실을 허구의 틀로 포섭하기 위한 일종의 책략이지만 그 책략 속에서 현실을 가리키는 틈을 만들어 내는 것이 불가능한 것은 아니다. 이 영화의 곤경은 장르적 전술을 전략으로 승격시키는 스타일의 토대에 있다. 허구적 규약, 곧 장르적 규약에 대한 존중은 장르가 기초하고 있는 문화적 합의에 대한 존중이기도 하다. 그 존중은 우리 삶에 대해 패배주의적이고 파괴적인 시선을 던질 수도 있다. 밀레의 「만종」이 유토피아의 함의를 지니는 것이 아닌, 허구의 표식을 자랑스럽게 과시하는 것이라면, 이 영화는 현실 대신에 스크린의 허구 공간을 대안으로 제시한 것이다. 〈세상 밖으로〉는 논리적으로 현실을 지워 나가면서 현실을 가리킨다는, 이중적인 매력을 보여 준다.

제3의 길

1990년대 중반에 이르러 가시화된 허구 속에서 길을 찾는 창작자의 더듬이들이 스크린에서 관찰되는 것은 현대 한국 영화의 흥미진진한 흐름이다. 이명세 등의 영화에서 보인 장르관습과의 겨루기 경향은 수정주의 단계를 지나 혼성 모방의 단계를 거친 외래의 장르전통을 부드럽게 흡수했다. 2000년대 이후 등장한 한국의 주요 감독들이 보여 준 장르관습을 대하는 특이한 경향은 장르관습에 적응하거나 저항하려는 것과는 본질적으로 떨어져서 장르의 틀에 기대어 소수자의 열광마저도 선취하려는 분열과 충돌을 기꺼이 즐기겠다는 태도를 보인다는 점이다. 이들 세대의 리더였던 박찬욱은 장르 바깥에서 자기 예술 세계를 완성하려 드는 것이 아니라 장르관습 내에서 그것의 신화적 기제를 공세적으로 뒤흔들고 싶어 하는 모순된 야심을 보이며 정형화된 장르 공식을 따르는 듯하지만 정작 뚜껑을 열어 보면 아슬아슬하게 관객의 기대 심리를 희롱하는 줄타기를 벌인다. 굳이 비교하자면, 박찬욱의 스타일과 지향점은 1970년대에 성공을 거둔 뉴 할리우드 세대의 영화를 떠올리게 한다. 장르 영화를 찍지만 표준 규격으로 만드는 것이 아니라 유럽 예술 영화에 영감을 얻은 스타일로 전통을 혁신시켰던 그 세대처럼, 동시에 해피 엔딩의 규칙에 갇혀 있던 할리우드 영화의 타협주의에 언해피 엔딩을 고집하는 반역의 정신을 심었던 그 세대의 몇몇 감독들처럼, 박찬욱도 장르 영화의 토대가 취약한 한국 영화계에 어떤 전범을 만들었다. 다만, 마틴 스콜세이지나 프랜시스 포드 코폴라Francis Ford Coppola 등의 뉴 할리우드 감독들과 달리 박찬욱에게는 추종하거나 거역할 만한 아버지 세대의 전통이 없다. 그는 할리우드 장르 영화와 유럽 예술 영화와 B 영화에 이르기까지 존경할 만한 영화사의 자취를 다 흡수해 자기 것으로 만들겠다는, 맹렬한 탐식증이 있는 비디오광 세대의 적자다. 그는 어떤 영화사의 계보에도 속할 수 없으나 또한 어떤 계보에도 걸칠 수 있는 스펀지 같은 탄력을 갖고 희롱하듯이 영화를 만들되 동시대의 집단의식을 건드릴 만한 반역 의지도 갖췄다. 이는 박찬욱뿐만 아니라 봉준호나 김지운, 〈킬리만자로〉의 오승욱 등에게서 고루 발견할 수 있는 태도다.

데뷔 시절 자의 반 타의 반으로 액션 영화 키드로 알려졌던 류승완도 그런 상업적 작가의 비평적 권력을 쟁취하는 데 성공한 좋은 예다. 류승완은 데뷔 시절 액션 영화광이라고 스스로를 선전했다. 그건 즐기기 위해 영화를 보고 만드는 세대의 출현을 알리는 상징적인 사건이었다. 류승완의 영화는 인용과 창조, 유머와 비장함, 유희와 절망 사이를 끊임없이 오가는 진동 추와 같다. 그렇지만 다른 사람의 스타일을 명시적으로 베낌으로써 자기 스타일을 만든 쿠엔틴 타란티노Quentin Tarantino의 역설적인 성취와는 전혀 다른 지점에 류승완의 영화는 놓여 있다. 이는 데뷔작인 〈죽거나 혹은 나쁘거나〉가 겉으로는 장르관습에 대한 상당한 자의식을 드러내고 있음에도 불구하고 본질적으로는 거리에서 살아가는 자들의 정서를 담아내는 쪽에 본능적으로 쏠리고 있었던 것에서도 알 수 있다. 〈죽거나 혹은 나쁘거나〉가 액션 영화로 받아들여지기는 했지만 사실 그 영화에서 액션의 쾌감은 홍콩 영화나 미국 영화에서의 계산된 안무의 합에서 나오는 것과는 거리가 멀었다. 〈피도 눈물도 없이〉도 〈스내치〉 류의 강탈 영화 플롯을 끌어들였지만 거기 묘사된 것은 폭넓게 받아들여지기는 힘든 낙오자 정서에 밀착해 있다. 전광석화처럼 끝나거나 지리멸렬하게 되풀이되는 류승완 영화의 액션은 실제 싸움과 가까운 에너지를 담고 있다. 마음은 성룡 영화의 아크로바틱한 쾌감에 가 있지만, 머리는 마틴 스콜세이지 영화의 리얼리즘에 걸치고 있는 류승완 초기 영화의 분열증은 그 자체로 그의 영화를 역동적인 것으로 만드는 요소였다.

박찬욱을 비롯해 2000년대에 등장한 '상업적 작가'들은 정치적 성향 면에서 1980년대 학생운동에 가담했거나 심정적으로 동조했던 학생운동 세대이면서 비디오광 출신으로도 분류할 수 있으며, 전 세대의 감독들과는 달리 예술적 야심과 대중 영화의 지평을 충돌시키는 기반 위에서 영화를 만든다. 박찬욱을 비롯한 일군의 감독들이 일궈 내는 새로운 장르 영화의 전통은 정확히 임권택 감독 등의 노장 세대가 걷는 길과는 정반대다. 후기작 〈하류인생〉

을 보면 알 수 있듯이 임권택 감독은 그가 1960년대에 주로 찍었던 액션 장르 영화의 관습과 스타일을 전면적으로 거부하고 계몽적인 역사 인식을 강조하면서 자신의 예술가 정신을 드러내려 한다. 또 이들의 길은 홍상수나 김기덕처럼 자기만의 영화 세계를 완성한 감독들의 길과도 다르다. 그러나 이들이 걷는 상업적 작가의 길은 겉보기만큼 그렇게 만만한 길이 아니다. 관객의 호응을 받았으나 비평에선 적대적인 반응을 얻은 〈장화, 홍련〉의 결과는 장르 영화의 토대 안에서 혁신적인 영화를 만드는 것이 생각보다 쉽지 않다는 것을 알려 준다. 이는 처음 독립 영화 진영에 등장할 때 액션 영화를 표방하며 나타나 상업 영화계에 신선한 피를 공급했던 류승완이 데뷔작 〈죽거나 혹은 나쁘거나〉 이후 자기 개성을 확실하게 보여 줬던 〈피도 눈물도 없이〉을 거쳐 안전한 액션 장르 영화의 외피를 취한 〈아라한 장풍대작전〉을 만든 데서도 드러난다. 마찬가지로 SF 영화적인 상상력과 유머감각, 그리고 비타협적인 사회 비판적 메시지를 버무린 장준환의 뛰어난 데뷔작 〈지구를 지켜라〉가 흥행에선 처참하게 실패한 사례에서도 확인할 수 있는 어려움이기도 하다.

2000년부터 2005년 무렵까지 한국 영화의 거품 활황기에 주류가 된 상업적 작가들이 장르관습을 끌어들이되 그것과 겨루려고 하는 자의식은 서구의 그것과는 다르다. 우선 이들에게는 장르관습에 대한 자기 반영적인 세련을 추가할 의지가 없다. 서구 모더니즘 영화의 유산을 존중해 이미지로 내러티브의 진공을 채우는 예술적 자의식도 전면화되지는 않는다. 이들의 영화는 각자의 의지에 따라 인과사슬이 파괴된 곳에 나름의 과잉된 스타일을 심어 놓고 관객과의 소통을 위해 핑계거리로 내건 장르관습의 기초를 의식적으로 부정하는 기묘한 지점에 자신들의 영화를 세운다. 그것이 항상 성공한 것은 아니지만 상업적인 성공과 실패의 결과에 상관없이 현대 한국 영화의 흐름에 역동적인 활기를 불어넣었다. 간혹 이들 영화는 인과사슬이 파괴된 지점에서 거꾸로 느닷없이 스스로 자문자답하는 형태로 관객에게 간접적으로 말을 거는 대담함을 보인다.

　이들의 영화를 축으로 2000년대 이후 한국 영화는 몇 갈래의 길을 걸었다. 첫째는 스타 지명도와 장르 친숙도에 기초해 만들어지는 일련의 기획 영화들이다. 두 번째는 규모의 경제를 꾀하는데 필수적인 콘텐츠로 제작자들에게 인식되는 일련의 대작 영화들이다. 처음엔 '한국형 블록버스터'라고 명명된 이 대작들은 본질적으로 할리우드 블록버스터와 비슷한 신념, 유통 방식을 지니고 있다. 균질화된 영화적 쾌락을 꾀하며 만들어지는 이들 영화의 주된 흥행전략은 액션 스펙터클에 집중돼 있다. 그다음으로는 '제3의 길'이라고 부를 수 있는 유형의 영화들이 있다. 카피 할리우드의 구호를 내세운 스펙터클 영화나 지역적인 특성에 기댄 코미디나 멜로 영화, 또 국제영화제에서 환영받는 일부 작가 영화들의 흐름 곁에서 장르의 틀을 완전히 벗어던지지도 않지만 자기 색깔을 선명하게 드러내는 절충적인 영화들이다. 박찬욱, 봉준호 등의 감독은 이런 절충적인 영화들의 외연이 넓혀지는 것을 주도했다. 네 번째는 한때 영화산업과의 긴장 관계에서 우위에 있었으나 이제는 점점 영향력이 축소되는 작가 감독들의 영화다. 한동안은 충무로 스타들이 줄을 설 만큼 절대적인 창작자의 권력을 쥐었던 박광수와 장선우 감독은 각자의 개념으로 설계한 대작 영화가(〈이재수의 난〉, 〈성냥팔이 소녀의 재림〉) 흥행 재앙을 맞으면서 주춤거렸다. 그 뒤를 이은 홍상수의 영화는 극적이지 않은 일상을 파고든 점에서 젊은 영화인들에게 하나의 지침을 제공했지만, 그 미시적인 일상적 세계에서 변주되는 형식적 무늬가 일정하게 패턴화면서 고정 관객층과 대화하는 것으로 겸손하게 스스로를 재위치시켰다. 김기덕의 영화도 해외 영화제에서 높아지는 명성과는 별개로 축적되지 않는 국내 관객층의 현실을 마주하고 물리적으로 격한 묘사 때문에 벌어지는 반복적인 찬반 논쟁을 일으켰다. 마지막으로 예외적으로 언급해야 할 감독은 이창동이다. 언뜻 네 번째 범주에 속하는 듯 보이지만 근본적으로 영화 장르관습을 민감하게 의식하면서 독창적인 작업을 하고 있는 그는 세 번째 범주와 네 번째 범주의 경계에 있는 가장 논쟁적인 감독이다.

작가 영화는 물론이고 제3의 길을 걷는 절충적 작가들의 영화에도, 심지어 일부 블록버스터 영화에서도 흔히 볼 수 있었던(이 글을 쓰는 현재 점점 사라져 가는) 경향은 바로 인과관계의 사슬을 존중하는 전통적인 작법에 대한 극복 의지와 서사의 효율적인 진행을 방해하면서까지 튕겨 나오는 화면의 과잉적 에너지다. 특히 제3의 길을 걷는 절충적인 감독들의 영화들은 울퉁불퉁한 굴곡을 드러내 그것으로 영화의 스타일과 내러티브를 끌고 가는 에너지로 삼았다. 로빈 우드가 '텍스트의 부분적인 불균질성'[25]이라고 부른 특징에 상응하는 이런 측면은 사회의 지배 가치가 무너진 상태에서 다른 대안이 없는 것의 표식이기도 하다. 안정된 내러티브를 지향하는 장르관습을 택하면서도 궁극에는 관습의 기초 자체를 허무는 불균질성에 빠져드는 이들 영화의 개성은 상당한 즐거움과 그에 상응하는 혼란을 준다. 이것이 원래 가지고 있던 확장성을 잃고 단순한 스타일의 유희로 변해 자기 완결적이며 폐쇄적인 세계를 형성한다면, 현대 한국 영화의 동력은 역사적 흐름 속에서 공허하게 분해될 것이지만 (박찬욱, 봉준호 세대 외에도 그다음 세대에서 이런 흐름을 이끌 감독은 이 글을 쓰는 현재로선 나홍진이나 윤종빈일 것으로 예측되지만 확신할 수 없으므로 여기서는 언급하지 않겠다.) 끊임없이 경계적, 위기적 공간에 서서 대중의 마음을 자극한다면 이후로도 주목할 만한 사조로 자리 잡을 수도 있을 것이다.

---

25. 로빈 우드, 『베트남에서 레이건까지 할리우드 영화읽기: 성의 정치학』, 이순진 역, 시각과 언어, 1994, p.69.

코리안 뉴웨이브와 박광수

1980년대 후반에서 1990년대로 넘어가던 전환기는 홍콩 영화가 유행하고 이를 컬트 영화의 이데아쯤으로 숭배하는 분위기가 대학가 영화 동아리를 중심으로 형성되었다. 이때는 새로운 매체인 VTR이 대다수 가정에 보급되면서 영화가 일상적으로 소비되기 시작하기도 했다. 이에 신인감독들이 다수 등장했으나 당시 영화평론가 강한섭은 '30대 감독 무능론'을 펴며 이들을 호되게 비판했다. 이전 세대에 비해 상대적으로 더 많은 영화를 보고 자라난 세대인데도 '영화만들기' 능력 면에서 전 세대에 비해 현저히 떨어진다는 것, 그리고 한 장면 내에 숏들을 온전히 결합할 수 있는 능력이 없는데 그것을 두고 점프컷 운운하며 변명하는 데다 삶을 보는 비전 면에서도 흑백의 단선적인 세계관에서 별로 진전하지 못한 세대라는 것이 비판의 요지였다.

신인감독들의 기세가 허약했다고 하지만 기성세대의 감독들도 지지부진한 건 마찬가지였다. 1980년대에 스타 감독의 명성을 누렸던 이장호와 배창호는 1990년대 이후 침체기를 맞았다. 유일한 예외는 임권택 감독이었다. 1960년대부터 활동했던 감독들 가운데 임권택은 유일하게 일급 감독의 자리를 놓치지 않았다. 임권택의 영화 〈씨받이〉와 〈아제아제 바라아제〉에 주연한 강수연은 베니스영화제와 모스크바영화제에서 여우주연상을 탔다. 임권택은 태흥영화사의 절대적인 지원 속에 〈장군의 아들〉과 〈서편제〉로 당시 한국 영화 사상 최고의 흥행 기록을 세웠다.

그 와중에 한국 영화산업의 활력은 완연히 떨어졌다. 1990년대 초반 한국 영화의 시장 점유율은 10퍼센트 대에 머물고 있었다. 충무로로 대변되는 전통적인 한국 영화산업을 지탱하던 사주가 곧 제작자였던 영화사들은 시대의 변화에 적응하지 못하고 공룡처럼 사멸

할 운명에 처해 있었다. 비디오테크를 생산하던 대기업들이 콘텐츠 수요를 충족시키기 위해 영화산업에 투자하면서 산업 체제는 급변하고 있었다. 기존 영화사 기획실에 있었던 신철 등의 젊은 제작자들이 따로 독립해 차린 신씨네 등의 신생 영화사들이 '기획 영화'라는 신조어를 만들어 내며 보다 발랄한 장르 영화를 만들어 냈고, 김의석의 데뷔작 〈결혼이야기〉는 모처럼 젊은 관객의 주목을 받는 대중 영화였다.

이 시기에 상대적으로 묵직한 작품성으로 주목받았던 신인 감독들이 바로 박광수, 장선우, 정지영이었다. 1987년 6월 항쟁이후 1988년 출범한 6공화국의 다소 유화적인 정세 속 사회 각계각층에서 민주화 요구가 쏟아지는 시점에서 영화 표현의 자유도 다소나마 완화됐을 때 이들 영화는 그런 분위기를 타고 만들어질 수 있었다. 이들의 영화는 분단 체제, 좌우 갈등, 경제적 양극화 등 한국 사회의 여러 정치 사회 역사적 문제들을 정면으로 다뤘다. 이들의 영화는 서구 일부 평단에서 '코리안 뉴웨이브'로 불렸다. 동북아시아에서 유일하게 미지의 영화 국가였던 한국에서도 사회 비판적인 의식과 표현에 대한 자의식을 겸비한 새로운 세대의 영화가 나올 조짐이 보였던 것이다.

박광수는 1980년대 말과 1990년대를 거치는 동안 소위 '코리안 뉴웨이브'의 선두주자였다. 〈그들도 우리처럼〉과 〈베를린 리포트〉를 충무로의 전통적인 영화사에서 연출한 그는 〈그 섬에 가고 싶다〉를 아예 자신의 제작사를 차려 해외 영화계의 투자를 받아 만들었고, 〈아름다운 청년 전태일〉은 국민모금 형식으로 모자라는 제작비를 조달해 완성한 흔치 않은 사례를 남기기도 했다. <아름다운 청년 전태일>은 흥행에도 크게 성공했고 충무로에서 박광수의 존재는 굉장한 예술적 권력을 갖춘 새로운 주류의 상징이 되었다. 그의 경력이 절정기에 올랐던 1999년 그는 꽤 많은 제작비가 든 〈이재수의 난〉을 연출했다. 심은하와 같은 당대 최고의 스타 배우가 카메오로 출연할 만큼 대단한 화제성으로 시작한 이 프로젝트는 흥행에 재앙을 맞았다. 그로부터 박광수의 경력은 긴 침체기에 들어

갔다. 그동안 박광수는 인권영화프로젝트인 〈여섯 개의 시선〉에 들어간 단편과 전주국 제영화제의 디지털 삼인삼색의 한 편이었던 〈빤스 벗고 덤벼라〉를 연출한 후 〈눈부신 날에〉라는 장편을 연출했으나 극장에서 쉽게 잊혔다. 박광수의 예술적 능력에 비하면 너무 허무한 퇴장이었다.

화가 출신인 박광수의 영화는 늘 관객의 뇌리에 응고되는 빛나는 이미지로 기억된다. 고층빌딩 옥상에서 페인트를 칠하는 두 남자의 위태로운 모습을 통해 한국 사회의 소외된 이들의 전형을 응축한 〈칠수와 만수〉를 비롯해 탄광촌에 도착한 대학생 수배자가 폐광이 된 산등성이의 탄광 레일을 배경으로 망연히 서 있는 〈그들도 우리처럼〉의 초반 장면, 〈이재수의 난〉에서 바위산을 달리는 이재수의 모습과 까마귀의 시점으로 제주를 훑는 장면 등은 심하게 말해 영화 자체의 스토리가 기억나지 않더라도 떠오르는, 그의 영화가 가진 이미지의 힘을 보여 주는 예들의 극히 일부일 뿐이다. 〈눈부신 날에〉를 연출한 후 그는 장르 영화를 연출할 수 있다는 자신감을 피력하고 새로 출발하려는 의욕에 넘쳤다.

1990년대까지 박광수는 롱테이크 스타일로 지식인의 시점을 따라가며 한국사의 격변의 현장을 재현해 찍었다. 그때 그는 "이런 형태의 영화가 더 이상 내게 재미를 주지 않는다. 새로운 영화를 하겠다. 108개의 질문을 내게 던져 총체적으로 점검을 한 다음에 답을 갖고 다시 출발하겠다"라고 말했다. 〈눈부신 날에〉의 개봉을 앞두고도 박광수는 역시 비슷한 말을 했다. "영화가 개봉하고 결과가 나면 그때부터 점검에 들어갈 것이다. 저예산 영화로 내 개성을 좇는 방법도 있겠지만, 상업 영화 시스템 안에서 유연하게 내 영화의 길을 찾을 수 있을 거라고 생각한다." 그로부터 오랜 시간이 흘렀고 박광수는 끊임없이 상업 영화 현장으로의 복귀를 모색했다. 그런 그의 바람은 아직까지 실현되지 않았지만, 어떤 사람들은 여전히 그를 기억할 것이다.

3장   장르의 인과율을 무시하는 상상력

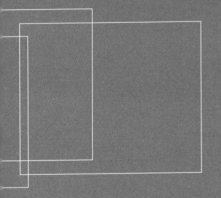

탈피와 타협, 그리고
새로운 가능성을 열어 둔
감독들

서사의 틀을 벗은 새로운 표현의 세계

원인과 결과의 사슬에 따른 기승전결의 리듬으로 이야기와 화면을 짜는 것
은, 20세기 이래 주류 내러티브 영화의 절대적인 규범이었다. 인과론이 축인
고전적 할리우드 스타일에서 문제 해결의 플롯과 선형적 내러티브는 장르의
속성에 부합한다. 인과적 내러티브와 화면 연결이 신화적 세계의 창조와 영
웅적 주인공을 다루는 데 적합한 그릇이었다는 의미이기도 하다. 스티븐 닐
은 고전주의 서술체 영화라고 일컬어지던 미국 서술체 영화 전통의 변형이
곧 장르라고 주장했다.[1] 이는 할리우드 장르 체제가 어떤 제한된 표현 양식의
맥락에서 한정된 주제의 설정만 용납했으며 한 장르를 다른 장르와 구분하
는 기준은 그 체제가 공유하는 보편적 담론의 형식과 내용이라는 점을 피력
한 것이다.

  그렇지만 이것으로부터의 부분적인 이탈과 전면적인 거부에서 영화의 미
학적 모험이 왕왕 추구됐다. 인과 사슬의 원근법과 깊이로 축조된 이야기는
패턴인 것이지 그 밖에는 아무것도 아니다. 그것은 우리가 편안하게 받아들
일 수 있는 안심, 또는 위로를 얻기 위한 구조다. 서구의 영화학자들이 주류
내러티브 영화의 표준이라 할 고전적 할리우드 영화에 대해 정식화한 것의
핵심은 목표 지향적인 플롯의 전개 속에 시간과 공간의 인과성을 체계적으
로 관객에게 인지시키는 규칙의 면모였다. 주류 내러티브 영화는 윤곽이 분
명한 문제를 해결하거나 구체적인 목적을 달성하기 위해 분투하며 심리적인
면이 확실하게 설정된 개인들을 주요 원인 제공자로 내세우고, 주인공이 달
려든 문제가 해결되거나 또는 목표 달성의 성공 여부를 확실하게 종결지으
며 이야기가 끝난다. 등장인물 주변에서 벌어지는 사태의 진전이 가장 중요

1. Steve Neale, Genre, (London: BFI, 1980) pp. 58-62.

한 집결의 원인을 제공하는 한편, 공간적 형상은 구성의 필요성뿐 아니라 사실주의를 동기로 삼는다.

이런 내러티브의 인과 사슬에서 벗어났을 때 우리는 불안이나 불만을 느낀다. 잘 알려진 대로 유럽 모더니즘 영화는 이야기의 인과 사슬을 전면적으로 거부함으로써, 자본주의 사회를 사는 인간들의 총체성을 상실한 실존의 위기감을 이미지화시켰다. 이야기의 인과 사슬 대신 전경화된 것은 이미지의 관능과 아이러니였다.[2] 서로 모순되기까지 하는 여러 삶의 단편들이 병렬돼 있고 그것들을 하나로 모으는 의미의 소실점 같은 것은 이 유형의 영화에 없다. 영화가 끝나도 질문은 남고 현재진행형으로 흐른다. 삶에서 어떤 결론도 취하지 않으려고 하는 것은 그 자체로 도저한 부정성 상상력의 산물이다.

이런 맥락에서 이창동 감독의 영화들은 표면적으로 스타일을 전경화시키지 않으면서도 장르적 친밀성과 현실적 환기력의 균형 사이에서 요동한다. 데뷔작 〈초록 물고기〉에서 갱스터 누아르의 형식 외연에 일산과 영등포라는 한국 도시문명의 역사를 응축시켰던 이창동은 〈박하사탕〉에선 인과론적 사슬의 내러티브를 거꾸로 뒤집어 보여 줬고 〈오아시스〉에선 현실과 환상이 전도된 관계 속에 멜로드라마의 형식을 구겨 넣었다. 그는 이런 형식으로 대중에게 가장 친숙한 멜로드라마 화법을 통해 관객을 감정이입시킨 다음에 그것에 이입하게 된 과정 자체에 대해 관객에게 거꾸로 질문하는 복합적인 자기 반영성의 회로를 은밀히 영화에 감춰 두곤 한다. 〈박하사탕〉에서 거꾸로 가는 기차의 이미지는 이런 이창동의 전략을 가장 상징적으로 보여 주는 예일 것이다. 처음에 관객은 단락이 넘어갈 때마다 장면 전환 구분 장치로

---

2. 〈붉은 사막〉에서 여주인공의 신경증을 형상화한 안토니오니가 자신의 관심은 공장 굴뚝에서 나오는 연기의 아름다움을 포착하려는 데 있었다고 한 고백은 유명한 일화다. Stanley Kauffman, 「The Achievement of The Red Desert」 Stanley J. Solomon (ed), 『The Classic Cinema』, Harcought Brace Jovanovich, Inc, 1973, p. 278.

쓰인 이 이미지에서 실은 기차가 거꾸로 가는 것을 잘 알아차리지 못한다. 그러나 이 이미지들이 되풀이되어 보일 때 일차적으로는 시간을 거꾸로 거슬러 올라가는 영화의 서술 구조를 반영하는 전환 장치라는 것에 수긍하면서도 동시에 이야기의 불가역성에 저항하는 영화 매체의 가시적인 장치 효과에 주목하게 된다.

〈박하사탕〉의 첫 단락에서 주인공 김영호는 스스로 죽음을 택했으며 그때 이미 김영호의 삶만큼이나 영화의 이야기 성격은 분명히 정해졌다. 김영호는 이미 불행해진 남자이며 관객에게 그의 불행한 모습을 처음부터 보여 준 영화는 이후의 전개에서 그 느낌을 바꿔 놓을 수가 없다. 김영호가 철로 위에서 "나 다시 돌아갈래"라고 외쳐도 그의 삶은 돌아갈 수가 없다. 그는 이미 불행한 삶을 살아 버렸기 때문이다. 그러나 우리는 영화의 후반부에 광주민주화운동 진압 장면이 나올 때까지 김영호가 왜 불행한 삶을 살아 버렸는지 이유를 알지 못한다. 〈박하사탕〉의 이야기는 1999년에서 1979년까지 한 남자의 20년 세월을 거꾸로 거슬러 올라가며 한 남자의 인생사 비밀을, 거기에 묻어 있는 역사의 흔적을 미스터리 구조로 풀어낸다. 주인공을 파멸시킨 세월의 정체는 무엇인지 궁금하게 만들도록 이야기에 추리적 긴장감을 끌어들이기 위해 시간 역순의 미스터리 구조를 취한 플롯은 한 인간이 가진 영혼의 비밀을 탐색하는 가운데 주인공과 주인공이 처한 상황, 역사에 관객을 거리 두게 만든다.

거꾸로 되돌아가는 〈박하사탕〉의 시간을 다시 뒤집어 연대기로 재구성하면, 그의 불우한 운명은 광주민주화운동에서 비롯했으며 한국 현대사의 불행을 대표하는 그 격변의 현장에 김영호는 계엄군으로 투입돼 끔찍한 기억의 상처를 남겼다. 이 트라우마의 기원이 밝혀질 때 김영호는 한국 현대사의 상처를 그 자신의 몸에 체현하고 있는 전형이 될 수도 있었다. 그렇지만 1999년에서 1979년까지 시간을 거슬러 올라가며 벌어지는 〈박하사탕〉의 이야기 구조는 고전적인 이야기체 영화의 자명성을 고의로 거역한다. 사건의 직선적인 인과관계를 깨트리는 이 화술의 목표는 거대한 역사의 은유를 화면에 정확하게 심어 내려 하면서도 개인과 역사가 맺는 그 관계의 인과론적 사슬에 저항하고 싶은 모순된 욕망과 싸우는 것이다. 이창동은 역사적 비극의 결과에 대한 은유를 말하려는 것이 아니라 비극이 시작되기 전의 순결한 순간을 되새기고 싶어 하며 그것이 부질없는 욕망이라는 것을 감추지도 않는다. 추리 이야기 기법은 누구도 이해할 수 없는 한 개인의 인생사를, 광주민주화운동이 있었던 한국 현대사의 복판에 한 개인의 인생사를 겹쳐 놓고 그것을 관찰하기 위한 틀이다. 시간을 거꾸로 올라가 펼쳐지는 이야기의 갈래를 헤치며 우리가 조금씩 김영호의 삶에 대해 알아 간다고 해도 그의 인생의 모든 것을 우리가 다 알 수 있는 것은 아니다. 시간 역순 구조와 미스터리 기법은 관객에게 이해를 구하는 것이 아니라 경험을 권하는 안내판 같은 것이다. 이해하게 하기보다는 경험하게 하는 이야기 형식을 통해, 〈박하사탕〉은 기승전결의 인과론 구성을 뒤집는다.

이미지는 최초의 강렬한 환기작용이 끝나면 스스로 생명을 마감하고 박제화된 틀에 갇혀 버리는 숙명을 어쩌지 못한다. 문화평론가 수전 손택Susan Sontag은 열두 살 때 산타모니카 서점가를 돌아다니다 우연히 본 베르겐 벨젠 유태인 수용소 사진에 큰 충격을 받고 자신의 인생은 그 사진을 보기 전과 보고 난 후로 나뉠 만큼 감명을 받았다고 말했다.[3] 그러나 거의 상상하지 못했던 고통이면서 자신의 힘으로 조금도 나눌 수 없었던 고통을 담은 이미지는 최초의 충격이 사라진 후 점차 줄어든다. 역사적 진실을 다룬 이미지의 숙명은 갈수록 퇴화되고 무기력해진다는 것이다. 수전 손택는 수십 년 동안 참여파 사진들이 사람들의 양심을 자극시켰던 것만큼이나 양심을 무디게 만

3. 수전 손택, 『사진에 관하여』, 이재원 역, 시울, 2005, p.42.

들었다고 지적했다. 〈박하사탕〉이 매체로 택한 영화는 이미지로 환기작용을 일으키는 사진과 달리 인과관계가 있는 이야기를 이미지와 사운드의 연결로 만들어 마음을 움직이려 드는 매체다. 〈박하사탕〉의 시간 역순 이야기는 사건의 원인과 결과를 설명해 마음을 자극하려는 대다수 대중 영화의 통념에 도전하는 가운데 인과사슬에서 떼어 낸 개개의 사건과 이미지는 논리적인 이해가 아니라 관객으로 하여금 그 순간을 경험하게 한다. 동시에 과거의 시간에 고정된 이미지로 끝나는 이 영화의 회귀 욕망은 역사가 진보한다는 가설과 의지를 일시적으로 부수고 회의하게 한다.

〈박하사탕〉은 대문자 역사에 갇힌 개인의 소문자 역사를 상상하고 체험하게 만들고 그것으로 다시 대문자 역사를 떠올리게 한다. 주식 투자로 큰돈을 벌었다가 망하는 중년의 김영호는 1990년대 천민자본주의 거품경제의 주역이자 희생자다. 가혹한 취조를 일삼는 고문경찰 김영호는 1980년대를 지탱했던 강력한 독재정권의 심부름꾼이다. 광주에서 여고생을 우발적으로 죽인 육군 이병 김영호는 자기도 모르는 사이에 사악한 군부의 하수인이 된 피해자였다. 이러한 여러 모습의 김영호는 영화 속 어떤 등장인물과도 적대 관계를 맺지 않지만, 그는 특수한 역사적 정황 속에서 가해자와 피해자의 위치를 오가는 처지로 그 역사적 정황과 관계 맺고 있다. 김영호가 자신을 속이고 부자가 된 경찰 시절의 선배를 죽이고자 총을 들고 지하 주차장에 서 있을 때, 화면은 총을 쏘는 김영호와 총알을 받는 선배의 모습을 명확하게 대립시키고 있지 않다. 김영호는 혼란스러운 모습으로 서 있는 괴물이자 가해자이자 피해자다. 피아의 구분 대신 오로지 이 장면에서는 자기 내부의 좌절과 낭패감을 주체하지 못해 쩔쩔매는 한 인간의 영혼을 먼 거리에서 지켜보는 카메라의 시선만이 드러난다.

김영호의 삶이 드러내는 역사적 상처를 직접적으로 나타내는 것은 그가 광주민주화운동 진압에 투입되었을 당시 입은 발 상처다. 그 상처는 김영호가 무정형의 역사로부터 입은 상처를 드러내는 직접적인 지표다. 김영호는 뭔가 심리적으로 큰 타격을 입으면 갑자기 다리를 절기 시작한다. 첫사랑이자 애인 순임이 죽음 직전에 있는 모습을 목격했을 때, 첫사랑을 닮은 여인과 동침하고 다음날 아침 걸어 나올 때, 김영호의 일상 삶에서 마음을 움직이는 순간이 있을 때, 역사적 상처는 그의 몸에서 물리적인 표식으로 나타나기 시작한다. 그 상처는 김영호를 평생 따라다닌다. 군인, 고문기술자, 천민자본가를 거치는 김영호의 삶의 역정은 그 상징적 대표성만큼이나 관객이 개입할 수 있는 여지를 전혀 주고 있지 않지만, 역설적으로 이야기에 살을 입히는 것은 김영호가 다리를 절룩이며 걷는 그 불구의 형상, 그 이미지의 직접적인 환기력이다.

일곱 개로 단락 지어진 〈박하사탕〉의 이야기 구조는 하나의 정서로 요약할 수 없는, 수시로 천국의 문턱에서 지옥으로 급강하는 것 같은 감정의 나락을 경험하게 해 준다. 평범해 보이는 일상의 풍경 속에 역사의 상흔을 새겨 놓는 것, 일상에서 치명적인 파멸의 자국을 찾아내기 위해 이 영화는 사건을 대조적으로 배치해 놓고 있다. 네 번째 단락인 '고문'에서 신혼생활을 누리는 김영호는 아내 홍자의 배웅을 받으며 아이들이 고무 대야에서 물장난을 치고 있는 대문 앞 계단을 내려온다. 이 물의 이미지는 목욕탕에서 수배자의 후배인 박명식을 발견하는 장면으로 이어지고, 박명식을 체포한 김영호는 박명식을 발가벗겨 취조실에서 물고문을 한다. 일상의 평화로운 정경을 드러내는 물의 이미지는 어느 순간 국가권력이 개인에게 가하는 폭력의 매개로 자연스럽게 옮아가고 그 장면의 배경음으로 라디오에서 흘러나오는 다음과 같은 진행자의 목소리가 깔린다. "살다 보면요, 본의 아니게 해서는 안 되는 과오를 저지르는 수가 있잖아요. 그걸 또 상대방에게 숨기고 살기도 하고요. '세 시의 가요앨범', 오늘 이 시간에는 그런 사연들을 직접 들어 보기로 하겠습니다. 첫 번째 전화 주신 분을 모시겠습니다. 여보세요…" 그 장면이 끝나면 김영호는 단란주점에서 간드러진 목소리로 김수철의 「내일」을 부른다. "스쳐 가는 금빛 사연들이 밤하늘에 가득 차고, 풀나무에 맺힌 이슬처럼 잊혀져 갈 나의 모습…"

이미지와 상황의 취사선택과 배합은 모두 대조를 통해 감정의 주름을 만드는 이 영화 특유의 화법을 만들어 낸다. 김영호가 수배자를 검거하기 위해 군산에 내려갔을 때 우연히 들른 카페에서 김영호는 카페 여주인과 첫사랑에 관한 시시한 얘기를 나누며 몸을 섞는다. 〈박하사탕〉 전체의 정서적 무늬와 비교했을 때 순진한 감상주의로 채워져 있는 이 장면에서 김영호와 카페 여주인은 내리는 비/물의 이미지를 사랑을 전하고 이해하는 매개로 받아들인다. "그런데 이렇게 비가 와서 어떡해요?" "괜찮아요. 그 사람하고 나하고 같은 비를 맞고 있는 거니까. 내가 보고 있는 비를 그 사람도 보고 있는 거니까." 그리고 비가 개인 다음날 아침 김영호는 용의자를 검거하고 차 안에서 피투성이가 된 용의자의 얼굴을 닦아 주는데 용의자는 입에서 피를 토한다.

'소풍'이라는 일곱 번째 단락의 부제가 붙은 영화의 마지막 장면, 스무 살의 김영호가 친구들과 야유회를 갔다가 무리에서 빠져 나와 풀숲에 누워 있는 장면은, 마치 스무 살의 김영호가 마흔 살에 죽은 김영호의 운명을 슬퍼하는 것처럼, 보일 듯 말 듯 아스라하게 그의 눈에 잡혀 있는 눈물을 보여 주면서 끝난다. 〈박하사탕〉의 특이한 출발점이자 성취는 김영호의 개인적인 삶의 희망과 한국 현대사의 위기가 동시에 막 시작되려는 그 시점에 초점을 맞췄다는 것이다. 〈박하사탕〉의 결말은 비극이 일어나기 이전의 순수한 시간에서 정지한다. 이 마지막 장면은 주인공에게 한 순간도 행복을 허락하지 않았던 〈박하사탕〉에서 예외적인 장면이다. 연대기 순으로 보면 〈박하사탕〉의 결말은 주인공이 죽음을 맞는 비참한 결말이지만, 영화의 플롯 논리에 따라 제시된 결말로 보자면 타락하지 않은 과거로 돌아가는 과정이다. '소풍' 장면에서 과거의 영호가 마치 현재의 영호의 운명을 예감하는 듯이 슬픈 표정을 짓고 있는 것은 1979년의 그 순수했던 시간에서 영원히 움직이고 싶지 않은 욕망을 표현하고 싶은 영화 바깥의 화자의 바람을 담고 있다. 이 영화는 현재에서 구원을 찾지 않고 과거의 정지된 시간에서 다시 출발할 수 있지 않을까, 라고 묻지만 그것은 과거의 시간이며 현실로 되돌릴 수 없는 시간이며 또한 정지된 시간이다. 이 장면에서 영호는 야유회 장소, 첫 장면의 배경이자 20년 후에 찾아올 그 장소에 대해 언젠가 한번 와 본 것 같다고 말한다. 순임은 그런 영호에게 말한다. "그럴 때가 있어요. 그런 건요. 꿈에서 본 것이래요." 〈박하사탕〉은 악몽의 현실을 아직 그려지지 않은 꿈으로 돌려놓는다.

첫사랑의 기억만이 있었던 1979년 어느 시간을 축으로, 역사의 위기와 개인의 삶의 꿈이 동시에 펼쳐지는 시기를 중심에 놓으면서 〈박하사탕〉은 연대기 순으로 결정지어진 비극을 강조하는 것이 아니라 우리가 맞이한 현재와는 또 다른 현재를 맞이할 수도 있었을 과거의 시간에 우리를 데려다놓는다. 그 과거는 첫사랑이라는 감정의 기억을 바탕으로 결정된 것이지만 동시에 어떤 역사적 사실로도 응고시킬 수 없는 감정의 순간에 우리를 데려다놓는다. 그것은 역사의 자명한 진실, 너무 많은 매체에 노출돼 이제는 아무런 감흥도 없는 비극의 역사를 개인의 이야기와 맺어 주기 위한 산물이다. 큰 역사적 사건을 배경으로 개인의 삶을 이야기로 구조화시킨 고전적인 이야기체 영화인 것처럼 보였던 〈박하사탕〉은 그렇게 해서 인과론적 사슬에서 벗어난 경험의 재구성이라는 표현 영역에 들어선다.

〈오아시스〉에서도 역시 인과론적 논리를 벗어난 경험의 재구성이라는 이창동식 표현성의 정체를 볼 수 있다. 운명론적으로 보일 만큼 예정된 패배를 향하는 앞선 영화들에서의 등장인물들처럼 〈오아시스〉에서 사회부적응자 홍종두와 뇌성마비 장애인 한공주의 예기치 않은 사랑의 운명도 위기에 처한다. 이 영화의 역설은 가장 비참한 현실을 스크린에 그려 넣고 거기서 아름다운 사랑의 판타지를 보자고 유혹하는 구성에 있다. 이를테면 남자 주인공 종두가 여주인공 공주의 방에서 되풀이해 보는 것은 그녀의 방에 걸린 낡은 오아시스 그림이다. 촌스러운 화풍의 퇴색한 그 벽걸이 카펫에 그려진 그림은 종두와 공주가 그네들의 추레한 삶에서 막연하게 꿈꾸는 삶에 대한 판타지의 비유다. 밤마다 그 그림은 공주가 사는 아파트 앞에 있는 앙상한 나뭇가지의 그림자로 뒤덮인다. 공주는 그 그림자가 무섭다고 말한다. 그때마다 종두는 마술로 그 그림에 드리워진 무서운 그림자를 없애 주겠다고 다짐한다. 종두는 주문을 걸지만 물론, 그 그림자는 없어지지 않는다.

   벽걸이 카펫의 오아시스 그림에 드리워진 그림자와 그것을 없애 주려는 종두의 바람은 플롯과 완벽하게 조응하는 시각적 모티브다. 종두는 우연한 기회에 공주를 사랑하게 되지만 그녀는 뇌성마비 장애인이며 가족들도 멀리하는 그녀를 보호하기엔 종두의 사회적 위치가 너무 허약하다. 강간 미수, 폭행, 뺑소니 등으로 옥고를 치른 전과 3범인 그는 가족들에게도 어른 취급을 받지 못하는 인간이다. 종두는 대상을 분별하지 않는 다소 특이한 성격이기 때문에 정상인이라면 감히 사랑하기 힘든 공주를 사랑할 수 있다. 그가 제 몸을 가누지 못하는 공주에게 욕망을 품을 때, 그리고 그런 종두의 욕망을 받아들이는 공주가 세상 어느 누구에게도 관심의 대상이 되지 못하는 절해고도絶海孤島에 처해 있는 존재라는 걸 알게 될 때, 자연스레 그 두 사람은 이뤄지기 힘든 사랑의 주인공이 된다.

마술과 더불어 판타지는 〈오아시스〉에 들어가는 또 다른 입구다. 종두를 처음 만나기 직전 공주는 자기 방에서 비둘기가 날아다니는 판타지를 꿈꾸고 있었다. 그 판타지가 사라진 후에 불쑥 공주의 방에 찾아온 종두는 공주가 꿈꿔 왔던 판타지를 실현시켜 줄 초라한 구원자다. 그들의 사랑은 멀쩡한 몸으로 거리를 활보하고 밥을 함께 먹고 자유롭게 드라이브하는 따위의 일상적인 데이트와 거리가 먼 것이다. 그런 것들이 힘들어질 때 그들이 꿈꾸는 판타지는 보통 사람들에게는 일상적인 사랑의 행위다. 전철을 놓치고 난 후 연인 주위를 걸으며 좋아하는 유행가를 흥얼거리는, 정상인에게는 가능한 상황이 그들의 관계에선 판타지가 된다. 영화 속에 수시로 나오는 이 판타지 장치는 실제와 판타지를 거의 등가의 관계로 놓는다. 그것은 사회 구석에서 이뤄지는 종두와 공주의 사랑을 환상적인 것으로 적시하는 기묘한 거울 기능이기도 하다. 그들의 사랑은 주위 사람들의 눈에 불가능한 일로 비친다. 그런 사랑이 더 깊어질수록 그 사랑이 처할 사회적 장애의 벽은 더 높아져 간다. 그들의 사랑이 발각됐을 때 종두와 공주의 가족은 그들이 실제로 사랑했을 가능성은 꿈에도 꾸지 않는다. 종두와의 사랑을 통해 일상적 사랑의 실현을 꿈꾸는 공주의 바람은 정상인들의 눈에는 실현 불가능한 것이다. 그것은 판타지 속에서나 가능한 일인 것이다.

실제와 판타지가 뒤바뀐 이 관계는 번거로운 통로를 지나 우리 현실에서 꿈꾸는 판타지의 실체를 깨닫게 만든다. 나아가 이는 멜로드라마 장르 형식으로 관객에게 말을 거는 척하면서, 관객이 받아들이고 싶은 장르적 판타지의 실체를 간접적으로 비판하려는 의지의 면모를 감추고 있다. 종두가 중국 음식 배달용 오토바이를 타고 거리에서 우연히 화려한 영화 촬영차와 조우하는 장면은 매우 직접적으로 현실과 판타지의 관계를 야유한다. 종두는 영화 촬영이 별것 아니라고 소리 지르며 즐거워한다. 사실, '별것'인 것은 종두가 공주와 빠지는 사랑이다. 약간 정신이 나간 듯하고 형 대신 옥살이를 할 만큼 이해타산에 어두우며 자신의 억울한 오명을 해명하기 위해 변변히 말 한마디 하지 못하는 사회 부적응자 종두는 동시에 어떤 것에도 선입견의 틀에 빠지지 않을 수 있는 어린아이의 맑은 심성을 지닌 인간이다. 그건 공주도 마찬가지여서 일하는 사람을 가장 부러워할 만큼 자신이 사회적으로 무용한 존재라는 자책에 갇힌 그녀는 장애인인 자신의 처지를 이용해 대신 연금을 타 먹는 친오빠를 원망하지 않는 착하고 순진한 마음의 소유자다. 미친 듯이 보이는 이들의 사랑이 사실은 아무것도 계산하지 않는, 번드르르한 소비사회가 그토록 교묘하게 찬양하는 낭만적 사랑의 이상형이다.

〈오아시스〉는 남녀 주인공이 사랑에 빠지고 그들의 사랑이 사회적 장벽에 부딪쳐 좌초할 위기를 겪는 익숙한 멜로드라마의 관습을 끌어들이지만, 그런 만큼이나 이 영화는 전형적인 것의 한계와 그 전형적인 것의 틀을 부수는 깊이를 동시에 지니고 있다. 〈오아시스〉의 플롯은 논리적으로 완벽한 수미 상관 구조를 지니고 있다. 되풀이되는 각운 구조는 체계적으로 관객들에게 현실과 마술적인 판타지의 관계를 가리킨다. 종두와 공주가 노래방에서 시간을 보낼 때 신나게 불러 젖히는 종두와 달리 말하기조차 힘든 공주는 노래하지 못한다. 그 대신 그들의 귀갓길에서, 판타지 속 공주는 종두에게 「내가 만일」이라는 노래를 불러 준다. 오아시스 그림 속의 그림자를 지워 주겠다는 종두의 약속은 영화 후반부에 어떤 형태로든 실제 삶에서 실현된다. 무엇보다도 영화 초반에 공주를 성폭행하려 했던 종두는 후반부에 섹스를 나누다 발각된 후 경찰로부터 '너 변태냐?'는 힐난을 듣는다. 각운 구조로 꽉 짜인 이 플롯은 현실을 가리킴과 동시에 완벽한 허구적 세계를 지향한다. 게다가 이 영화는 의도가 훤히 보이는 상징적 의미를 이미지의 환기력으로 돌파하려 든다. 종두와 공주가 차들로 막힌 (지금은 철거된) 청계 고가도로에서 잠시 차에서 내려 신나게 춤추는 영화 속 한 장면은, 서울의 중심부이면서도 누락한 공간인 청계천에서 두 사회 부적응자가 누리는 잠시 동안의 해방이라는 반어적 상징의 의미에 꽉 고정돼 있다.

여백 없는 이 허구의 세계를 구원하는 것은 〈박하사탕〉에서와 마찬가지로 감독 이창동의 시선이다. 그는 꽉 짜인 자신의 허구적 세계를 아무것도 꾸미지 않는 카메라 시선과 배우의 연기를 통해 현실과 겹쳐 놓고 있다. 도무지 마음속에 무엇을 품고 있는지 모를 주인공 종두 역의 설경구는 모자란 듯 독기를 지니고 멍청한 듯 순진한 영혼을 지닌 이 인물을, 연기하는 것이 아니라 실제 그 모습으로 살고 있다는 착각을 던져 준다. 뇌성마비 장애인의 뒤틀린 육체를 재현하며 여주인공 공주를 연기한 문소리도 마찬가지다. 영화 속 카메라 시선이 담은 정직하고 단호한 윤리도 수식을 거부하는 태도를 지향한다. 클라이맥스 장면의 마지막 두 숏, 아파트 창문을 두고 헤어지는 두 남녀 주인공의 모습을 담는 화면에서 카메라 각도는 아무 극적인 묘사도 하지 않겠다는 독한 의지를 담고 있다. 카메라 움직임을 통해 그들의 마음속에 오가는 에너지를 관객에게 옮기고 시선의 매치 컷을 통해 그들 마음에 오가는 사랑의 교류를 담겠다는 의도가 이 장면에는 없다. 그들의 사랑에 에너지를 실어 주지 않는 카메라는 남녀 주인공과 거리를 두고 그들의 초라한 존재를 있는 그대로 비춘다. 이 장면은 '카메라는 윤리다'라는 장 뤽 고다르Jean Luc Godard의 고전적인 명제를 실행한다. 세상을 보라고 강요하는 영화가 아니라 무심히 던져진 채로 존재하는 듯이 보이는 사랑의 인상적인 연대기가 되는 과정에서 〈오아시스〉는 카메라를 통해 세상을 어떻게 비출 것인지를 선택하는 윤리 의식을 드러낸다.

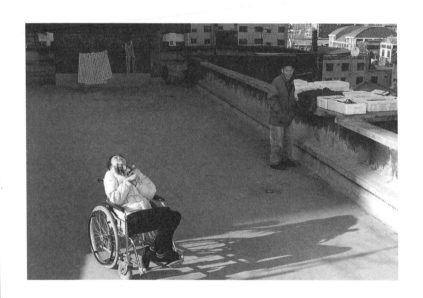

〈오아시스〉

내러티브 진공과 이미지의 틈

〈조용한 가족〉과 〈반칙왕〉을 통해 세련된 코미디 장르의 경지를 보여 준 김지운은 〈장화, 홍련〉에서 내러티브의 구멍을 이미지로 채운다는 전략으로 특이한 양식화에 도전했다. 그는 선악의 인과응보를 담은 원전 설화를 비틀어 정체 모를 공포에 시달리는 귀신 들린 집의 악몽을 〈장화, 홍련〉으로 표현했다. 설화적 뼈대를 현대적인 공포 영화로 바꾸는 작업을 통해 〈장화, 홍련〉에서 원귀의 복수담이라는 한국 전래 공포의 내러티브 형식은 크게 뒤틀린다. 대신 이 영화는 한 가족 내의 소통 부재라는, 감지될 듯 말 듯한 미시적인 주제에서 원귀를 대체하는 공포를 끌어내려 애쓴다. 영화의 이런 선택은 흥미롭다. 전래 공포 설화에서의 원귀 설정은 대체로 큰 주제와 맥이 닿아 있다. 원전에서처럼 일부일처 가부장제하에서 보호받지 못하는 소녀들의 성장이라는 큰 주제는 누가 원귀인지 몰라보게 처리한 전개를 통해 훨씬 모호하고 불투명한 공포로 옮겨 간다. 인과율에 따른 원귀의 복수담이라는 원전을 감독은 귀신 들린 집에서 벌어지는 정체 모를 공포라는 현대적인 분위기로 바꿔 놓고 있다.

〈장화, 홍련〉은 영화 중반까지 장화와 홍련의 현대적인 대체 커플인 수미와 수연에게, 그리고 그들 자매가 사는 외따로 동떨어진 집에서 무슨 일이 일어난 건지 관객을 궁금하게 만든다. 등장인물은 모두 겉으로 드러낼 수 없는 비밀을 공유하는 듯이 보인다. 금방이라도 터질 것 같은 그 질식할 듯한 공기 속에서 원귀인 듯한 존재는 시도 때도 없이 흔적을 드러내 등장인물들을 놀라게 한다. 관객은 수미 수연 자매의 엄마가 원귀인지, 수미와 수연 자매가 원귀인지, 계모 은주가 원귀인지 궁금하다. 모든 등장인물을 원귀로 의심하게 하면서 〈장화, 홍련〉은 은근히 옥죄는 그 공포의 정체를 소녀들의 성장담, 아픈 어머니를 두고 벌어진 과거에 얽힌 죄의식, 새로운 가족을 꾸리는 데 무능했던 이들의 무관심과 냉담함에서 두루 원인을 찾는다.

〈장화, 홍련〉은 공포 영화의 통상적인 관습에서 벗어나려 했지만, 장르의 인과율의 엄격한 입장에서 보면 여기서 사용한 관습을 거스른 방법은 반칙이다. 영화 내내 등장인물을 휘감았던 원귀의 공포는 등장인물의 착란일지도 모른다. 그 착란의 원인을 후반부에 배치해 놓고 뭐가 현실인지 허구인지 고의로 경계를 흐려 놓는 플롯의 안전장치를 과신한 이 영화는 그때까지 원귀의 존재를 과장시켜 플롯과 시각 스타일의 강조점으로 찍는다. 영화 속 한 장면에서 은주 남동생 부부가 주인공 자매의 집에 초대받아 저녁 식사를 할 때, 싱크대 밑에 웅크린 원귀의 존재는 플롯에서 끝내 설명되지 않는다. '틈이 많은' 영화 속 목조 2층 건물은 공포 영화를 위한 완벽한 공간이다. 어디서 튀어나올지 모르는 귀신의 존재를 인식하게 하고, 많은 소음을 내며 사소한 발자국 하나에도 신경이 곤두서게 만드는 2층 목조건물은, 결국 영화의 논리에 따르면 한 특정 인물의 마음이 투사된다. 영화 속 귀신 들린 집은 바깥 세계와 철저하게 유리된 폐쇄적인 공간이다. 이 집에 사는 정상적으로 보이지 않는 가족의 면면이 바깥 세계에 대한 외연적 의미를 지니지 않게 되는 것은 당연하다. 플롯으로 강제된 이 폐소공포증 세계는 애초부터 그에 대한 열린 발언을 할 의지가 없었다. 미칠 것 같은 그 공간은 특정 인물이 지닌 착란의 세계에 비친 마음의 공포를 반영한다.

〈장화, 홍련〉은 탐색의 서사가 아니라 이야기의 앞뒤가 뒤집힌 서사다. 이야기를 연대기 순으로 다시 설정했을 때는 우리가 그토록 놀랄 이유가 덜해진다. 〈장화, 홍련〉은 원귀가 나오는 영화가 아닌데도 원귀가 나오는 것처럼 관객을 속인다. 일종의 맥거핀Macguffin이다. 개봉 당시 이 영화의 주 관객층이었던 10대 소녀들은 〈장화, 홍련〉을 공포 영화가 아니라 공포 영화의 틀로 위장한 소녀 성장담으로 받아들였다. 그들은 이 영화가 불러일으키는 직접적인 이미지의 자극에 민감하게 반응했다. 〈장화, 홍련〉은 어른이 된다는 것에 대한 두려움을 화면에 공세적으로 깔아 놓았다. 수미가 누운 침대에 죽은 어머니의 원귀가 나타났을 때 원귀의 치마 속에서 서서히 밀려 내려오는 팔의 형상은 어른이 되길 두려워하는 아이의 내면 공포를 일시적으로 가장 세게 드러내는 수법이다. 그 아이는 또한 어른이 되고 싶은 마음에서 계모와 심리적으로 경쟁하는 성숙한 육체를 지닌 아이이기도 하다. 계모와 동생 수연의 생리일이 똑같은 것에 대한 수미의 감정은 계모가 아끼는 새장 속의 새를 잡아 죽이고 피 묻은 죽은 새의 시체를 수연의 침대 밑에 숨겨 놓는 것으로 반응한다. 나름대로 굉장한 에너지를 지닌 이 심리 대결극에서 아버지는 무관심한 표정으로 늘 멀찌감치 떨어져 있다. 그는 이 가족사에 아무런 힘도 보태지 않는다. 미친 수미와 죽은 수연 자매는 같은 세계에 살고 있지 않지만 그들이 함께 있는 모습은 실제처럼 화면에 펼쳐진다. 그건 미친 수미와 죄의식을 느끼는 계모 은주의 마음에 남아 있는 잔상들이다. 여기서 시점은 편의적으로 이쪽저쪽을 오간다. 누구의 시점이 아닌 연출자의 조작에 따라 시점이 오락가락하면서 영화에서의 공포는 수단이 아닌 목적이 되어 버린다.

〈장화, 홍련〉에 이어 김지운이 필름 누아르 스타일을 끌어들인 영화 〈달콤한 인생〉에서도 스타일 효용에 맞추어 서사의 인과는 무시된다. 누아르 영화의 서사 구조로 흔히 채택된, 팜므 파탈로 인해 빚어지는 한 사회의 균열과 개인의 실존 위기라는 이야기 틀을 채택하면서도 이 영화는 원인과 결과의 사슬을 명확히 밝히지 않는다. 〈장화, 홍련〉과 마찬가지로 심지어 이 영화의 결말에선 관객으로 하여금 영화 속 내용이 주인공의 꿈인지, 주인공의 꿈처럼 보이게 하는 것인지 헷갈리게 한다. 이 영화 속의 주요 등장인물은 자신이 하는 행동의 명확한 동기를, 나아가 다른 사람의 행동의 명확한 동기를 파악하지 못한 채 서로 피 흘리고 죽어 간다. 대신 그들이 끝까지 유지하려고 하는 것은 자존이다. 그들은 타인에 대해 명확한 윤리 지침을 설명할 수 있을 만큼 명석하지 않다. 그 대신 그들의 전문가주의는 상식적인 윤리 감각과는 동떨어진 곳에서 오로지 자신들의 나르시시즘을 위해 발휘된다. 속이 텅 빈

이 전문가주의로 가득 찬 세상의 아이러니는 숱한 누아르 영화에서 현대적인 실존 윤리에 관한 질문으로 제기됐던 것이고, 때로는 쿠엔틴 타란티노의 영화처럼 아이러니로 풍자됐던 것이고, 존 우(오우삼)의 영화에서처럼 시대착오적인 감상주의로 미화된 것이다. 어느 경우에나 내러티브의 진공을 이미지로 채우는 〈달콤한 인생〉과 비교될 만한 유형은 없다. 내러티브의 빈틈을 〈달콤한 인생〉은 나르시시즘의 도취로 포장된 다양한 물질적 페티시로 비춘다. 어쩌면 이 영화에서 정말 중요한 기호는 소비사회의 주인공을 연기하는 스타 이병헌과 영화 속 그의 물질적 환경을 위협하는 가상의 적에 맞선 그 자신의 영웅적인 시위일지 모른다.

이병헌이 연기하는 선우는 자신의 삶을 매끈하고 젠틀하고 쿨한 것의 범주로 표상해야만 만족하는 인물이다. 그는 자기 삶의 성채에 위협이 될 만한 것을 폭력으로 제거한다. 보스의 애인을 감시하라는 명령을 받고 그가 취하는 행동은 모두 자신의 원칙에 따른다. 그는 변화를 원하지 않는다. 아마도 보스의 애인에게 약간 마음이 동했을지도 모르지만, 그것을 실행할 생각은 없다. 모든 것이 보스의 명령을 받기 전의 상태로 유지됐으면 하는 마음에서 다른 남자와 연애를 한 보스의 정부의 행동을 덮어 주고 무마하려 한 것인지도 모른다. 요컨대 선우의 마음에는 외부 세계를 향한 의식이 없다. 그가 격하게 반응하는 것의 본질은, 이를테면 자신이 관리하는 바에 온 상대편 깡패 두목이 히히덕거리는 모습을 힐난하는 그의 말에서 드러난다. "우리가 무슨 양아치입니까?" 선우는 자신의 의식을 이런 말 외에는 논리화시킬 수 없지만, 영화 자체도 그러기는 마찬가지다. 소비사회의 물질성에 대한 매혹을 전면적으로 드러내면서 현대적인 호텔 내부와 폐공장이나 무기상의 어지러운 사무실을 대비시키는 가운데 이 영화는 소비사회의 영웅이 그 자신의 물질적 안락함을 잃어버린 것에 대한 거대한 복수를 꾀하는 것을 담는다. 그런데도 희한한 것은 이 모든 거대한 복수극을 추동하는 힘이 됐던, 두 남자의 욕망하는 대상이자 결핍이었던 팜므 파탈 희수의 존재감은 내러티브의 전개 과정에서 거의 잊힌다는 사실이다. 이 영화에서의 남자들은 겉으로는 먼지 하나 옷에 묻히는 것을 허락하지 않지만 속은 야수를 품은 소비사회의 문명인이다. 문명인의 탈을 쓴 야수라는 것은 고전적 갱스터 영화와 누아르 영화에서 쉽게 식별할 수 있는 전형적인 캐릭터이며, 그 와중에 자존이라는 좁은 경계에서 최소한의 인간적 표식을 지니는 것이 주인공의 영웅적 자질이다. 그는 사회의 도덕을 우습게 여기지만 자신의 행동 원칙은 지킨다. 그것이 그의 윤리다. 그는 사회로부터 떨어진 단독자이고 세상의 모든 타락을 야기하는 욕망과 물질적 유혹을 초월해 있다. 그렇지 않으면 그는 욕망에 눈뜬 대가로 사회 주변의 적들로 인해 장렬하게 파멸된다. 〈달콤한 인생〉의 주인공은 이 두 가지 명제에서 자유롭다. 그는 자신을 소비사회의 지배자로 정의하는 유형의 인간이다. 그에게 하룻밤 일과를 마치고 우아하게 에스프레소 커피를 마실 수 있는 여유는 명예의 표식이다. 또한 그는 여성에 대한 욕망을 열어 놓는 것이 아니라 그것을 무마하기 위해 취한 행동으로 대가를 치른다. 이 영화에서의 선우와 그의 보스, 그리고 다른 선우의 적들에게는 최고 수준의 고수들끼리 한 판 겨룬다는 전문가주의도 없다. 그들은 자신을 명예롭게 하기 위한 헛된 행동으로 자신을 정의하는 인형 같은 존재들이다. 영적, 물질적 맥락으로부터 초월한 이들의 행동이 가리키는 것은 총체적인 부조리다.

〈달콤한 인생〉보다는 혼란을 덜 주지만 꽤 고르지 않은 인과 사슬의 흔적은 류승완의 〈주먹이 운다〉에서도 볼 수 있다. 한때 전도유망했으나 몰락한 전직 복서와 거리에서 양아치로 살다가 복서로 자기 삶의 목표를 세운 청년의 삶을 대비시킨 이 영화의 구조는 〈록키〉 류의 복싱 영웅 성공담을 두 개로 쪼갠 것 같다. 전통적인 액션 영화에서 스승을 만나 고수로 단련되는 것과 비슷한 구성을 취한 이 영화에서 두 주인공의 삶에 가속을 실어 주는 것은 가족의 존재다. 가족의 시선을 통해 정의되는 남자의 모습이라는 이 영화의 전체적인 틀은 그 정점이라 할 대단원의 복싱 경기 장면, 두 사람이 신인왕전 결승에서 겨루는 장면에서 깨진다. 이때까지 정교한 리듬으로 배치된 두 남자 주인공과 그들 가족의 관계라는 구심력은 클라이맥스에 이르러 그들 가족이 경기장에 뒤늦게 도착한다는 설정으로 말미암아, 사방의 관계들이 원심적으로 흩어진다. 대신 연출자는 기승전결의 상승하는 리듬을 거스르며 해피 엔딩도, 언해피 엔딩도 아닌 결말에 도착한다. 자기 한계를 극복하는 인간의 모습에서 감동을 끌어낸다기보다는 자기 삶을 견디는 인간의 모습에 방점을 찍는다. 곤경에 처한 주인공들과 그들을 지켜보는 가족을 비롯한 주위 사람들의 시선이라는 축으로 에피소드를 짰으나, 이 영화는 막상 클라이맥스의 경기 장면에서는 상당 부분을 가족들의 시선을 배제한 채 찍는다. 관객이 가족의 입장에서 감정이입의 상승 곡선을 더욱 탈 수 있었던 효과적인 극적 장치를 마다하고 감독 류승완은 링 위에서 자기 육체의 한계를 견디는 두 남성의 몸에 카메라 시선을 고정시킨다. 그들의 피로는 관객의 피로로 옮겨 오고 그때까지 축적된 가족의 입장을 거친 그들 인생에의 공감은 약간 다른 차원으로 이동해 관찰된다. 서사의 전개 과정에서 축적되어 대미에 이를 것으로 보였던 가족주의로의 잔념은 이로써 희미해진다. 이것 역시, 인과 사슬에 복종하는 척하면서도 그 사슬을 어느 지점에서 끊은 채 감독의 자의식이 개입하는 좋은 예가 될 것이다.

송해성의 〈역도산〉 역시 앞의 두 영화와 비슷한 플롯의 지향을 품은 영화였다. 영화의 도입부, 나이트클럽에서 운 나쁘게 야쿠자의 칼에 찔린 주인공 역도산은 자신의 배에 배어나는 피를 막으며 병원으로 향하는 차 안에서 스스로 묻는다. "왜 이런 일이 생긴 거지?" 거꾸로 이는 관객이 영화 속의 등장인물에게, 동시에 감독에게 묻고 싶은 말이기도 하다. 〈역도산〉은 실존 인물 역도산의 파란만장한 삶을 다루면서 앞으로만 나아가야 했던 그의 무지막지한 정복욕의 정체에 대해서는 일단 괄호를 쳐 둔다. 대신 영화 말미에 부인 아야와 젊은 시절 신사에서 벚꽃 날리는 풍경을 뒤로하고 희미한 미소를 지으며 사진을 찍고 있는 역도산의 얼굴에 화면을 고정시키고, 〈시민 케인 Citizen Kane, 1941〉의 로즈버드처럼, 말로 정의될 수 없는 그의 결핍과 욕망을 시각화한다. 아직 자본주의적인 경쟁질서의 복판에 선 어른이 되기 직전의 젊은 날의 순수를 가리키는 이런 표정이 함의하는 것은 그럼에도 불구하고 여전히 모호하다. 역도산이 그토록 정상에 서려 했던 쇼비즈니스 업계의 경쟁의 본질이 관객에게는 명확하게 전달되지 않았기 때문이다. 최고가 되려고 하는 자의 야망의 이면에 숨어 있는 그 무엇에 대해 영화는 명시적으로 답을 주지 않는다. 대체로 정적인 위치를 고수하는 카메라는 그의 삶을 찍되 섣불리 해석하지는 않겠다는, 단호한 신중함을 드러낸다. 이것은 또 주인공의 감정 복판에 들어가 동감을 끌어내겠다는 적극적인 관여자의 입장도 물리친다. 역도산은 영웅이지만 인품 면에서는 부적격자였으며 조선인이라는 자신의 정체성을 부인한, 그 자신의 말을 빌면 세계인이었다. 어떤 경계에도 속하길 거부한 그 부동성이 그의 영웅적 자질이라는 것이다.

〈역도산〉의 스타일은 이야기의 구심력을 원심력으로 흐트러뜨려 놓는다. 등장인물의 심리학을 따라, 관객을 등장인물의 마음을 향해 안내한다고 하는 고전적 편집 규칙을 의식적으로 연출자는 외면하고 있다. 인물의 표정과 시선의 매치 컷을 통해 감정의 축적을 꾀하는 것이 아닌, 인물이 처한 상황과 공간에서 감정을 자아내려고 하는 것은 더 큰 그림을 그리려는 감독의 자의식이지만, 이 영화에서 스타일과 이야기는 완벽하게 일치하는 것인지, 이야기에 담긴 감정의 흐름 대신 다른 도랑을 판 것은 아닌지 애매하다. 〈달콤한 인생〉의 경우에는 그 반대다. 이 영화는 내러티브에서 회피된 인과 사슬을, 등장인물들의 숏/역 숏 구조를 통해 체계적으로 이어 놓으려 든다. 이야기에서 어리둥절함을 느낀 관객은 중심 없이 배열된 허구의 공간에서 완강하게 주인공의 시선에 포박된 매치 컷으로 주인공의 복수심과 상실감에 휘말려 들어갈 처지를 요구받는다.

〈달콤한 인생〉
김지운 감독

ⓒ백종헌

인과론적 사슬의 규율을 적절하게 이용하는 것이 아니라 아예 그 기저에 깔린 전제까지도 대담하게 부정하고 맞서는 쪽을 택한 것은 정치적 스캔들을 일으켰던 임상수의 〈그때 그 사람들〉이었다. 적지 않은 예산에 상당한 기술적 세련미를 갖춘 이 영화는 구체적인 역사적 사건을 다룰 때조차도 인과를 배제하는 상상력을 보여 준다. 임상수 스스로 자기 식의 리얼리즘이라고 칭했던 〈그때 그 사람들〉은 거대한 역사적 비극을 소재로 했으나 사실 관계를 파고 들어가기보다는, 일종의 역사적 가능성들의 패스티시Pastiche를 제시한다. 누구나 알고 있는, 동시에 아무도 세부를 증명할 수 없는 대통령 암살 사건을 소재로 그 어떤 인과성을 찾을 수 있게 하는 내러티브의 종결을 굳이 추구하려 들지 않는다. 일국의 독재자를 죽인 음모 가담자들은 별다른 후속 대책 없이 허둥대며 사건은 그냥 해프닝처럼 흘러간다. 영화는 이것이 사실임을 주장하고, 역사적 인과에 대한 우리의 상투적인 추측을 동요시킨다. 누구나 알 만한 근대 한국 상부 권력층의 인물들을 암시하고 있지만 그들이 연루된 사건의 전개 과정에선 무목적성을 시사한다. 이는 정통 역사가가 취할 만한 입장인, 의미의 위계 짓기 작업을 유보한다. 원인도 결과도 없어진 이상한 역사적 사건을 다루면서 이곳저곳에서 참조한 사실들의 짜깁기를 축으로 이 영화의 전반부와 후반부는 인과를 체계적으로 비켜 가는 독특한 내러티브를 창조한다.

이는 사건의 연속성을 방향 지어진 의미 있는 시간으로 변모시키는 역사가의 역할을 거부한다. 이 영화에서 주어와 동사, 역사적 존재와 역사적 생성 사이에는 미묘한 불일치가 존재한다. 사건의 주체인 김부장은 대통령을 암살하지만 영화는 그가 어떤 행동을 시작한다는 것이 무엇을 의미하는지에 관해 의문을 제기한다. 여기서 역사는 내러티브적 질서를 벗어나는 우연일 뿐인 것으로 느껴진다. 이 주어와 동사의 불일치가 역사를 다룬 이 영화를 미스터리로 만든다. 곧 이 영화는 역사가 어떤 목적으로 향해 가는 내러티브라는 것을 거부한다. 대신, 역사를 재인식하려는 노력을 지배계급이나 추상적인 민중의 개념 편에서 재단하는 것이 아니라, 어떤 제3의 시선으로 거리를 두고 바라보는 입장에서 추구한다.

동시에 이 영화는 국가 위기와 사내들의 아랫도리 위기를 동등하게 다루는 내러티브에 따라 역사적 의미의 위계 짓기를 교란시킨다. 감독은 역사책에 근엄하게 활자화된 사건이 스캔들이었다는 것을 상기시키며 면밀하게 이 영화에서 정치를 배제했다. 영화 첫 장면은 유신 말기 당시에 일어난 부마항쟁의 심각함을 알리는 내레이션과 다큐멘터리 화면이 깔리지만(이 장면은 개봉 당시 법원의 명령으로 삭제됐다), 그다음 장면에서 대통령에게 여자를 조달하는 채홍사 역할의 정보부 주과장은 자신의 근무지에서 대통령에게 딸을 하룻밤 더 수청 들게 하기 위해 장광설을 펴고 있는 넋 나간 어머니를 한심하다는 듯이 본다. 이어지는 장면에서 대통령은 삽교천 건설 현장을 예방하고 돌아오는 길에 헬리콥터 안에서 부하들과 함께 물개 불알이 어떻게 됐다는 등의 시시한 잡설을 떠들고 있다. 그가 재임기간 동안 그토록 심혈을 기울여 국가의 우상으로 만들었던 광화문 이순신 동상을 배경으로 대통령 일행이 탄 헬리콥터가 웅장하게 청와대로 돌아가는 풍경 속에서 대통령은 한 측근의 여자 문제를 두고 "남자의 아랫도리 일에 관해 얘기하는 거 아니다. 사내가 쩨쩨하게"라고 말한다.

이어지는 장면에서 대통령은 시국을 얘기한답시고 경호실장과 중앙정보부장, 비서실장을 따로 불러 그날 밤 궁정동 안가에서 만찬을 갖는다. 이 자리에 가수와 여대생이 불려 나온다. 가수는 엔카를 부르고 대통령은 여대생 품에 안겨 어린애처럼 흥얼거리며 노닥거리고 있다. 궁정동 만찬 자리에서도 정치 얘기는 중심이 아니다. 텔레비전에서 삽교천 뉴스가 끝나자 만찬장의 이들은 텔레비전을 끈다. 캄보디아에선 천만 명이 죽었는데 그깟 부산 마산쯤이야, 운운하는 얘기가 나오지만 그것도 슬쩍 스쳐 지나간다. 전 세계에서 민주주의를 하는 나라는 별로 없다는 대통령의 과격한 말, 경호실장과 정보부장의 갈등이 잠깐 비치며 사태에 대한 강온파의 대립이 슬쩍 묘사되지만 그것도 잠깐이다. 느닷없이 정보부장은 밖으로 나와 대통령을 포함해 만찬장에 있는 사람들을 모두 해치우자고 부하들에게 말한다. 자신의 썩은 입냄새를 각하가 맡을까 봐 노심초사할 만큼 충성하던 정보부장의 내심에 무엇이 있었는지 모른다.

이는 역사적 사건을 영화로 만든다는 것이 과연 무엇을 의미하는지 깊은 의문을 제기한다. 어떤 역사적 사건의 핵심이 되는 요소들을 하나로 통합하는 주제를 가질 때 보장되는 종류의 지식에 대해 이 영화는 통합되지 않는 인지의 즐거움으로 맞선다. 이쯤해서 하나의 시점을 제공하는 편집 기법이 그리워진다. 임상수 감독은 역사적인 것에 대한 영화의 태도를 대신하게 될 단일하지만 전형적인 인물과의 동일시를 허락하지 않는다. 그는 대통령 암살이라는, 유신 체제의 종식을 가져온 사건에 대한 인식의 장을 탈중심화한다. 역사적 행위를 불온한 주변부로 옮겨 놓음으로써 그것을 교란시킨다. 그리고 특정 역사적 장에 등장한 인물들에 대한 역사가의 추상적 개념에 맞서 해당 인물에 구체적인 사람의 얼굴을 부여한다. 김부장과 주과장과 대통령을 비롯해 이 영화에 등장하는 상당수 인물에 대해 어떤 고정된 의미로도 재단하기 힘들지만 대신 활자화된 텍스트로는 상상할 수 없는 사람의 얼굴을 부여하는 것이다.

이 영화는 탈정치화된 시선으로 역사를 바라보면서 정치를 거꾸로 생각하게 하는 일종의 무정부주의적인 혼란 버전이다. 절대적 아버지의 죽음을 처형 장면처럼 묘사하면서 단호함을 표했던 영화 속의 한 시대에 대한 청산 의지는 그날 그 자리에서 거사에 참가한 인간들이 아무 대책이 없었던 것과 마찬가지로, 그 이상 할 말이 없다. 아버지가 죽은 후 새끼들이 우왕좌왕하는 모습이 이어진다. 육군본부 국무회의 귀퉁이에서 계엄을 선포하자고 조르는 김부장 곁에서 그를 호위하는 민대령은 부하들에게 전화를 걸어 '육본은 우리가 접수했다'고 말하지만 실제로 그런 건 아니다. 사건의 정확한 경위를 모르는 국무위원들은 우왕좌왕한다. 거기서 임상수는 실제 국가 경영 시스템이 이토록 형편없는 것이었다고 말한다. 이게 내레이션을 통해 야유되는 '대한민국 만세 좋아하시네'의 실체다. 그는 한 절대적인 독재자가 꾸렸던 국가관리시스템이 이토록 형편없는 것이었다고 암시한다. 그리고 개봉 당시 삭제된 필름에서 전 국민이 거리에 나와 오열하는 장면을 보여 준다.

그러나 19년간 철권통치를 휘두르던 대통령이 죽었는데 아무것도 바뀌지 않았다. 세상은 그대로 있었고 오로지 그 당시의 철권통치에 무감해진 사람들의 추도 행렬이 이어졌을 뿐이다. 대통령 유가족을 대표하여 박지만이 제기한 소송의 결과로 개봉 당시 검열로 삭제된 장례식 기록 필름은 바로 그런 상황에 대해 우리의 소감을 묻고 있다. 그렇게 슬퍼했던 인간들, 우리의 정체는 과연 무엇인가, 라고 묻고 있다. 원인과 결과가 불명확한 이 영화의 내러티브는 그러므로 자신의 목소리를 굳이 드러내지 않는다. 영화는 주과장, 김부장, 대통령 어느 쪽에도 속하지 않는다. 대신 영화 속 채홍사를 통해, 대통령에게 소개된 젊은 여인의 어머니로 나온 윤여정의 목소리 내레이션을 통해 영화의 입장을 간접적으로 나타낸다. 이 영화는 누구를 감화시키려고도, 설득시키려고도 하지 않는다. 사건의 인과관계가 잡히지 않은 상황을 인과관계 없이 그대로 제시했다. 대중 영화로는 지나치게 방만한 노선을 취했으며 지식인의 초연한 관찰을 제시했던 이 영화는 그 당시 국가 경영시스템이 이토록 한심한 것이었다는 것을 야유하는 데서 끝난다. 박정희 시대를 혐오하는 이들에게 이런 입장은 통쾌하다. 박정희 시대를 절대화하는 이들에게 이건 받아들일 수 없는 신성모독이다. 통쾌감 또는 적대감의 극단에 〈그때 그 사람들〉은 자리하고 있다.

임상수의 카메라는 신중하게 움직이고 굳이 화면을 잘게 나누지 않는다. 그날 궁정동 만찬에서도 대결의 에너지는 담겨 있지 않다. 어쩌다 벌어진 역사의 현장에서 아주 잠깐 감독의 시선이 개입한다. 여대생과 술을 마시며 어린애처럼 그녀의 품에 안겨 흥얼거리는 한때 최고 권력자에게 김부장은 총을 들이대며 외친다. "다카키 마사오." 아마도 이 말의 울림 속에 감독이 결국 하고 싶은 말이 있었던 것은 아닐까, 라고 묻게 된다. 그건 박정희 시대에 대한 감독의 청산 욕망, 또는 그 시대에 염증을 느낀 상당수 대중의 욕망과 조응하는 허구의 카타르시스를 제공한다. 그렇지만 영화는 신중하게 입장을 재조정한다. 대통령은 죽어 가는 순간에 다만 가련했을 뿐이다. 그리고 영화는 장엄한 공중 부감 이동 숏으로 이어진다. 대통령의 시체가 널브러진 만찬장에서 인근 공간으로 서서히 이동하는 카메라는 이 암살극의 와중에 죽어 간 이들의 죽은 육체에 시각적으로 묵념을 바친다. 그런 다음에 영화는 아무 개입도 없었다는 듯이 객관적인 자리로 돌아간다. 인과관계가 없었던 사건을 영화 자체도 인과관계 없이 묘사하고 있다. 그날 중앙정보부 김부장이 대통령을 죽였다. 대통령은 여대생을 곁에 두고 술 마시고 있었다. 그를 보좌한 상층부 권력자들은 사이가 좋지 않았다. 그날 밤 서울 중심부는 극도의 혼란에 빠진다. 이것뿐이다. 그날 김부장이 왜 그런 행동을 했는지는 아무도 모른다.

울분의, 또는 열광의 역사를 산 이들에게 감독의 초연함은 그 자체로 도전이다. 그는 등장인물의 감정으로 들어가는 것을 거부한다. 영화 후반에 나오는 궁정동 집사의 모습을 떠올려 보자. 그는 우적우적 늦은 저녁을 먹는다. 그때까지 방관자였던 그는 아무 일도 없었다는 듯이 먹는다. 이 장면에서 감정적 카타르시스를 느끼는 것은 논리적 연상작용의 결과다. 그는 방관했다. 그렇지만 암묵적으로 동조했다. 아마도 그 당시를 산 상당수의 사람들의 입장일 것이다. 그는 먹어야 한다. 또는 살아야 한다. 이것처럼 슬픈 운명은 없다. 우리가 살기 위해 그토록 허다한 명분 싸움의 희생자로 들러리 서야 했던 역사에 대해 이토록 아픈 응시는 없을 것이다. 그렇지만 이 영화에서 그를 바라보는 시선은 묘하게 깨어 있다. 전통적인 영화 작법에 익숙한 이들에게 〈그때 그 사람들〉에는 더 많은 클로즈업이 필요한 것으로 보인다. 이 영화는 근사하게 그려진 풍속화는 맞지만 세필은 굳이 피해 간다. 등장인물의 동요하는 감정으로 자세히 들어가지 않으며 그때 방관자였던, 또는 태어나지 않았던 이들을 향해 어떤 시각적 인장을 찍지 않는다.

〈그때 그 사람들〉의 논쟁점은 박정희 시대를 어떻게 바라보느냐, 그 방법론은 무엇이냐는 것이다. 그런데도 단도직입적으로 말하지 못하는 것은 이 영화가 매우 신중한 입장을 취하고 있기 때문이다. 이 영화는 쉽게 판독할 수 있는 어떤 역사적 관점을 지향하지 않는 대신 희미하게 드러나는 난센스 정신을 깔고 의미가 괄호 쳐진 역사적 사건을 향해 카오스 에너지로 대적한다는 태도를 취했다. 이 영화는 모든 사람을 그때 그 사람들로 은밀하게 호명함으로써 거꾸로 자신의 정체는 감춘다. 이 영화에서 대통령의 암살은 시해도, 거사도 아니다. 그냥 돌발적인 사건일 뿐이다. 이것 자체가 이 영화가 내세운 가장 도전적인 해석이다. 사건을 수습할 수 없었던 국가 시스템과 더불어 사건의 의미에 대해서도 실은 수습할 수 없었던 것이라는 해석이 남는다.

절망과 희망이 교차하는 나라

현실이나 어떤 역사적 사건에 대해 굳이 인과론적 매듭을 짓지 않으려는 것과 거기서 거대한 파국의 스펙터클을 보는 것. 이것이 장르적 관습을 아예 거부하지는 않되 거기에 작가의 서명을 남기고 싶은 예술적 야심에 불타는 (이제는 586이 된) 386 세대 감독들의 집단무의식은 아닐까라는 추측은 박찬욱의 작품 행보에서 확인할 수 있다. 박찬욱의 여섯 번째 작품 〈친절한 금자씨〉의 성공은 한국 영화계에서 386세대로 묶을 수 있는 연배의 감독들 가운데 나름의 예술적 야심을 지닌 감독들에게 최고의 이상을 성취한 징표로 받아들여졌다. 〈친절한 금자씨〉는 잔혹하면서도 후련한 복수극을 보러 온 관객들에게 과연 복수를 통한 구원이 가능한가를 이상한 방식으로 묻는다. 관객이 모욕감을 느낄 만큼 가장 인과율이 뚜렷한 성격을 지닐 수밖에 없는 복수극의 재료를 그는 혼란스럽게 풀어헤쳐 놓는다.

이 영화는 교도소에서 나온 금자가 자신에게 누명을 씌운 백선생을 찾아가 복수하는 이야기다. 백선생은 자신이 저지른 유괴 살해의 범죄를 금자에게 뒤집어씌웠다. 영화가 대단원으로 치달을 무렵, 곧 금자가 복수극을 실행할 무렵 금자는 자신이 처단하려 했던 백선생이라는 절대 악인에 관한 뜻밖의 사실, 백선생이 유괴해 죽인 아이들이 몇 명 더 있다는 걸 알게 된다. 금자는 자신의 복수를 미루고 죽은 아이들의 부모를 불러 대신 복수극을 집행하게 만든다. 그때부터 일종의 백선생에 관한 공개 재판이 벌어지는데, 우왕좌왕 상황이 졸렬하게 흘러간다. 여기서, 이 영화의 클라이맥스는 안티클라이맥스라 할 정도로 관객들의 기대치를 급격하게 저하시킨다. 복수하는 과정에서 완전히 상황이 뒤바뀌는 것이다. 가해자(백선생)가 피해자가 되어 있고 피해자는 가해자가 되는 이상한 역전 관계가 연출된 다음, 백선생을 죽이려 드는 아이들의 부모를 유령이나 괴물처럼 묘사한다. 그때까지 죽 일직선상으로 달려 왔던 복수의 집념과 열정이 공중으로 분해되는 안티클라이맥스를 연출하곤, 금자라는 주인공이 13년간 준비해 온 복수의 전 과정과 결말에 대해 깊은 회의를 느끼게끔 결말이 맺어진다.

이 영화의 클라이맥스는 너무 인위적이며 감정이 쏟아져야 할 대목에서 멈칫거리고 관객에게 딴지를 건다. 절대적인 악에 대한 희생자들의 분노는 그 소시민들이 실은 우리와 다를 게 없다는 감정이입을 잠시 끌어내지만 결정적 상황에서 사람을 과연 어떻게 죽일 것이냐를 놓고 우왕좌왕하는 그들

〈친절한 금자씨〉
박찬욱 감독

의 모습에서 거리감을 만들어 낸다. 그들 희생자들은 공포 영화의 괴물 살인마처럼 조명이 의도적으로 설계돼 있어 그들은 막 현실을 떠난 유령 같은 존재로 보인다. 〈친절한 금자씨〉는 우리가 누구나 악이라고 여기는 존재에 대해 섣불리 단죄도, 청산도, 용서도 하지 못한 이 시대의 불우를 스크린에 옮기고 있다. 그것은 백선생을 꼭 정치적 메타포로 읽어 내지 않더라도, 여하튼 그 시대를 살며 뭔가 가위 눌린 답답함을 느끼는 우리의 체증에 대해 따뜻한 위로 같은 걸 건네는 것이다.

그다음엔 순수 영화의 즐거움이 남는다. 이를테면, 금자가 손수 만든 케이크를 들고 귀가하는 영화 속 한 장면의 육중한 질감은 동시대의 한국 영화에선 보기 힘든 것이다. 그 장면 직전에 어떤 불길한 일이 일어날지도 모른다는 암시를 준 뒤에 금자가 귀가하는 모습은 왠지 모르게 불안한 분위기를 풍긴다. 그렇지만 화면 배경에는 눈이 소복소복 내리고 있다. 공포 영화적인 설정에 매우 시적인 화면이 꾸며지면서 무서우면서도 동시에 시정이 넘치는 정서를 자아내는데, 그때 금자를 연모하는 연하의 남자가 금자를 따라오며 가볍게 흥얼거리듯 노래를 부른다. 구두를 신고 또각또각 소리를 내며 걷는 금자의 뒤에서 남자는 남일해의 흘러간 유행가 「빨간 구두 아가씨」를 부른다. 불길함을 경쾌하게 제시하는 이 장면의 톤은 언어화할 수 없는 금자의 삶, 또 그녀와 비슷한 운명에 처한 이 시대 사람들의 삶에 대한 아름다운 농담 같은 것이다. 그녀는 걷는다. 눈 오는 길을, 구두 소리를 내며, 손에는 자신이 손수 만든 케이크를 들고, 뒤돌아보지 않고 걷는다. 그녀는 그것을 그녀의 딸과 함께 먹을 것이다. 딸은 골목길에서 금자를 기다리고 있고, 두 모녀는 이윽고 만난다. 그리고 케이크를 먹는다. 이 장면은 도입부에 제시된, 교도소에서 출감한 금자가 자신을 환영하는 신부가 건네준 두부를 팽개치는 것과 정확히 대구를 이루는 장면이다. 그녀는 자신이 만든 케이크를 먹고 정화를 다짐할 것이다. 여전히 화면 배경에는 가느다랗게 희망 비슷한 여운을 남겨 놓고서 눈이 소복소복 내린다.

〈친절한 금자씨〉는 이 모든 정황을 정교한 인과 사슬의 논리로 담지 않았다. 따지고 보면 이 영화는 관객 스스로 질문해야 할 여백을 많이 남겨 놓은 채 전개된다. 드라마와 CF를 오가며 행복의 여신 이미지로 군림한 이영애에게서 성스러운 것과 속된 것, 현명한 것과 멍청한 것, 강인한 것과 소심한 것을 동시에 끌어낸다. 동시에 금자씨에 관한 스무고개 수수께끼를 넘는 것 같은 플롯의 조각들로 구성된 이 영화는 복수극의 대결이 아니라 복수극에 처한 금자씨 그 여자의 내면으로 서서히 들어간다. 완전히 들어가지도 않으면서 관객으로 하여금 이 여자의 속내가 무엇인지 궁금하게 만든 끝에 결국은 웃을 수도 울 수도 없는 희비극적인 복수극의 대단원을 묘사한다. 금자가 도대체 친절한가, 멍청한가, 사악한가를 보여 주는 여러 가지 단면들을 에피소드로 계속 배치하면서 일종의 콜라주처럼 진행되는 이야기다. 모든 것이 조리정연하게 일관성 있는 논리로 플롯을 짜야 한다고 여기는 이들에게 〈친절한 금자씨〉는 곳곳에서 그 인과성의 사슬을 끊는다.

그 인과성이 끊어진 지점에 새겨지는 것은 복수의 근본적인 윤리적 의미다. 틀에 박힌 권선징악의 규칙을 깨는 현대 영화의 관행에서 〈친절한 금자씨〉는 더 나아간다. 이 영화는 '처벌을 받을 짓을 한 천하의 몹쓸 놈이라 해도 그에게 복수하는 것이 과연 정당한가'라고 묻는다. 매우 위험해 보이는 이 질문은 실은 복잡한 윤리적 태도를 깔고 있다. 이 영화에 나타난 복수의 시학을 종교적으로 바라보면 "죄 없는 자가 저 여인을 돌로 치라"라고 한 예수의 말의 변형판이다. 그러나 좀 더 현실적인 맥락을 고려하며 바라보면 이 영화가 현재의 한국 사회에 대해 부정과 긍정을 동시에 품은 주제를 갖고 있다는 생각을 하게 만든다. 악인을 처벌하는 대신, 악인을 처벌하는 우리의 자격을 묻는 듯이 보이는 〈친절한 금자씨〉는 우리가 누구나 악이라고 여기는 존재들에 대해 섣불리 단죄도, 청산도, 용서도 하지 못한 이 시대의 불우를 스크린에 옮기고 있다. 절차적 민주주의가 대체로 완성된 현대 한국 사회에서 절대 선과 절대 악의 이분법은 무너졌다. 여전히 대립하는 목소리는 있지만 과거와 같은 선명한 대립각은 잡히지 않는다. 그 과정에서 세상이 제대로 변하고 있는 것은 아니라는 현실에 대한 환멸만이 증폭되고 있다. 〈친절한 금자씨〉는 도덕적으로 애매모호하고 해소할 수 없는 절망에 빠진 이 시대 대중들에게 격하지 않은 어조로 잠시 자신을 응시하는 시선을 가져 볼 것을 권한다. 영화 첫 장면에서 출감한 후 자신에게 두부를 먹을 것을 권하는 신부를 향해 "너나 잘하세요" 하고 일갈했던 금자는 허망한 복수극 끝에 스스로 만든 두부 케이크를 골목길에서 딸과 함께 먹으며, 아마도 이제부터라도 스스로 자기 구원을 다짐하는 듯이 보인다. 외부를 향한 증오심을 거두고서 그녀는 케이크에 얼굴을 처박는다.

인간들 간의 관계론에서 인간 자체의 존재론으로 서서히 이전하며 지독하게 회의론적인 시각을 감추고 있는 이 영화는, 대결 구도가 될 것이라고 예측했던 복수담의 김을 빼고 여주인공의 모습에서 영웅의 활약상을 볼 거라는 예상을 깨 버린다. 대신 그녀 모습의 다양한 측면을 잡아내며 복잡다단한 인생사의 본질, 사적인 복수를 국가라는 기구가 대신 집행하게 된 오늘날의 삶에 필요한 윤리의 본질이 무엇인지 묻는다. 인과율을 넘어선 이야기에서 농담처럼 제시되는 격한 분노와 절망과 희망의 교차가 이 영화의 감독 박찬욱이 그리는 이상한 영화 나라의 본질이다. 그는 이전 영화 〈복수는 나의 것〉에서 자본가와 노동자의 이분법적 대립 구도로는 풀어낼 수 없는 우리 사회의 분노와 절망을 시각화했다. 〈올드 보이〉에선 운명적 고리에 매달린 두 남자의 불우를 얘기하면서 동시에 근친상간을 통한 가족의 파멸이라는 금기시된 소재를 스펙터클화했다. 그는 파멸의 스펙터클을 찍어 상업 영화로 생존하려는 기이한 예술적 야심의 소유자다. 〈올드 보이〉나 〈친절한 금자씨〉와 달리 흥행에 실패했던 〈복수는 나의 것〉에서 그런 그의 파괴적 상상력은 정점에 달했다. 영아 유괴살인이라는 비극적인 소재를 취한 이 영화는 인위적이라는 생각이 들만큼 처지가 다른 등장인물들이 연거푸 더 큰 불행에 빠지는 상황을 자세하게 묘사하고 있다. 그것이 현실적으로 일어날 법한 얘기냐, 아니냐는 중요하지 않다. 중요한 것은 엄청난 용량으로 화면에 저장된 파괴적인 에너지와 그걸 아무렇지도 않은 듯 응시하는 카메라의 시선에서 배어 나오는 블랙 유머 감각이다.

혁명 구호를 길거리에서 우스꽝스럽게 중얼거리는 영화 속 배두나의 모습은 희극적이지만 그녀가 죽어 가면서 "아저씨 내가 다치면 아저씨도 죽어. 진짜루…"라고 송강호에게 중얼거릴 때의 그 처절하고 안타까우면서 섬뜩한 감정은 말로 요약하기 힘든 것이다. 그녀의 말대로 그녀가 죽은 후 송강호에게 나타난 테러 조직원들이 실실 웃는 얼굴로 건들거리며 송강호의 가슴에 칼을 꽂는 기이한 초현실적 정경에서 느끼는 것, 웃을 수도 울 수도 없는 복잡한 감정의 저류는 설명하기 곤란하다. 공장 소음을 배경으로 피로에 지친 신하균이 작업을 마치고 나올 때의 공허한 표정과 장기밀매 조직을 응징할 때의 무서움을 자아내는 무표정을 떠올릴 때 참을 수 없이 양립하기 힘든 인생의 어떤 바닥을 본 것 같은 느낌도 말로 표현하기 힘들다. 〈복수는 나의 것〉에 묘사된 것은 쉽게 믿어지지 않는 비극이지만 그런 비극이 현실에서 충분히 일어날 수도 있는 그 개연성을 박찬욱은 코미디라고 생각한다. 자고 일어나니 진흙탕에 있는 것처럼 영화 속 모든 등장인물은 자기 운명을 통제할 힘을 잃어버렸다. 그들은 증오에 시달린 동물과도 같이 더 센 복수를 위해 자기 몸을 던진다. 여기에 어떤 설명이나 해석은 없다. 가진 자와 못 가진 자의 대립도 없다. 그들은 모두 자기 대지에서 추방당한 자들이다. 안식할 거처를 구하지 못한 그들에게 진정한 적은 세상이다. 하지만 그들은 세상을 향해 칼을 휘두를 수 없다. 영화 속의 송강호가 신하균을 죽이며 말한다. "너 내 마음 알지…?" 비극적 운명에 갇힌 죄수처럼 그들은 복수가 진정한 해결책이 아님

〈복수는 나의 것〉

을 알면서도 그들끼리 죽이고 죽으며 망가져 간다. 그들의 파멸 뒤로 세상은 무심하게 존재한다. 세상은 좀처럼 바뀌지 않을 것이고 인간들도 계속 망가져 갈 것이다. 그걸 응시하고 견디는 것만이 최선의 태도라고 짐짓 시치미를 떼며 암시하고 있는 〈복수는 나의 것〉에서의 절망은, 〈올드 보이〉의 격정을 지나 이제 〈친절한 금자씨〉에 이르러 다소 부드러워진 유머로 부조리한 세상에서의 자기 구원이라는 테마로 옮겨온 것이다.

목적을 해체한 그들의 야심

박찬욱 상상력의 핵심인 현실 부조리를 포착하는 시선은 그의 영화 플롯에서 인과성을 배제하는 것으로 나타난다. 이는 예술적 의지가 있는 그의 동세대 창작자들에게서 희미하게 드러나는 연대의 끈이다. 이런 점에서 〈올드 보이〉는 예외로 보일 것이다. 처음부터 끝까지 플롯과 스타일이 명확한 인과 사슬로 진행되기 때문이다. 그러나 이 영화 역시 목표의 해체라는, 플롯의 설정 논리를 전면 부정하는 결말로 끝을 맺는다. 바로 이 목적론적 서사에 대한 무의식적 저항은 현대 한국 영화계에서 예술적으로 의미 있는 서명을 새기려는 상당수 감독들에게서 공통적으로 발견되는 야망이다. 심지어 그들은 과거를 부정하는 영화를 만들 때조차도 목적론적 서사를 거부한다. 이 점에서 가장 복잡한 줄타기를 벌이는 감독은 박찬욱과 봉준호지만, 그들의 영화에서도 궁극에는 이야기가 도달할 지점은 없다. 실화에 기초한 봉준호의 〈살인의 추억〉은 목적론적 서사를 핑계로 범죄스릴러 영화의 외양을 띠면서 활기차게 전개되지만 결국 살인범은 잡히지 않았다는 현재의 무기력한 지점으로 되돌아온다.

〈살인의 추억〉에서 1980년대의 현실은 화면 바깥에서 어른거린다. 등화관제燈火管制의 시대, 공권력이 민초를 보호해 주지 못했던 암흑의 시대에 일어났던 연쇄살인 사건을 축으로 이 영화는 올리버 스톤Oliver Stone의 〈JFK, 1991〉처럼 현실을 분석하는 것이 아니라, 현실에 처했던 등장인물의 감정을 담아내는 데 주력한다. 이 영화의 가장 큰 역설은 형사 추적 장르 영화의 외피를 택했으나 실은 애초부터 실화에 기초한 원인과 결과에 따라 사건을 묘사할 근거가 이 영화에서는 없었다는 것이다. 그걸 감추기 위해 이 영화는 추적 장면을 필요 이상으로 과장 묘사해 인위적인 서스펜스를 조장하고 불쑥 살인자의 시점으로 비추는 희생자의 모습 등에서 살인자가 잡힐 수도 있겠다는 바람을 관객에게 불러일으킨다. 이 영화는 현실을 탐문하는 미제 사건 영화의 본분을 부분적으로 망각하게 만들며 관객에게 문제-해결 플롯의 복판에 들어서게 한 것 같은 착각을 불러일으킨다.

그것들이 이 탐문 플롯의 영화에서 성기게 튀어 나올 때 그 불완전한 탐문 구조를 보완해 주는 것은 주요 등장인물들의 클로즈업이다. 각운을 맞추어 결정적인 심문 장면에 조합된 클로즈업은 분노와 절망과 슬픔의 표정으로 의미화된다. 이것 역시 부분적으로는 반칙이지만 영화 내내 희미하게 설정된 대립각, 80년대라는 시대와 개인이 관계에서 그 추상적인 감정들은 현실적 살을 덧씌워 억눌린 시대의 병리 현상에 대한 치유 불능이라는 모티브로부터 또 다른 것으로 나아갈 수 있는 잠재적인 연상작용을 일으킨다. 허구 속에 배치된 용의자들을 희생시켜 얻어낸 이 감정은 관객과 주인공을 똑같이, 상황의 주인공이고 싶었지만 가까운 구경꾼으로 머물 수밖에 없었던 위치에 머무르게 한다. 이 구경꾼의 위치를 포착한 클로즈업 표정은 두 시간 동안 과거의 살인 사건의 전말을 기록적 허구라는 미명하에 지켜본 관객에게도 전이되는 표정이다. 이 영화를 거듭 보게 되면 남는 것은 슬픔, 좌절, 통한 등의 감정의 여진이다. 상당 부분을 할애한 살인 용의자 박현규의 존재에 대해 끝내 해명하지 않은 채로 영화는 분석되지 못하는 현실에서 좌절한 인간들의 공허한 얼굴을 기록하고 있다. 송강호가 연기하는 박두만 형사의 혈기방장한 표정이 피로에 찌들고 좌절에 휘둘리고 결국 뭐라 말로 표현할 수 없는 상실감을 누른 표정으로 끝나는 〈살인의 추억〉은 신중하게 용의자와 형사들의 얼굴 클로즈업을 배치해 때로 봉합되지 못하는 현실과 허구 사이의 간극을 메운다.

〈마더〉에서도 어머니가 억울한 누명을 쓴 아들의 살인 혐의를 벗기려는 과정을 담은 플롯은 전개 과정에서 서서히 애초의 목표했던 서사를 벗어난다. 살인 혐의를 받는 아들을 구하는 모성이라는 소재는 이들 모자의 운명에 무심한 제도와 사회 부조리에 관한 내러티브의 서브플롯과 평행을 이루며 모성의 본질을 회의적으로 보는 감독의 시선에 따라 어머니의 심적 고통의 정체를 지독하게 밑바닥까지 파고 들어간다. 영화가 시작하자마자 나오는 주인공 혜자의 춤 장면은 모성의 신화를 예상한 관객에게 미리 알려 주는 시각적 선전포고였다. 〈마더〉의 이 첫 장면은 자식을 구하는 어머니의 모성에 대한 스토리를 기대한 관객에게 그것 말고 다른 걸 보여 줄 테니 준비하라는 신호다.

이 영화의 내러티브는 모호하며 원빈이 연기하는 바보 아들 도준은 과연 사태의 전말에 관해 얼마나 알고 행동하는 것인지 판단하기 힘들다. 그는 자신이 겪은 일을 잘 기억하지 못하는데 가끔은 문득 생각이 난 듯이 과거의 일을 발설한다. 생각이 나지 않을 때면 자신의 관자놀이를 누르는 우스꽝스러운 행동을 하면서 기억을 되찾으려 애쓰는 도준은 살인 사건과 관련된 비밀의 열쇠를 쥐고 있는 인물이다. 영화 초반에 그의 행적을 따라가는 카메라의 논리에 따르면 그는 죄가 없다. 거꾸로 영화 후반에 누군가의 회상으로 전해지는 살인 사건이 있던 날 밤의 전모에 따르면 그는 범인이다. 영화적 논리로 이것은 판가름할 수가 없다. 객관적 시점과 누군가의 주관적 시점의 대비에 따라 관객이 판단해야 할 성질의 것이기 때문이다.

이것이 장르적 컨벤션을 끌어들인 봉준호의 기본적인 전략이다. 그가 지금까지의 영화에서 보여 준 전략은 장르관습을 이용하는 체하면서 실은 정반대의 과정을 보여 주는 것이다. 〈마더〉에서 어머니와 아들의 관계, 동시에 그들 각자의 내면은 모호할 수밖에 없었다. 그들은 함께 대화하고 있는 중에도 서로 통하지 않는다. 아들은 곧잘 딴 데를 쳐다보고 있고 넋도 반쯤 나가 있다. 아들이 오줌을 누는 것을 엄마가 가까이 다가가 지켜보는 영화 속 한 장면에서조차 이런 어긋남은 한층 강조된다. 아들은 마치 곁에 아무도 없다는 듯이 오줌을 눈다.

〈마더〉에서 모자 관계의 병리적인 측면은 엄마가 아들이 어렸을 때 행한 동반 자살 시도라는 끔찍한 과거와 관계가 있고 아들은 끝내 정신적, 육체적으로 성숙한 어른이 되지 못했다. 자기가 한 말의 뜻조차 가늠하지 못하는 수준의 지능을 지닌 아들은 육체적으로도 자기 통제가 불가능하며 발정난 개처럼 어느 여름날 밤에 여자를 찾아 헐떡거리며 거리를 돌아다닌다. 그리고 그는 거짓말로도 살인 사건이 있었던 그 날의 일을 말해 줄 수가 없다. 내러티브 수수께끼에 대한 관객의 불안은, 영화 속 엄마 혜자의 불안과 비슷하다. 아들과 엄마가 소통하지 못하듯이 관객과 이들 모자도 소통하지 못한다. 다만 전시되는 것은 그들 모자의 불안이다. 구체적인 공간의 지형에 비해 몽롱하게 산포되는 이 영화의 시간성은 꿈을 꾸는 듯이 흘러가고 도대체 이 이야기가 어떻게 매듭지어질 것인가에 대한 궁금증을 영화 속 엄마의 불안감, 공포, 죄의식, 광기 직전의 흥분 상태로 채우며 연장시킨다. 아들이 걸린 병의 근원은 엄마의 어떤 행동에 있다. 엄마는 아들이 그것을 잊었다고 생각했지만 아들은 그걸 기억하고 있다. 현재의 모자란 아들과 그런 아들을 끊임없이 근심하는 엄마의 죄의식의 기원은 어린 시절에 있다.

　봉준호식으로 개별화되고 다시 보편화된 인물과 사회의 어떤 전형성은 자식의 미성숙과 엄마의 맹목성이라는 한국 사회에서 넘쳐나게 볼 수 있는 사례를 떠올리게 한다. 조금씩 다들 정신이 나가 있다고도 볼 수 있겠는데, 사회는 그런 현상에 무심하다. 제도와 공동체가 잔인하고 무심할수록 개별적 인간들의 초조감과 불안은 더욱 증폭된다. 미친 듯이 자기 가족을 보호하기 위해 애쓰지만 공동체로부터는 외양의 평화와는 달리 완벽하게 격리돼 있는 각자의 삶의 형편은, 영화 속에서 죽은 소녀의 시체가 온 동네 사람들이 다 볼 수 있는 건물 옥상에 널려 있는 장면의 이미지로 축약된다. 등장인물들이 그에 관해 다 한마디씩 하지만 누가 왜 소녀의 시체를 옥상에 놓았는지는 알 수 없다. 〈마더〉에서도 봉준호는 외양과 본질의 불일치라는 히치콕적 주제를 자신의 서사 구성과 스타일로 완벽하게 변주해 한층 어두운 구석으로 밀고 나갔다. 만인의 어머니 김혜자와 만인의 연인 원빈을 캐스팅한 것, 평화로운 시골 마을의 어두운 이면, 겉으로 무리 없이 봉합되는 가운데 뜻밖의 엔딩이 있는 내러티브는 인과론적 서사를 예민하게 위반함으로써 히스테리에 갇힌 개인과 공동체를 연민으로 바라본다.

인과성을 플롯에서 배제하거나 인과성이 플롯에서 희미해지면 카메라에 의지한 시선의 권력은 그만큼 약해진다. 카메라라는 시선의 주체에 동승하게 되는 관객의 시선은 잠시 영화 속 상황과 인물에 몰입하여 그들과 함께 울고 웃으면서 그들의 삶에 동정하고 주인공들의 삶을 불행하게 만든 세상과 특정 인물을 상징적으로 단죄하고, 그럼으로써 우리의 도덕적 입지를 재확인한다. 그렇지만 그런 시선 권력의 우월성이 부정되면, 우리는 그저 지켜만 볼 뿐이다. 오히려 아무것도 행사할 수 없는 시선의 권력이란 것이 지독하게 무능한 것이라는 생각 때문에 고통이 생긴다. 영화를 본다는 것에 대한 근본적인 물음, 영화 속에 묘사된 행동에 대해 우리가 어떤 입장을 취할 것인지를 강요하지 않은 채 자연스레 묻게 되는 것이다. 물론 지금까지 거론한 감독들의 영화 세계가 전혀 다른 거대한 예술적 패러다임을 만들어 냈다고 말하려는 것은 아니다. 이들의 영화는 상업 영화의 물신적인 매혹, 스타를 축으로 한 소비사회의 페티시즘을 적절하게 활용하면서 실은 파멸의 구경거리를 찍는다고 하는 이중의 곡예를 하고 있다. 이들의 욕망 속에 아버지 세대의 의미 체계에 대한 도저한 부정 의식이 숨어 있다는 것은 부정할 수 없다. 박찬욱처럼 새로운 지점에서 출발할 수도 있고, 봉준호처럼 절충 지점에서 기존의 가치 체계를 부정할 수도 있고, 여타 다른 감독들처럼 목적론적 서사에 저항함으로써 인간과 세계에 대한 틈을 열어 놓을 수도 있다. 이것들은 일부의 성공과 다수의 상업적 재앙 속에 스스로 무너지는 인간들의 모습을 찍는 파멸의 스펙터클이라는 공통분모로 묶인다.

봉준호 감독
〈마더〉

ⓒ어뉴

21세기 한국 영화의 페르소나 송강호

2000년대의 한국 영화는 배우들의 연기 스타일이 혁명적으로 바뀐 시기이기도 하다. 이 분기점을 만든 것은 박찬욱의 〈복수는 나의 것〉이었다. 이후로 한국 영화에서 배우들의 연기는 아무리 표현주의적인 상황이 요구될지라도 일상적이고 미니멀한 경계를 넘어서지 않는 단계로 변화했다. 흔히 연기하지 않는데 뛰어난 연기를 보여 준다는 반응을 끌어내는 이러한 연기 스타일은 연기가 이러저러해야 한다는 정형화된 틀, 연극이나 텔레비전에서 어쩔 수 없이 전달의 효용성을 위해 표현주의적인 범주화에 묶여야 했던 종래의 연기 패턴을 바꾸어 놓았다. 인과로 묶이지 않는 서사와 스타일의 영화를 대표하는 박찬욱의 영화에서 배우들의 연기 역시 희로애락의 특정 틀에 갇히는 표현의 강세보다는 생활인의 범주를 벗어나지 않는 감정 표현의 영역 안에서 끝없이 확장되는 복합성과 미묘함을 추구했다.

이 흐름을 대표하는 배우는 송강호였다. 〈복수는 나의 것〉의 마지막 장면에서 주인공 동진을 연기하는 송강호가 테러단의 암살자들에게 연달아 칼을 맞으며 죽음을 맞을 때의 표정과 동작은 어떤 태도를 취할지 몰라 망연자실한 절망을 드러낸다. 역시 같은 영화에서 개울가에 유괴범 신하균을 처박고 그의 발목 동맥을 끊을 때 "내 너 착한 놈인 거 안다"라고 중얼거리는 송강호의 무심한 일상적 톤은 감정의 증폭을 자연스레 꾀하는 억눌린 감정을 쓸어 담는다. 이런 장면들은 그간 정형화된 틀에 갇혔던 한국 영화가 새로운 표현 영역에 들어섰음을 알리는 표식이었다. 한국 영화는 그리고 관객은 송강호를 비롯한 이 시기의 새로운 배우들, 곧 최민식, 설경구 등을 통해 내파하는 영웅상을 보며 격동하지만 하나로 봉합되지 않는 한국 사회의 거울을 봤다. 이들은 대체로 영웅이 되기 힘든 조건에 있는 인물을 연기했으며 각자 개별자의 존재감을 과시하면서도 동시에 시대를 껴안는 보편성을 호소한다.

박찬욱 감독의 말에 따르면 송강호는 본인이 출연한 영화 외에 다른 영화는 거의 보지 않는데도 간혹 그가 본 영화에 대한 평이 예리해서 놀란다고 한다. 박찬욱과 작업할 때 그는 촬영이 끝나도 편집실에 늘 출근하다시피 하는 배우였다. 편집실 구석 의자에 앉아 편집 과정을 지켜보면서 간혹 졸기도 하고 편집 과정을 말없이 지켜보다가 일이 끝나면 술 마시러 가자고 한다는 것이다. "송강호가 영화 보는 눈이 좋은 건 자기 영화를 너무 많이 봐서 그런 게 아닐까"라고 언젠가 박찬욱은 농담조로 말했다. 이창동의 〈밀양〉에서 송강호는 감독의 의도를 누구보다 정확히 이해하고 현장에서 다른 스태프들이 당혹해하고 있을 때에도 말없이 감독을 지지해 주는 배우였다고 한다. 〈밀양〉에서 전도연이 연기하는 신애가 부흥회가 한창인 교회에 들어가 앉아 꺼억꺼억 울며 하나님을 영접하는 장면을 촬영할 때, 신애를 쫓아다니는 종찬을 연기했던 송강호는 전도연과 더 가까이 있었던 원래 위치를 수정해 뒤쪽으로 물러나 앉기를 감독에게 제안했다고 한다. 그 장면에서 송강호는 전도연과 조금 떨어진 자리에서 아무것도 하지 않는 채로 앉아 있는데 그 무심한 거리감이 오히려 그 장면에는 잘 맞았다.

언젠가 사석에서 만났을 때 그는 〈밀양〉의 한 장면을 돌이키며 이창동이 왜 비범한 감독인지를 말했다. "신애가 종찬과 종찬의 아는 형님 앞에서 피아노 치는 장면이 있어요. 연주가 잘 안 돼요. 연주하다가 신애가 중단하죠. 종찬은 그게 잘하는 연주인지 아닌지도 잘 모르죠. 근데 연주를 멈추니까 박수를 친단 말이에요. 그다음에 무슨 대사를 할 거냐, 원래 다른 대사가 있었어요. 현장에서 이창동 감독이 이것저것 궁리하더니 종찬의 아는 형님에게 이런 대사를 시키는 거예요. '니, 올해 몇 살이가?' 참, 그럴듯하지 않아요?" 그럴 때 송강호의 종찬이 짓는 반응으로서의 표정은 언어 표현의 영역을 넘어선다.

박찬욱 못지않게 송강호의 배우적 역량을 최대치로 끌어올린 봉준호의 영화에서도 송강호는 스스로 행동할 때보다 행동하지 않는 단락에서 알아서 낚아채는, 상대와의 조화

능력을 증명한다. 〈살인의 추억〉의 클라이맥스 직전 장면에서 여중생이 살해당한 것을 목격한 서 형사가 황망한 감정으로 숲을 빠져나올 때 그를 지나치는 송강호는 보일 듯 말 듯 팔을 살짝 들 듯한 행동으로 서 형사를 건드리려다 만다. 이 화면에서 관객의 주의 집중점은 서 형사에게 고정돼 있지만 그를 지나치는 박두만 형사를 연기하는 송강호는 그 주의 집중점을 흐트러뜨리지 않으면서 동시에 거기에 강력한 정서적 온기를 입히는 행동을 그 미미한 팔 동작으로 덧칠한다. 그 몸짓은 상대의 존재를 침범하지 않으면서 자기 존재를 화면에 각인시키는 연기의 증명이다. 봉준호에 따르면 실제로 현장에서 송강호도 모니터 화면을 보며 좋아했다고 한다. "감독님, 저거 죽이잖아요? 내가 봐도 끝내주는데, 히히히."

송강호는 평범한 인물에서 자기 이미지를 새긴 후 거기서 아주 조금씩, 그러나 응축된 힘을 머금고 껍질을 탈각하는, 미세한 동작과 음조와 그 순간의 집중력을 통해 발생시키는 자연스러운 감정의 응축으로 탈일상적인 순간의 희열을 제공한다. 〈살인의 추억〉의 마지막 장면에서 그가 숨을 안으로 삼키고 짓는 그 표정은 최선을 다했으나 자기의 무능 외에 시대의 무능까지 짊어진 자의, 그러나 그 이유를 종내는 알지 못하는 자의 무력감과 분노와 또 다른 세계로의 진입 의지를 간접적으로 표상하고 있다. 극히 일상적인 표정과 몸짓과 음정에서 어느 순간 낯선 이상한 나라에 들어선 것 같은 그 침묵과 정지와 여백의 순간에서 송강호가 짓는 연기의 몸짓 하나하나는, 곧 딱히 안티히어로적인 노선을 취하지 않으면서도 순응과 거부의 경계선 어딘가에서 낄낄거리며 또는 쓸쓸하게 자조하며 서 있는 이 시대의 단독자의 표상을 드러내는 것이다. 그의 모습을 보고 웃거나 눈물지으며 우리는 송강호가 우리 옆집에 사는 청년이나 아저씨 같다고 생각한다. 그러나 동시에 그가 어느 순간 예기치 않은 에너지로 웃음이나 슬픔을 안겨 주는 기상청 날씨 같은 존재라고 여긴다. 일상적 감정의 짐을 안고 달리는 그는 우리가 접근할 수 있으나 어느 때인가 전혀 다른 비일상적 레일을 타는 표 나지 않는 영웅이라고 해야 할 것이다.

4장

장르관습에 대한 순응과 저항

관습적인 것을 다루는

그들만의 방식

한국 영화 역사에서 하나의 장르가 체계적으로 관습을 축적하고 때로 그 장르의 작가를 만들어 내는 과정을 들여다보는 것은 희귀한 체험이다. 하나의 장르를 파고들어 그 장르에서 새로운 어법을 발견하는 감독 허진호는 그런 맥락에서 매우 드문 창작의 일관성을 보여 준다. 데뷔작 〈8월의 크리스마스〉부터 그는 줄곧 멜로드라마만 찍었다. 공포 영화만 만드는 안병기, 줄곧 코미디를 만들며 경력을 쌓은 김상진 등의 전례가 없는 것은 아니다. 하지만 하나의 장르만 가지고 작가로 인정받았다는 점에서 허진호는 장르의 틀에 작가적 서명을 남기는 가능성을 초기작 한때 가장 최선의 형태로 보여 준 감독이다. 특히 데뷔작과 두 번째 영화에서 그는 멜로드라마 장르에 집중하면서 한국의 공간을 통해 동시대 한국인들 일부가 크게 동요할 만한 감정을 창조해 냈다.

한국 멜로드라마가 끈질기게 인연을 맺고 있는 장르는 할리우드의 가족 멜로드라마가 아니라 이수일과 심순애가 나오는 〈장한몽〉 때부터 이어져 내려온 신파였다. 김중배의 보석에 이끌려 이수일을 배반하는 심순애의 얘기를 다룬 이 연극은 강점기 시대의 우화다. 일제강점기를 살던 당시 대중은 일제가 들여온 서구의 합리주의를 받아들일 수 없었다. 그러나 대안이 없었기 때문에 봉건적인 온정주의에 이끌렸고 자기파괴적이며 자학적인 정서로 눈물을 흘리는 〈장한몽〉과 같은 이야기에 열광했다. 서구 멜로드라마에서 여주인공이 한순간이나마 사회와 대면할 수 있었던 용기가 한국 멜로드라마에 나오는 여주인공에게는 없었다. 그저 운명에 어쩔 수 없이 이끌리면서 눈물짓는 비련의 주인공이었다. 〈홍도야 우지 마라〉와 같은 신파극에서는 치명적인 결함을 지닌 주인공이 예견된 대로 자기의 결함에 자승자박당해 파멸에 이른다는 줄거리로 뭇 대중을 울렸다. 근대적 합리주의와 봉건적 온정주의라는 〈장한몽〉의 숨겨진 대립항은 사라지고 이후의 영화나 TV 멜로드라마에서는 그 신파의 뼈대만 이어져 내려왔다.[1] 모성의 멜로드라마나 삼각 관계의 멜로드라마가 대세를 이룬 한국의 멜로드라마에서도 신파조 정서는 보전됐다. 1968년에 개봉해 흥행했던 한국 멜로드라마의 고전 〈미워도 다시 한 번〉에서 여주인공은 끊임없이 운다. 정소영이 연출한 이 영화를 보러 물밀 듯이 밀려든 중년 여성 관객들은 화면 앞 전개에서 유교적 가부장제에 눌린 자신들의 신세를 한탄하며 울었다. 남자와의 사이에 아이를 낳았지만 보수적인 남자 집안의 반대에 밀려 결혼하지 못하고 아들과 함께 쓸쓸히 고향으로 돌아가는 이 멜로드라마는 여하튼 유교적 가부장제와 어쩔 수 없이 긴장 관계를 맺는 그 당시 여성들의 삶을 담아낸다.

그에 반해 1990년대 후반의 한국 멜로드라마 영화는 〈미워도 다시 한 번〉 류의 멜로드라마가 통하던 시절에서 한국 사회가 얼마나 멀리 지나왔는지를 간접적으로 보여 준다. 이를테면 박신양, 최진실이 주연한 〈편지〉에선 모든 게 간편하다. 거추장스러운 가족 제도의 짐이 없다. 나아가 인물의 심리에 깊숙이 들어가려는 태도도 없다. 행복하다거나 슬프다는 감정을 별다른 영상의 수사 없이 되풀이해서 보여 주고 있는 것이다. 굉장히 세련된 스타일 같지만 사실은 앙상한 스타일이고 화면 밑에 깔린 정조는 간결한 게 아니라 단순하다. 〈편지〉는 여러모로 이상한 멜로드라마다. 남녀 주인공 환유와 정인은 가정이 없는 고아다. 가족 멜로드라마지만 가족의 배경이 없는 상태에서 남녀가 만나니 두 사람은 양가 부모의 틀에 들어가는 번거로운 절차 없이 곧바로 행복한 가정을 꾸릴 수 있다. 게다가 이야기는 서정시의 한 대목을 떠올리게 하는 수목원 풍경을 배경으로 펼쳐진다. 누구나 꿈꿀 만한 도시의 지지부진한 삶에서 탈출해 무릉도원의 삶을 떠올리게 하는 이런 설정은 간편하면서도 예쁜 걸 좋아하는 젊은 세대의 구미에 잘 들어맞는다. 남녀 주인공이

1. 강영희, 「곽지균 감독의 영화세계」, 『한길영화』 창간 2호, 1991, 여름호.

만나 결혼하고 죽음 때문에 헤어지기까지의 묘사가 예쁘다. 연애할 때 새벽에 피는 예쁜 꽃을 보여 주기 위해 이른 아침부터 택시를 대절해 달려오는 애인을 가진 여자의 행복은 비를 맞고 집으로 돌아왔을 때 자신의 발을 씻어 주는 남편이 있는 여자의 행복으로 이어진다.

이 영화에서 일상은 흔적도 없이 사라진다. 돈이 떨어져 쩔쩔 매는 대목이 나오긴 하지만 그래도 그다지 생활의 때가 없다. 두 사람의 삶은 조금도 구질구질하지 않다는 점에서 일상을 완벽하게 초월해 있다. 앙증맞은 안락의자를 사며 행복해하는 두 남녀 주인공의 모습은 부러움을 넘어 질투를 불러일으킨다. 더 놀라운 것은 이 영화가 남녀 주인공의 심리적 흐름만으로 영화의 대부분을 메우고 있다는 것이다. 갑자기 소나기가 온다던지 하는 식으로 운명론적인 비관을 강하게 풍기면서 분위기를 잡아 가던 연출은 환유가 뇌종양으로 죽고 나서 제2의 카드를 꺼낸다. 죽은 남편의 편지가 정인에게 도착하게 하면서 내세까지 이어지는 사랑이라는 또 다른 주제를 펼친다. 내세에서 기다리는 남편의 사랑은 기다림이라는 한국적인 정서를 끌어다 댄 것이고 약간은 남녀의 전통적인 역할을 바꿔 놓은 것이다.

가족이 나오지 않는 건 한석규와 전도연이 나온 〈접속〉도 마찬가지다. 남녀 주인공 주위에는 가족도 이웃도 없다. 남자 주인공 동현은 옛 애인에 대한 추억에 사로잡혀 어떤 새로운 관계도 거부하고 있고, 여주인공 수현은 이루어질 수 없는 친구 애인과의 미묘한 감정에 빠져 외로움을 느끼고 있다. 그들은 그냥 홀로 그런 처지를 견딘다. 생활하면서 부딪치는 가족이 없기 때문에 일상적인 두 남녀 주인공의 삶은 간결하다. 대신에 그런 진공 같은 일상을 메우는 것은 삐삐와 폴라로이드 카메라, 전화 자동응답기라는 소품이다. 일상에서 말을 나누는 상대는 24시간 편의점의 점원 정도에 불과한 이들의 적막한 생활은 바벨탑 같은 도시의 빌딩 속에 갇힌 젊은이들의 자폐적인 요즘 삶을 민감하게 건드린다. 그런 전략으로 끌어들인 것이 두 남녀가 컴퓨터 통신을 통해 마음을 나눈다는 설정이다. 〈접속〉은 과격하게 나가진 않는다. 가족의 풍경을 지워 버리고 컴퓨터 통신이라는 신선한 모티브를 끌고 들어왔지만 순애보와 사이버스페이스 사이에서 곧잘 망설인다. 대학에서 어느 강사가 이 영화를 두고 '사이버스페이스를 통해 나누는 의사소통의 가능성'이란 주제로 과제물을 내자 대다수의 학생들은 이 영화는 사이버스페이스와는 별로 상관이 없다는 견해를 보였다. 그저 순애보일 뿐이라는 것이다. 통신상의 문자로 마음을 나누는 과정을 보여 주면서 통신 공간에 주목했다기보다는 잘 만든 한 편의 뮤직비디오처럼 통신상의 메시지를 내레이션으로 깔면서 영상으로 풀어내는 데 주력한 쪽이다. 심지어 컴퓨터 통신을 할 때 나오기 마련인 오타도 한 번 나오지 않는 묘사에는 리얼리즘이 없다는 지적도 나왔다. 이 영화의 연출자는 통신 공간을 배경으로 치워 버리고 순수한 마음을 지닌 두 남녀가 과연 만나서 사랑을 이룰 것인가 못 이룰 것인가, 라는 쪽에 관심이 쏠리게끔 자연스럽게 유도하고 있다. 감독 장윤현은 주로 방이나 사무실로 제한돼 이야기를 펼치는 데 따르는 소재의 비영화적인 한계를 시각적 화면으로 풀어내는 영화적 화법으로 반전시켰다. 대도시의 일상적인 삶에 제대로 다가섰다는 인상을 줄 만큼 도회적인 감성을 묘사하고 있는 것이다. 익명의 삶 속에 스쳐 지나가기 쉬운 남녀의 인연을 강조하면서 두 주인공이 거주하는 집과 사무실과 편의점 등을 영화 속 공간으로 끌고 들어왔다. 그러나 〈편지〉처럼 〈접속〉도 뭔가 새로운 차원의 분위기 묘사로 영화를 일신한 것처럼 보이지만 기존 영화에서의 닳고 닳은 감정의 찌꺼기를 되풀이해서 보여 준다. 매끈하게 잘 빠진 영화처럼 보이지만 동현은 과거에 군대에 간 선배와 여자 친구 사이에서 삼각관계를 겪었고 자살한 선배와 자신을 떠난 애인 때문에 괴로워한다. 이 삼각관계의 틀은 동현이 근무하는 회사의 상사와 구성작가 사이에서 다시 되풀이되고 있고, 수현은 또 나름대로 친구와 친구의 애인 사이에서 삼각관계에 빠져 있다. 가족이라는 관계를 벗어던지며 혼자 감당해야 하는 대도시 삶의 이미지를 전하려 한 이 영화가 어느 순간에 낡은 삼각관계의 그물이라는 함정에 빠져 관습을 되풀이하고 있었던 것이다. 멜로드라마는 먹고 마시고 자는 일상의 삶에서 등장인물을 설명해 주고 그들과 사회의 관계를 옮겨 보여 주는 장르다. 〈편지〉와 〈접속〉은 훗날 이 시대를 반영한 작품으로 어떻게 읽힐지는 아무도 장담할 수 없다. 관객층은 점점 젊어졌고 가족의 끈에 매여 궁상을 보이는 구태는 사라졌지만, 어쩌면 〈미워도 다시 한 번〉과 같은 낡은 멜로드라마에 비해 동시대의 삶을 체계적으로 비워 낸 구멍 같은 역할을 하고 있다고 볼 수도 있다.

허진호의 초기 멜로드라마가 특이한 것은 그가 일관되게 가족의 일상에 천착한 소재를 탐구했다는 점이다. 그의 데뷔작 〈8월의 크리스마스〉는 겉으로 드러나지 않는 감정의 미세한 결을 강조한 영화다. 멜로드라마인데도 멜로드라마처럼 보이지 않는 것은 죽음을 앞둔 주인공 정원이 겪는 삶의 마지막 일상을 섬세하게 찍어 낸 화법 때문이다. 그중 인상적인 것은 영화의 끝부분에 나오는 한 장의 사진이다. 사진사 정원은 스스로 카메라를 조작해 놓고 최후의 사진을 찍는다. 그는 머뭇거리며 표정을 연습하고 마침내 준비된 표정으로 카메라 앞에 앉는다. 그가 순간적으로 방심하는 듯한 그때 카메라의 플래시가 터진다. 정원은 불치병에 걸려 죽음을 앞두고 있었고, 그 사진은 그가 생애 마지막으로 찍은 사진이었다. 화면이 넘어가면 그 최후의 사진은 정원의 영정사진으로 바뀌어 있다. 이 이미지의 힘은 갑자기 현재로부터 과거로 역류해 들어가 정원이 삶의 마지막 나날에 겪었던 시간과 공간을 추억하고 싶게 만든다.

〈8월의 크리스마스〉가 오해를 불러일으키는 것은, 영화가 죽음을 앞둔 정원이라는 남자 주인공이 체험하는 시간과 공간이라는 구조로 되어 있기 때문이다. 여기에 죽음으로 이뤄지지 못하는 남녀의 사랑이라는 이야기 흐름이 끼어든다. 영화 초반, 아침 햇살이 정원의 얼굴에 와 닿고 막 깨어나는 정원의 귓가에는 멀리 학교 운동장으로부터 확성기 소음이 들려온다. 장면이 바뀌면 학교 운동장이 내려다보이는 거리를 스쿠터를 타고 달리는 정원의 모습이 보인다. 그리고 몇 개의 에피소드가 지나고 나면 정원의 사진관에 다림이라는 젊은 주차 단속원 여성이 나타나는 것이다. 영화가 약속하는 이야기 규칙이 정원의 눈을 통해 체험하는 일상의 삶이라는 걸 강조하는 것은 때때로 흘러나오는 그의 내레이션이다. "나는 어렸을 때 아이들이 모두 가 버린 텅 빈 운동장에 남아 있기를 좋아했다. 그곳에서 내 곁에 없는 어머니를 생각하고 아버지도, 그리고 나도 언젠가는 사라져 버린다는 생각을 하곤 했었다."

정원이 일하는 사진관은 이야기의 모티브에 상당한 철학적 무게를 입힌다. 사진관에서 일어나는 몇 개의 에피소드를 보면, 좋아하는 여자아이들의 사진을 뽑아 달라고 떼를 쓰는 사내아이들, 좀 더 근사한 증명사진을 뽑기 위해 애를 쓰는 젊은 여자, 제상에 놓일 사진으로 쓰기 위해 사진을 다시 찍어 달라고 부탁하는 할머니의 에피소드 등이 시간의 흐름을 거역하고 지금 보고 있는 것이 참으로 존재했음을 증언하는 사진의 본질을 의미론적으로 조금씩 상승시키고 있다. 좋아하는 예쁜 여자아이들의 사진을 서로 차지하기 위해 싸움을 벌이는 사내아이들에게 사진은 소유하는 힘이다. 자기 용모를 더 예쁘게 보이게 하기 위해 큰 얼굴을 머리카락으로 가리고 사진을 찍는 젊은 여성에게 사진은 확인과 증명의 힘이다. 그리고 할머니에게 사진은 미래의 죽음에 대한 거역할 수 없는 기호가 내재한 그 무엇이다. 할머니는 영정사진을 미리 찍어둠으로써 살아 있는 사람들의 공동체로부터 자신을 분리하고 영원히 시간 속에서 움직이지 않는 부동의 윤곽을 만들어 내는 작업을 하고 있다.

〈8월의 크리스마스〉는 실존적으로 다시는 되풀이될 수 없는 것을 기계적으로 재생하는 사진적 기획을 활동사진의 연속성에 실어 한껏 늘리려 든다. 죽음을 앞둔 정원의 육체를 빌려 어느 순간에 우연히 포착한 공간과 시간의 느낌을 완전한 집중력으로 포착하려 드는 것이다. 정원이 체험하는 공간은 대청마루 끝에서 담배를 피우며 만끽하는 황혼의 햇살과 공기를 담고 있는 공간이며 언제나 편안하고 영원히 벗어나지 않았으면 하는 공간이다. 〈8월의 크리스마스〉의 공간은 곧 고향의 이미지로 이어진다. 한때 정원이 짝사랑했던 지원이 정원의 사진관을 찾아와서 이런 대화를 나눈다. "오빠는 이 동네에서 20년이 넘게 살았는데 지겹지도 않아?" "모르겠어. 지겨운 것도 잊고살아. 그냥 아무 생각도 없어." "여기를 다시 오게 될 줄은 몰랐어." 여기서 말하는 '다시 오게 된 곳'은 바로 고향이다. 그래서 〈8월의 크리스마스〉에서 공간은 이야기만큼이나 아주 중요하다. 〈8월의 크리스마스〉에서 고향이라는 느낌을 주는 영화 속 공간은 거부할 수 없는 회귀의 욕망을 불러일으키는 원형적인 공간이기 때문이다. 실제로는 군산에서 찍었고 영화 속에서는 어느 중소도시처럼 보이는 〈8월의 크리스마스〉의 공간은 서른 살 이상의 관객에게는 누구나 뇌리에 박혀 있을 추억의 사진첩을 펼쳐 보인다.

〈8월의 크리스마스〉가 죽음으로 이별을 맞는 전형적 멜로드라마의 상황을 공간에 대한 응시로 돌파하며 작가적 서명을 남긴다면, 허진호 감독의 두 번째 영화 〈봄날은 간다〉는 사랑하는 여인이 떠나간 뒤 그녀의 마음을 되돌리지 못해 심리적 추락의 극단을 경험한 남자 주인공 상우가 마침내 마음의 안식을 얻은 듯한 과정을 그린다. 대단히 시각적인 상징을 바탕에 깐 그 마지막 장면에서 상우는 강풍으로 흩날리는 갈대밭 사이를 당당하게 헤쳐 나가고 그 갈대밭 복판에서 손을 벌리고 있다. 그의 표정은 매우 평화로워 보이지만, 이것은 우리가 실연의 끝에서 보고 싶은 판타지일 수 있을 것이다. 정신의 고양을 통한 마음의 안식과 평화, 그게 우리의 삶에서 관철될 수 있는 진실인지는 확언할 수 없지만 허진호의 영화에는 어떤 정제된 미의식을 떠올리게 한다. 변하는 세상을 받아들이며 조용히 응시하는 것이다. 인물의 심리적 동선이 아니라 비슷비슷한 구도로 잡힌 공간의 유사한 반복과 여백에서 감정을 끌어내는 일본 감독 오즈 야스지로의 방식처럼 허진호도 구체적으로 인물 심리를 지시하지 않는 대신 거의 강박적일 만큼 조금씩 비어 있는 공간 구도에 몰두하면서 그 빈 공간의 환유적 의미를 통해 덧없는 생의 감각, 모든 것이 늘 채워져 있지 않고 채워져 있던 것은 사라지고 비워지며 다른 것으로 메워질 때까지 그냥 그대로 있을 뿐이라는 생각을 강화시킨다. 그것 자체가 새로운 것은 아니지만 그의 영화가 일깨우는 공간과 시간의 감각은 영화를 통해 연출되고 보존된 어떤 순간의 충일감과 상실감에 대해 다시 생각해 보

게 한다. 깊은 산속 산사에서 눈 내리는 새벽에 듣는 타종 소리, 사방이 고요
하고 살아서 느끼는 것의 경외를 갖게 하는 그 시간을 느끼게 하는 것이다.
이상하게도 영화의 활동사진적 본질은 사라져 간 것에 대한 상실감을 더 강
렬하게 환기시킨다. 사진이 정지시킨 사건과 세계의 고정된 안온함 대신 실
제 세계처럼 스크린 위의 화면도 여전히 우리 삶과 같이 흘러가고 있다는 덧
없는 유동성의 감각을 부추기는 것이다.

〈봄날은 간다〉에 담긴 남녀 주인공의 연애담은, 당사자들에게는 우주의
지각변동보다 중요한 사건이고 주위 사람들에게는 주변의 흔한 일상의 일
부분인 그 사건이 어떻게 공간과 시간 감각에 섞여 흘러가는지를 잘 보여 준
다. 구조상 두 사람의 연애는 두 상반된 정황, 흘러가는 것을 보존하는 사운
드 엔지니어 상우의 직업적인 삶과 흘러간 것을 인정하지 않는 상우 할머니
의 일상, 곧 죽은 할아버지를 그리워하는 것으로 현재를 살아가는 할머니의
일상 에피소드에 포위돼 있다. 사운드 엔지니어인 상우는 사라져 가는 소리
를 채집하고, 라디오PD이자 아나운서인 은수는 그 소리를 자신이 진행하는
프로그램에 방영한다. 시간과 공간을 방부 보존하는 사진처럼 그들의 직업
은 현실의 어떤 순간에 흘러 사라진 소리를 녹음해 영구히 보존하는 것이다.
기록하고 보존하는 것은 모든 예술 행위의 기초를 이루는 욕망이지만 그것
은 실제 삶에서는 가능하지 않다. 충일감을 느끼게 해 줬던 순간은 한 번 지
나가면 다시 돌아오지 않는다. 세상을 떠난 남편을 잊지 못하는 상우의 할머
니는 그런 현실을 인정하지 않는다. 틈만 나면 역에 나가 돌아오지 않을 남편
을 기다리는 할머니는 본질적으로 상우의 직업이 갖고 있는 속성, 시간의 흐
름에 거역하려는 욕망을 체현하고 있는 것이다.

상우는 강원도에 가 소리를 채집하고 그 와중에 은수와 흐뭇한 연애에 빠
진다. 상우는 은수의 집에 머물며 세상에서 가장 행복한 삶을 살고 있는 듯한
만족을 느낀다. 그들은 흡사 부부처럼 함께 자고 일어나며 밥을 먹고 모든 일

상을 함께한다. 강원도 은수의 집에서 짧게나마 상우가 겪는 이 온전한 가족의 경험이 상우의 집에는 없다. 아버지는 오래전에 아내(상우의 어머니)를 여의었고 살림을 맡아 주고 있는 상우의 고모도 홀몸인 것처럼 보인다. 상우가 자신의 집에서 겪는 것은 부재감, 그가 빨리 아내를 맞아 주었으면 하는 바람을 갖고 있는 식구들의 눈에 드러나지 않는 부재감이다. 정해진 자리에 있어야 할 사람이 없다는 부재감인 것이다. 할머니의 습관적인 가출은 그 부재감을 이 가족의 일상에 새겨 놓는다. 강원도에서 집으로 돌아온 상우가 가장 많이 하는 일은 틈만 나면 역에 나가 돌아오지 않는 남편을 기다리는 치매증에 걸린 할머니를 모셔 오는 일이다. 직업에서 느끼는 만족감과 가족과의 관계에서 느끼는 부재감 사이에서 상우는 은수와의 관계를 결혼이라는, 표면적으로 관계에 지속적인 압정을 꽂는 단계로 진입시키려고 애쓴다. 바로 그 순간 이들의 관계에 균열이 온다. 상우가 은수에게 자신의 가족들과의 만남을 제의했을 때 여자는 알 수 없는 이유로 힘들어하며 조금씩 그에게서 멀어져 간다. 아마도 한 번 결혼했던 그녀는 결혼이라는 제도를 통한 가족의 존재 의의에 깊은 회의를 갖고 있는지도 모른다. 그것은 알 수 없다. 상우와 은수가 사랑에 빠졌던 초기, 은수는 드라이브를 나갔던 길에 멀리 보이는 두 개의 무덤을 보고 말한다. "우리도 죽으면 저렇게 함께 묻힐 수 있을까? 말해 봐? 응?" 그러나 한때 관계의 영원함을 바랐던 은수도 상우가 결혼을 욕망하고 있다는 것을 알고 난 후에는 그 환상을 버린다. 그때부터 은수는 상우를 원하지 않는다. 은수가 상우를 외면했을 때 그는 괴로워하지만, 그리고 가끔 그녀는 그런 그를 그리워하지만, 이제 서로 충만하게 일체감을 느꼈던 그 순간은 돌아오지 않는다. 헤어지자고 말하는 그녀에게 그는 말한다. "사랑이 어떻게 변하니?"

영원과 찰나의 대비 속에서 〈봄날은 간다〉는 지속적으로 흘러가고 사라지는 것에 대한 감각을 환기시킨다. 한 번 지나간 것은 되돌릴 수 없고 남은 것은 기억하는 일뿐이다. 은수가 날이 선 종이에 손가락을 베고 무의식중에 상우가 가르쳐 준 피를 멈추는 동작을 했을 때 그녀에게 떠오른 것은 상우와의 추억이다. 이후 그녀가 다시 상우를 만났을 때 두 사람은 이미 흘러간 시간, 지나간 관계를 되돌릴 수 없다는 것을 알게 된다. 표 나게 드러나는 것은 아니지만 〈봄날은 간다〉는 한정된 공간에서 되풀이되는 일상적 사건과 그 사건의 배경인 공간 처리를 통해 한때 채워졌던 것이 비워졌을 때 느껴지는 상실감을 일깨운다. 대청마루에 물끄러미 앉아 있는 상우에게 다가와 말을 걸던 할머니의 존재는, 이제 할머니를 저 세상으로 떠나보내고 마루에 앉아 있던 상우가 마루 밑에서 문득 발견하게 되는 할머니의 흰 고무신을 통해 떠올려지는 것이다. 〈봄날은 간다〉는 한국적인 공간 감각을 통해, 별다른 균열이 없어 보이는 단조로운 배경 묘사를 통해 격한 감정의 호흡을 끌어내는 세련된 미감을 담고 있다. 상우가 사과를 깎아 먹으면서 할아버지와 할머니의 사랑 이야기를 고모에게 전해 듣는 장면, 오랜만에 집에 돌아온 상우가 대청마루에서 아버지가 식구들 앞에서 노래방 기계를 틀어 놓고「봄날은 간다」를 듣는 장면 같은 것이 좋은 예다. 훗날 실연한 상우가 자기 방에서 쏟아지는 빗소리를 들으며 노래 가사집을 펴들고 악을 쓰듯이「봄날은 간다」를 부를 때 우리는 별다른 설명 없이도 이 비범한 영화가 지닌 강한 정서적 환기력의 비밀을 어렴풋이 깨닫게 된다. 비슷한 상황이 되풀이되지만 그건 똑같은 상황이 아니다.

한 번 흘러간 것은 다시 돌아오지 않는다. 그건 남녀 관계의 진리이며 또한 인생의 진리다. 우리는 그 숙명을 받아들여야 한다. 이 영화가 아픈 것은 그런 심상한 멜로드라마의 틀에 행복했거나 불행했거나 지금 이 순간을 영원히 보존하고 싶은 욕망과 영화 화면이 부딪치고 있는 것처럼 보이기 때문이다. 허진호의 첫 번째 영화 〈8월의 크리스마스〉에서 죽어 가는 남자 주인공이 생의 마지막에 짧게 누리는 희미한 연애 감정과 가족에 대한 사랑을 그려 낼 때 그랬던 것처럼, 이 영화도 주인공들이 누리는 삶의 순간을 영원히 카메라라는 압정으로 고정시키고 싶어 하는 것처럼 보인다. 사라진 것은 다시 돌아오지 않지만 영화 카메라는 그 순간을 기록한다. 그럼에도 불구하고 영화 속 사람들의 운명과 함께 화면도 흘러가는 것이다. 〈봄날은 간다〉는 그런 모순, 흘러가지만 붙잡고 싶은 욕망을 긴 호흡의 스타일로 구현하면서 저항할 수 없는 상실감을 불러일으킨다. 영화 말미에 상우는 여느 때와 다름없이 역에 앉아 죽은 남편을 기다리는 할머니를 집으로 가자고 채근한다. 태연하게 할아버지가 돌아온다는 말을 하는 할머니에게 상우는 버럭 화를 낸다. "할아버지는 돌아가셨어요. 이제 여기 없어요, 할머니. 이제 정신 좀 차리세요." 마치 스스로에게 하듯 고함을 지르고 난 후 얼굴을 묻고 있는 상우에게 할머니는 소중하게 보관하고 있던 손수건에서 사탕을 꺼내 그의 입에 넣어준다. 말로 전해질 수 없는 감정의 표현, 사탕 하나로 감읍시킬 수 있는 이 위로의 표현이 〈봄날은 간다〉에서 겉으로 드러나지 않게 스며 있는 정서적 흡인력의 정체다.

허진호의 멜로드라마는 TV 드라마의 일상성이 포착하지 못하는 영화적 공간을 형상화함으로써 이 장르의 영화적 관습을 혁신했다. 그러나 애초에 드라마의 운반 수단으로 삼았던 남녀 주인공의 심리적 역학을 묘사하는 것과 공간의 환유적 의미를 탐색하는 것 사이에 완벽한 균형을 늘 세우는 것은 아니다. 〈8월의 크리스마스〉는 멜로드라마적 요소가 있는 영화지만 장르 규정에 딱 맞는 영화는 아니었다. 남녀 이야기에 국한하지 않고 남자의 삶 전체, 가족으로 뚫고 들어갔다. 관계는 멜로드라마적이지만 다루는 방법은 반멜로드라마적인 구석도 있다. 전체적으로 고정 화면과 길게 찍기로 일관성 있게 끌고 간 〈8월의 크리스마스〉의 전체 화면 설계에서 유일한 예외를 부여받은 인물은 바로 정원이다. 정원이 등장할 때만 화면은 예외적으로 그에게 시점을 허락한다. 그는 사진을 찍고 그가 보는 사람들을 대상화시키고 풍경과 사물도 대상화시킨다. 여기까지는 아무 문제가 없다. 그의 시점 안에 다림이라는 여성이 포섭되는 순간까지도 영화의 형식적 논리에 따르면 아무 문제가 없다. 그러나 정원과 다림이 감정을 나누는 멜로드라마의 수사학을 다시 전면에 내세우는 순간 영화의 전체적인 형식적인 기획은 사소한 부분에서 균열을 내기 시작한다. 중반부까지 이 영화는 정원과 그의 주변 일상을 보여 줬다. 다림의 존재도 그의 일상에 끼어든 사건으로 흡수된다. 그러나 정원의 죽음이 임박하면서 이야기의 반멜로드라마적인 흐름은 깨진다. 다림은 문이 닫힌 사진관을 보며 심란해하고 정원을 그리워하며 급기야 록카페에서 춤을 추다 화장실로 빠져나와 눈물을 흘린다. 영화는 공간의 드라마에서 갑자기 두 남녀 주인공의 어긋나는 마음의 흐름을 담는 멜로드라마로 옮겨 갔다. 이 단락을 계기로 〈8월의 크리스마스〉는 멜로드라마적 관계의 극적인 감정을 한편으로는 고양시키면서 다른 한편으로는 배제하는 전체적인 형식적 기획을 마지막으로 되풀이한다. 관객은 정원이 곧 죽을 것이라는 걸 알고 있지만 다림은 모르고 있다.

주인공이 불치병에 걸려 연인과 헤어지는 이런 유형의 멜로드라마의 수사학에선 시점과 타이밍이 중요하다. 관객의 지식과 시점이 등장인물의 지식, 시점과 불협화음을 내면서 멜로드라마의 효과를 얻는다. 관객은 정원의 죽음을 알고 다림은 모른다. 마지막 장면에서 정원이 죽고 난 뒤 다림은 사진관에 들러 자신의 사진이 걸려 있는 것을 보고 기뻐한다. 두 주인공의 결합은 너무 늦었거나 영원히 지연될 것이기 때문에 그 관계에 직접 끼어들 수 없는 관객은 무력감에 눈물을 흘린다. 이게 멜로드라마의 효과다. 그러나 이 장면에는 다음과 같은 내레이션이 깔린다. "사랑도 언젠간 추억으로 그친다는 것을 난 알고 있었습니다. 하지만 당신만은 추억이 되질 않았습니다. 사랑을 간직한 채 떠날 수 있게 해 준 당신께 고맙단 말을 남깁니다." 〈8월의 크리스마스〉는 압침으로 고정하려는 듯한 공간의 이미지를 변하지 않는 사랑의 완성이라는 주제로 바꿔 놓으면서 변형된 멜로드라마 수사학으로 끝을 맺는다. 멜로드라마의 틀로 일상과 죽음을 관찰할 수 있을 것인가라는 화두를 남겨 둔 흥미로운 시도인 것이다.

　허진호의 세 번째 영화 〈외출〉에서는 앞선 영화들과 반대로 의식적으로 가족의 흔적을 지워 내려는 강박이 보인다. 이는 허진호의 영화에서 혁신을 이룬 일상적 공간에 침투할 카메라의 접근력을 그만큼 제한하는 결과를 초래했다. 이 영화는 남녀 주인공의 불륜 이야기인데도 가족이 거의 등장하지 않는다. 남녀 주인공은 각자의 배우자가 바람을 피우다 교통사고를 당하면서 중환자실에 입원하는 황망한 일을 겪는다. 인수는 아내 수진의 사고 소식을 듣고 강원도 삼척의 어느 병원에 간다. 그런데 가끔 인수의 장인, 수진의 아버지만 나타날 뿐 인수의 가족은 아예 등장하지 않는다. 인수와 똑같은 처지에 빠진 서영도 마찬가지다. 서영은 의식 불명인 남편을 간호하지만 어쩐 일인지 남편의 가족이나 서영의 가족은 영화 내내 얼굴 한번 비치지 않는다. 혹시 그들은 고아였던 것일까. 대사를 보면 그렇지도 않다. 서로 조금 친해진 상태에서 대화를 나누다 어떻게 결혼하게 됐느냐고 묻는 인수의 말에 서영은 "아버지가 선을 보라고 해서… 그때는 좋았는데…"라며 수줍게 웃는다. 이것은 이상한 선택이다. 이 영화에서 마음을 움직이는 것은 기존 가족과의 관계 속에서 조심스럽게 맺는 새로운 관계의 시작이라는 것이기 때문이다. 우리는 편하게 그런 관계를 불륜이라 부르지만 이 영화는 그런 불륜에서 사랑의 아름다움을 끌어내려 한다. 〈외출〉에서 인상에 남는 장면은 인수와 서영이 인수 모텔방에서 사과를 깎으며 담소를 나눌 때다. 인수가 서툰 동작으로 사과를 깎자 서영은 자신이 깎겠다고 한다. 수줍음이 남아 있으나 완연히 친밀감을 느끼는 이 새 연인에게 당황스러운 일이 생긴다. 인수의 장인이 느닷없이 찾아온 것이다. 두 사람은 어쩔 줄 몰라 잠시 머뭇거린다. 서영은 화장실에 숨고 인수는 장인에게 저녁 식사를 하러 나가자고 말한다. 장인과 함께 모텔을 나오던 인수는 문을 잠그지 않았다는 핑계를 대고 모텔 방에 돌아온다. 그가 가만히 화장실 문을 열자 미동도 하지 않고 서 있는 서영의 모습이 거울에

〈외출〉

비친다. 문을 다 열면 거울에 비친 서영의 이미지와 실제 서영의 모습이 나란히 서 있다. 서영은 말한다. "난 괜찮아요…" 인수는 서영을 껴안는다.

이 장면은 〈외출〉의 정서를 요약하는 장면이다. 영화 내내 일관되게 보이는 거울이나 유리 따위의 반영체를 이용한 구도가 함축하는 정서가 여기 응축돼 있다. 깨지기 쉬운 관계, 노출되기 쉬운 관계, 그것이 불륜이다. 아마도 이 영화는 불륜에 초점을 찍는 것은 아니라 할지도 모른다. 그렇더라도 그들의 관계는 불륜이다. 그들 관계의 시작은 각자 배우자의 불륜을 알게 된 동병상련의 심정이었으나 그들은 각자 배우자를 원망하다가, 서로를 배려하다가 사랑인지 공감인지 모를 친밀감을 느낀다. 그리고 몸을 섞는다. 절망이 새로운 환희, 그렇지만 불안한 환희로 바뀐다. 누군가를 새로 알고 그의 몸과 마음을 접수한다는 것은 벅찬 기쁨이지만 매일 침대에서 죽을지 살지 모르는 배우자의 몸을 지켜봐야 한다는 것은 고통이다. 혹시, 죽어 가는 배우자에게서는 죄책감이 크게 느껴지지 않을지도 모른다. 상대에게 해명해야 할 부분보다 해명을 들어야 할 부분이 먼저 남아 있기 때문이다. 그러나 가족의 문제라면 또 다르다. 연인 관계에서 한 사람이 떠나가면 다른 사람으로 대체될 수 있다는 것은 당연하다. 그렇지만 그것이 가족 관계에서라면 더 복잡한 것이며 때에 따라서는 잔인한 문제다. 부부 관계에서 배우자가 다른 사람으로 대체될 수 있다고 하는 것은, 부부 관계에 따르는 가족 관계까지 버리는 것이기 때문이다. 〈외출〉의 앞서 인용한 장면이 인상적인 이유는 장인의 출현으로 잠시 버려 둔 연인에 대한 남자의 미안함, 자신을 내버려 두고 잠시 사라진 연인에 대한 여자의 꿋꿋한 믿음이 교차하면서 불륜이라는 세속적인 틀에 갇힌 이들의 연약한 사랑을 거꾸로 이해하고 싶은 마음을 불러일으키기 때문이다.

허진호 영화가 주는 매력은 가족과 공간을 종래의 방식과 다르게 다룬 묘사력에 있었다. 허진호 영화는 가족들 가운데 누군가가 없는 결핍감을 다른 누군가로 채우고 싶다는 마음의 표현이자 그게 되지 않았을 때 좌절의 표현이면서 그 바람과 좌절을 공간에 새겨 넣는 감정의 농밀함에 매력이 있었다. 〈8월의 크리스마스〉에서 사진을 찍고, 〈봄날은 간다〉에서 소리를 채집하는 것도 지금 존재하는 것을 영원히 고정하고 싶은 바람의 매개체다. 허진호 영화의 장점은 전통적인 가족 제도를 부정하지 않으면서 쌓는 남녀 간의 사랑의 감정과 그걸 공간에 새기는 능력에 있었다. 누군가와 사랑에 빠졌을 때 상처한 아버지의 존재가 새삼스럽게 다가오는 느낌 같은 것을 허진호의 영화는 묘사했다. 〈외출〉에서 남녀는 거울처럼 상대만을 바라본다. 일종의 나르시시즘에 취한 듯한 기분으로, 특히 두 남녀가 육체관계를 맺을 때 그 느낌은 더 커진다. 선남선녀의 잘 가꿔진 몸이 전시되면서 그들은 서로의 살에 수줍은 듯 매달린다. 매달리고 싶으나 매달릴 수 없어서 멀리서 지켜보는 느낌, 또는 거울이나 유리창 너머로 보는 느낌, 가끔 폭발적으로 일어나는 결합에의 욕망이 조금씩 성취되는 순간들을 포착하는 것이다. 함께 밥을 먹고 걷고 대화를 나누고 웃고 슬퍼하는 것이 내용의 전부인 멜로드라마의 화법에서 심리적 드라마의 기승전결 곡선에만 갇히지 않는 공간의 출구를 보여 줬을 때, 허진호 영화는 멜로드라마 관습에 순응하면서 그것을 재창조하는 이중의 상상력을 보여 줬다. (〈행복〉 이후 허진호가 만든 영화들은 이 전제의 배반이다.)

허진호가 그의 초기 영화들을 통해 멜로드라마의 관습성에 순응하면서도 저항하는 변증법을 보여 주는 가장 큰 지점은 결국 그의 영화가 '사랑의 낭만성과 영원성'이라는 멜로드라마의 대전제를 의문시하는 지점에 이른다는 점이다. 그는 사랑 혹은 인생의 순간성, 덧없음, 일상성을 멜로드라마 장르를 빌려 한국 영화의 역사에서는 처음으로 보여 준 바 있다. 허진호가 장르관습에 저항했던 첫 번째 지점은 바로 이 장르의 신화에 복종하면서도 파괴하는 이중의 운동을 행하고 있다는 데 방점을 찍을 수 있을 것이다. 그의 초기 영화에서 강조되는 가족애나 등장인물의 상실감이 궁극적으로 도착하는 곳은 영원한 사랑은 존재하지 않는다는 부정성의 카타르시스에 놓여 있다.

허진호 감독
〈봄날은 간다〉

고전적 장르 규범의 매너리즘과 혁신

강우석은 현대 한국의 영화감독들 가운데 가장 노골적이고 직접적으로 구식 할리우드 영화의 장르 규범을 준수하면서 자신의 연출 취향을 고수하는 거의 유일한 감독이었다. 그는 대표작인 〈투캅스〉를 비롯해 선악의 이분법 구도와 영웅주의를 강조하는 기존 노선에서 거의 이탈하지 않았다. 〈투캅스〉 연작과 〈마누라 죽이기〉 등의 코미디 영화에서 발휘된 그의 재능은 전통적인 장르관습에 충실히 복종하는 장인의 그것에 가까웠다. 이런 장르 순응적 의지가 매너리즘에 빠졌을 때 〈생과부 위자료 청구소송〉과 같은 TV 드라마의 평면적 긴장에서 벗어나지 못한 범작으로 귀결된다. 그런 강우석의 영화 계보에서 어쩌면 자기만의 서명을 남길지도 모른다는 가능성을 보여준 영화는 〈공공의 적〉이었다. 이 영화는 〈투캅스〉로 형사 코미디 영화의 장을 연 흥행감독이 제 발로 걸어 들어간 또 다른 장르 진화의 발자취를 담고 있다. 이 영화는 하드보일드 액션 영화일 것 같은 예감을 저버리지 않으면서 남자와 남자의 스토리라는 〈투캅스〉의 뼈대를 비틀어 새로운 걸 만들어 낸다.

〈공공의 적〉의 주인공 강철중은 겉보기에는 인간 말종이며 하는 짓은 깡패와 하등 다를 것이 없는 악질 형사다. 마약을 빼돌린 후 거꾸로 업자들에게 되팔려고 하고 폭력 혐의로 잡아넣은 용의자를 연쇄 강도범으로 용도 변경해 송치시킨다. 그의 책상에는 아무런 사무용품도 올려져 있지 않다. 오로지 주먹과 총으로 자기 마음에 들지 않는 범인을 잡아 그것으로 형사직을 연명하는 것이다. 제도에 대한 무지막지한 불신을 깔고 있는 형사 강철중의 이미지는 곧 그가 제도를 넘어선 또 다른 제도이며 경찰의 테두리를 넘어선 또 다른 경찰이라는 걸 암시하고 있다. 그는 논리적이지 않은 직관으로 스스로 '이것이 법이다'를 선포하고 자기만의 윤리를 외부에 강제하는 '한국판 〈더티 해리Dirty Harry〉'다. 〈공공의 적〉의 도입부에는 강철중 형사의 독백이 깔린다.

경찰의 공공 업무를 담은 상투적인 몽타주 화면 뒤로 냉소와 독설로 가득 찬 자기 직업에 대한 회의의 말을 내뱉고 있는 주인공의 목소리를 들으면 좀 어리둥절해진다. 아직 주인공의 얼굴도 소개되기 전에 이렇게 내레이션이 길게 깔리는 도입부가 지루한 자기도취의 서막인지 불안한 것이다. 세상에 대해, 자기 직업에 대해 엿먹으라는 식의 막말을 감추지 않는 이 직설화법이 바로 영화 〈공공의 적〉이 감추고 있는 칼날이다. 강철중은 경찰이라는 제도에 무심하며 그 자신이 제도가 되려 한다. 아무리 서슬이 시퍼런 강력반 반장이 새로 부임해도 그는 눈 하나 깜짝하지 않는다. 경찰 감찰반에서 날카롭게 자신의 전횡을 감시하고 있어도 콧방귀만 뀐다. 이 가공할 윤리의식의 마비는 연쇄적인 순환회로의 흐름을 타고 있다. 그리고 상사는 그런 그의 행각을 알면서도 눈감아 준다. 강철중의 악은 개인의 악이 아니라 제도의 부패에서 묵인되고 보호되는 그런 악이다.

매사에 심드렁하며 세상을 포기한 듯한 태도의 주인공은 한국 형사 영화의 계보에서 보기 드물었던 악질 형사의 면모를 갖추고 있다. 이 악질 형사가 자신보다 더한 악질 살인범을 만났을 때 비로소 이 영화의 윤리적 잣대를 희롱하는 리트머스 시험지의 색깔이 드러난다. 아벨 페라라Abel Ferrara의 전설적인 영화 〈악질 형사Bad Lieutenant, 1992〉에서 하비 카이틀Harvey Keitel이 맡았던 뉴욕의 악질 형사가 수녀를 강간하고 살해한 사건에서 마비된 자신의 윤리의식을 놓고 구원의 게임을 벌였듯이 강철중은 이성재가 연기하는 희대의 살인마 조규환을 잡는 게임을 놓고 자신과 내기를 건다. 그가 몽롱한 어조로 중얼거리듯이 비논리적인 동어반복을 횡설수설 늘어놓으며 희대의 살인마가 저지른 패륜의 부도덕함을 후배 형사에게 설교할 때 그는 한 번도 자신의 머리로 논리화하지 않았던 윤리 감각을 스스로 주입시키고 있는 듯이 보인다. 사실 형사 강철중과 살인마 조규환은 동류의 인간이다. 고급 엘리트 증권 브로커 조규환은 세상이 자기 마음대로 움직여 주지 않을 때 행하는 간단한 해결책을 알고 있다. 폭력으로 상대를 제거하는 것이다. 식당에서 자신의 옷을 더럽히고 미안한 표시를 충분히 하지 않은 상대에게, 또는 거리에서 추돌 사건을 일으킨 상대가 자신을 비난할 때 그가 하는 대응은 간단하다. 상대를 죽이는 것이다. 그건 형사 강철중의 행동 양식과 똑같다. 강철중은 수사가 자기 마음대로 되지 않을 때 무작정 쳐들어가 답변을 받아내려 한다. 폭력으로 해결할 수 없는 상황이 됐을 때 그는 거의 광기의 한복판에 서 있는 것처럼 보인다. 영화에 곧잘 나오는 액션 장면에서 무소불위의 영웅처럼 보이는 강철중은 합리적인 수사 과정에서 법의 무력감을 실감할 때 거의 미친 인간처럼 보인다. 하지만 그는 조규환과 똑같은 방식으로 그를 응징할 수 없다는 사실에 격분한다.

뜻밖에도 동류의 인간끼리 부딪치는 이 강력한 캐릭터 드라마는 그쯤해서 조금씩 블랙 코미디의 때깔을 입힌다. 불균질한 형사 액션 영화의 틀을 취한 〈공공의 적〉이 거두절미하고 아무런 설명 없이 블랙유머의 정서를 끄집어내는 것은 법의 제도를 초월한 두 사람의 심리적 에너지를 극단적으로 묘사하고 있기 때문이다. 이 영화에서 가장 강력한 불꽃이 튀는 장면은 강철중이 비오는 밤에 잠복근무를 서다 급한 용변을 거리에서 해결한 후 살인을 저지르고 나온 우비 입은 조규환과 처음으로 마주치는 장면이다. 야생동물처럼 도시 주택가의 복판에서 생리작용 처리를 위해 웅크리고 앉은 강철중과 우아하게 살인의 스타일을 스스로 음미하는 듯이 보이는 조규환의 교차 편집은 이 두 인간이 한국 자본주의 사회를 살아가는 두 표정의 한 얼굴임을, 약육강식의 정글을 폭력으로 돌파하는 야생동물임을 일깨운다. 그 장면에서 강철중은 오로지 자신의 용변 뒤처리를 매끄럽게 하지 못하게 만들었다는 이유로 조규환을 해치려 들지만 거꾸로 그에게 폭력 세례를 받는다. 칠흑 같은 밤에 벌어지는 이 대결 장면은 이 영화의 핵심이다. 그 대결 에너지, 두 야생동물의 대결 에너지에서 풍자를 위한 이야기의 맥락이 준비되는 것이다.

야생동물의 행각을 논리적으로 추론하는 것은 의미가 없다. 이를테면 그날 밤 있었던 첫 대결의 흔적은 다음 날 살인 현장의 증거품 채취 자료에서 강철중의 인분이 묻어 나오는 것으로 마무리된다. 국립과학수사 연구소의 담당자는 부하 직원에게 묻는다. "이걸 어떻게 해석해야 하나?" 현장 감식의 중요성을 무시한 형사의 착오라고 둘러대기엔 논리적인 이유가 서지 않는 이 상황은 곧 넓게 보아 강철중과 조규환의 대결 드라마를 둘러싼 경찰 제도와 사회의 비이성적인 분위기에 대한 코멘트이기도 하다. 강철중이 막무가내로 조규환을 잡아다 취조할 때 조규환은 주위에 사람이 없는 것을 알고 은밀히 속삭인다. "내가 사람을 죽였다고 치자. 사람이 사람을 죽이는 데 이유가 있다고 생각하나?" 강철중은 그의 말을 논리적으로 접수할 수가 없다. 그의 분노는 곧 관객의 분노이기도 하지만 넓게 보아 강철중 그 자신의 부도덕한 형사 행각으로 되돌아 날아가는 화살이기도 하다. 어떤 행동에도 이유를 달 수 없는 비이성적인 상황에서 이 영화는 비이성적인 행위의 연속으로 사건 전개와 캐릭터를 설명하는 장치로 풍자적인 웃음을 자아낸다. 강철중이 사건을 논리적으로 설명하는 데 한계를 느낀 단락에선 엉뚱한 사람들이 해결의 물꼬를 터 준다. 우습게도 연쇄살인 사건의 단서를 가장 잘 설명해 주는 이들은 강철중이 잡아넣을 뻔한 칼잡이와 마약거간꾼이다. 이들은 국립과학수사 연구소에 강철중과 함께 죽은 시체를 살펴보는 자리에서 서로 자신의 이론이 옳다고 한바탕 설전을 벌인다. 그 앞선 장면에서 살인 사건 용의자로 잡혀 들어 왔던 칼잡이는 어떤 칼을 썼을 때 어떤 치명적인 상처를 입힐 수 있는지를 칼의 형태에 따라 자세히 설명한다. 합리적인 추론은 경찰이 아니라 거꾸로 범죄자들의 세계에서 이뤄지고 있는 것이다.

〈공공의 적〉의 후반 단락에서 강철중과 조규환의 대결 드라마는 절정으로 치달으며 이들은 자기들만의 싸움으로 대미를 장식하려 한다. 때려도 좀처럼 쓰러지지 않는 상대의 괴력을 실감하면서 상대가 죽을 때까지 주먹 대결을 벌이는 것이다. 그건 이 무지막지한 캐릭터 드라마가 논리적으로 닿을 수 있는 결말이다. 악이 제거됐을 때 강철중은 이제 스스로 사회의 모든 공공의 적을 제거할 수 있는 명예 자격증을 얻었다고 생각한다. 관습적인 장르 영화의 외피를 취한 희극적인 결말부에서 〈공공의 적〉은 돈 시겔Don Siegel의 〈더티 해리〉와 아벨 페라라의 〈악질 형사〉를 떠올리게 하는 외피를 벗어던지는 자기만의 정서를 화면에 깔아 놓는다. '내가 곧 법이다'를 외치는 강철중은 파시스트 더티 해리를 떠올리게 하지만 그에게는 스스로 법이 될 만한 강력한 이성의 권능이 없다. 그는 주먹으로 좌충우돌 자신의 내면에 자리한 악의 또 다른 얼굴인 사회의 범죄자들을 찾아내는 일종의 광인이자 기계다. 그에게는 또 자신의 타락보다 더한 사회의 윤리적 악에 절망하는 〈악질 형사〉의 죄책감도 없다. 그는 자신의 악당 기질로 또 다른 악당을 물리치러 나가는 희화화된 영웅이다.

〈공공의 적〉으로 강우석이 자기가 다룰 수 있는 장르 규범을 세련시키는 길을 발견했다고 느낀 이들에게 당혹감을 준 것은 〈공공의 적〉의 속편인 〈공공의 적2〉였다. 이 영화는 선인과 악인의 대결을 정공법으로 담는다. 옛날 영화 식으로, 세상은 좋은 사람들 편이라는 믿음을 갖고 권선징악의 결말로 치닫는다. 결국은 주인공이 이긴다는 것, 이 믿음을 확인시키기 위해 〈공공의 적2〉는 2시간 20여분의 상영시간을 끌고 간다. 어느 모로나 고색창연한 권선징악의 영웅담이지만 강우석의 시대착오적인 믿음은 현대 영화가 오랫동안 잃어버린 믿음의 재생이다. 냉소적인 반 영웅이 현대 영화의 대세가 된 것도 이미 수십 년이 지난 시점에서 강우석은 새삼스레 정의는 승리한다는 믿음을 입에 달고 사는 검사 강철중을 등장시킨다. 분노의 표현과 독을 품은 연기에 특히 흡입력을 발휘하는 설경구는 자기 내부의 악한 본성에 대해서는 애초부터 크게 근심할 것이 없는 평면적인 주인공을 맡아 애매한 경계를 넘나들고 있다. 그는 너무 단순하다. 상사들에게 더 열심히 일하겠다고 치받고, 골치 아픈 사건을 도맡고, 누구나 불가능하다고 여기는 덩어리가 큰 사건에 덤벼드는 그는 정의로운 돈키호테 같은 인물이다. 그에게 너무 큰 목표의 짐을 지워 놓고 〈공공의 적2〉는 일사천리로 나아간다.

　절대적인 선인과 악인의 캐릭터를 내세우고 오로지 그 두 사람의 대결만을 담는 이 영화의 상당수 전개는 단순하다. 영화의 대다수가 대화 장면으로 채워져 있다. 쉼 없이 등장인물들이 대사를 쏟아내는 매 장면에서 실제로 말은 공허하게 화면 밖으로 흘러간다. 우리가 미리 짐작할 수 있는 대로 이것은 타락한 현실에서 정의로운 돈키호테를 꿈꾸는 우리의 판타지를 충족시키려 드는 대중 영화다. 선한 의지로 사는 사람들의 행동이 실은 이 세상을 아주 망가뜨리지 않게 하는 데 일조하고 있다는 믿음 같은 것 말이다. 그건 오래전부터 닳고 닳은 대중 영화가 하도 써먹어 누구에게도 호소력을 발휘할 수 없는 거짓 위로가 된 믿음이다. 그러므로 〈공공의 적2〉는 세상에 대한 지식을 재생산하는 그런 영화가 아니다. 이 영화를 보고 난 후에도 검사들의 일상적인 삶이나, 이 사회에서 부당한 방법으로 재산을 가로채고 빼앗는 타락한 부자들의 삶에 관해서는 크게 따로 알아낸 것이 없다는 느낌을 받는다. 대신 이 영화는 처음부터 끝까지 두 남자의 대결 에너지를 담는다. 나쁜 놈과 더 나쁜 놈의 대결이었던 〈공공의 적〉에 비해, 이 영화는 좋은 놈과 나쁜 놈의 대결을 담는다. 강철중은 우직하고 그의 적 한상우는 사악하다. 자기 내부의 악을 인식하지 못한 채 자기보다 더 악한 사내의 행동에 절망한 〈공공의 적〉의 형사 강철중이 희극적인 인물이라면, 〈공공의 적2〉의 강철중 검사는 영화 속에 자주 되풀이되는 대로 '법은 최소한을 위해 있는 것'이라는 믿음을 배반하는 나쁜 놈에게 절망하는 착한 놈이다. 이런저런 잡범들에게 강철중은 말한다. "너희들은 공공의 적이 아니야. 그냥 나쁜 놈일 뿐이야." 강철중이 분노하는 것은 그냥 나쁜 놈이 아니라 최소한이라는 법의 공공규칙의 그물에서 빠져나가는 힘 있는 자들 쪽이다. 정치와 금력이 맞물려 돌아가는 그 거대한 풍차 바퀴에 맞서 이 별다른 무기도 없는 돈키호테는 돌진하기만 한다.

세상에 대한 지식을 생산하거나 재생산하지는 않지만 〈공공의 적2〉는 바로 그 강철중의 돌진하는 에너지를 관객에게 전염시킨다. 강철중과 한상우의 대화를 비롯해 강철중이 주변 사람들과 나누는 대화의 상당 부분의 본질은 대결 의식으로 채워져 있다. 그는 자신을 이해하지만 적당히 현실타협적인 입장을 취할 수밖에 없는 부장검사와도 늘 웃으며 싸운다. 정계와 끈이 닿아 있는 한상우와 싸우는 것이 만만치 않다는 걸 실감하면서 강철중은 검찰 조직 내부의 다른 상사들과도 대결한다. 강철중이 유일하게 휴식할 수 있는 공간은 동료 수사관들과 함께 지내는 그의 사무실이다. 남자들의 그런 가족 같은 공동체를 벗어났을 때 강철중에게 남는 의무는 오로지 대결뿐이다. 이 대결의 에너지를 강우석은 매우 전통적인 나눠 찍기 방식으로 담는다. 강철중이 뭐라 말을 하면 상대가 말을 받고, 다시 그 말을 되받는 강철중의 모습을 보여 주는 식이다. TV 드라마처럼 단순한 이 구조는 실은 가장 찍기 힘든 구조이기도 하다. 스크린에서 그 감정은 브라운관처럼 슬렁슬렁 넘어가지 않는다. 매번 강점의 방점을 찍고 넘어가게 만드는 그 타이밍과 응집력 면에서 강우석은 〈공공의 적〉에서 보여 준 연출력을 다시 한번 해 보인다. 인물이 있고 카메라가 있다. 인물은 연기하고 카메라는 담는다, 그리고 그걸 이어 붙인다는 영화 교과서의 가장 소박한 원칙에 별다른 수식을 붙이지 않으면서 〈공공의 적2〉는 상당한 에너지로 끝까지 나아가는 것이다.

하나의 벽을 넘으면 다른 벽이 나오는 강철중의 고뇌를 통해 이 영화는 투박한 선악 구도 속에 선이 승리한다는 믿음이 얼마나 지난한 것인지를 집요하게 밀어붙인다. 영화 중반, 한상우의 힘에 밀려 좌절한 강철중이 부장검사의 숙소를 찾을 때 부장검사는 불어터진 라면을 먹으려 하고 있다. 그 라면을 빼앗아 먹으며 강철중은 부장검사의 불우한 가족사를 얘기한다. 바닥까지 탄 냄비에 눌어붙은 라면 줄기를 먹으며 오가는 두 사람의 대화는 그들의 소박한 정의감이 대면해야 할 고단한 세상을 빙 둘러 가리킨다. 강철중이 의도된 명랑함을 거두고 소리 내어 꺼이꺼이 울 때, 한상우와 대결하고 싶다고 어린애처럼 울 때, 빈 냄비의 탄 바닥을 설거지하고 있던 부장검사는 숟가락으로 냄비 바닥을 신경질적으로 긁어내며 강철중의 분노에 공감한다. 단순하게 보이는 이것이 실은 틀에 박힌 장르 규율에 충실한 영화가 백년을 넘게 재생해 온 해피엔딩의 규칙이다. 시작부터 끝까지 〈공공의 적2〉에는 새로운 것이 하나도 없다. 실제로 〈공공의 적2〉에는 대충 찍은 듯한 장면과 의무적으로 다음 상황을 위해 억지로 밟고 가는 징검다리처럼 처리된 장면들이 숱하게 있다. 어린 시절 회상으로 시작하는 초반부는 상투적이고 진부하며, 강철중 검사와 그의 손발 같은 수사관의 우정을 묘사하는 대목도 심상하기는 마찬가지다. 뜻밖에도 이 영화는 우리가 검사라는 직업에서 기대할 수 있는 생활의 디테일이 별로 없다. 대다수가 공공 사무실을 배경으로 찍힌 장면들은 단조롭다. 그리고 그 단조로운 장면들의 상당수가 정의와 윤리를 논하는 대사로 채워진다.

이 영화에는 사건 경과의 흐름을 보여 주는 흔한 몽타주 시퀀스 하나 없다. 불규칙하게 끼어드는 음악은 전혀 영화 속 감정의 흐름을 일관되게 만드는 데 도움을 주지 못한다. 드물게 슬픈 정조를 자아내는 대목에서도 감정은 서둘러 다음 장면으로 넘어간다. 영화는 한상우와의 대결에서 끝장을 보길 바라는 강철중의 초조한 심리에 맞춰 한시 바삐 앞으로 내달리려는 듯한 강박에 차 있다. 강우석은 최소한으로 꾸며진 화면에서 오로지 등장인물의 감정에만 초점을 맞춘다. 카메라 움직임으로 등장인물의 기운을 드러내는 대목도 없다. 그는 수식에 서투르거나 관심이 없는 감독이다. 어쩔 수 없이 많은 대사에 의존하면서도, 액션 장면을 비롯한 상당수 장면들이 상투적이면서도 〈공공의 적2〉는 바로 결정적인 순간에 드러나는 인물들의 감정을 통해 애당초 투박했던 선한 의지에 대한 믿음을 폭발적으로 쏟아낸다. 또 하나의 예를

146

들자면, 영화 말미에 심경 변화를 일으키는 한상우의 오른팔 격인 부하의 취조 과정에서 사태의 전말을 알게 된 그 부하가 보이는 행동이다. 그는 취조하던 강철중이 자리를 비운 사이에 자기 자리 앞에 놓인 설렁탕을 허겁지겁 먹는다. 모든 것이 끝났다는 체념이 왔을 때 그가 느낀 것은 식욕이다. 그때까지 그를 사로잡고 있었던 허다한 욕심이 체념과 더불어 밥을 먹고 싶다는 아주 원초적인 행동으로 나타난다. 그는 아귀처럼 밥을 먹는다. 슬렁슬렁 넘어가는 듯이 보이는 곳곳에서 이렇게 등장인물의 결정적인 감정을 짚어내는 이 영화는 무모하게 단순화된 이분법적 세상관을 갖고 그래도 세상은 나아질 수 있다고 외치는 미련한 영화지만 동시에 굉장한 에너지를 갖고 있는 세공 솜씨로 관객에게 그 마음을 전염시키는 뚝심을 보여 준다. 영화 속 한 장면에서 한상우는 자신의 주먹에 나가떨어진 강철중이 흐느적거리며 오뚝이처럼 일어나자 "일어나지 마라. 이 미련한 놈아"라고 말한다. 그렇지만 강철중은 일어난다. 이 평범한 장면은 〈공공의 적2〉의 모든 것을 요약해 준다.

예산에 비해 둔탁한 빛의 질감과 프로덕션 디자인의 낙후성을 감추지 못하는 강우석의 영화는 1980년대 말에 감독으로 데뷔한 그의 이력과 무관하지 않다. 그는 영화적 프레임의 관능을 중시하는 풍토에서 연출을 익히지도 않았고 현장에서 정해진 예산으로 빠르게 영화를 찍는 법을 배웠다. 그가 영화적 앵글을 자기만의 호흡으로 비로소 접수한 듯이 보인 것은, 특히 클로즈업 효과의 강렬함 면에서 〈공공의 적〉 때부터였다. 〈실미도〉에서도 그랬고 〈공공의 적 2〉에서도 그의 클로즈업이나 대화 장면 연출은 TV 드라마의 상투형을 넘어서는 간결한 인상이 진했다. 누아르 분위기가 강한 원작 만화를 스크린에 옮긴 〈이끼〉에서도 그는 빛을 다루는 데 무심한 자신의 연출 스타일을 고수했고 대신 몇몇 인상적인 배우들의 결정적 순간을 담아냈다. 강우석의 영화들은 그가 충무로에서 익힌 영화적 어법과 로컬리티를 살린 기획의 장점을 보여 준 최후의 사례였다.

〈공공의 적1〉
강우석 감독

흥행사와 작가의 갈림길에 있었던 강우석

강우석 감독이 한때 『씨네21』의 '영화계 파워 50인' 설문 조사에서 부동의 1위 자리를 고수하던 시절 그에게는 적이 많았다. 그가 운영하는 영화사 시네마서비스에서 프리머스 극장 체인을 설립할 때 그는 특히 패권주의자라는 악명을 들었다. 강우석은 늘 자신만만했고 외부인들에게는 그런 그의 모습이 오만하게 비쳤다. 『씨네21』 기자 시절 나는 강우석에게 닌자 같은 존재였다. 어쩌다 마주칠 때면 나는 그가 보이는데 그는 나를 보지 못하는 것 같았다. 그 시절 강우석의 영화에 대한 나의 평가는 '유머는 있지만…', '대중성은 있지만…'과 같은 입장이었다. 〈공공의 적〉을 보고 마침내 강우석의 영화를 인정하기 시작했고 그도 나를 눈에 보이는 평자로 받아들였다. 〈한반도〉 개봉 때 그에게 언짢은 비판을 했으나 그는 순순히 받아들였다.

아직 대기업이 촬영 현장의 숟가락 하나까지는 재지 않던 시절, 강우석의 투자자로서의 면모는 호탕한 바가 있었다. 천만 흥행작 〈왕의 남자〉나 칸 영화제 수상작 〈취화선〉도 남들 눈에 무모해 보이는 그의 투자 결단이 아니었으면 세상에 나오지 못했을 것이다. 사석에선 그가 알리지 않았던 미담도 곧잘 들을 수 있었다. 강우석이 정신적 스승으로 모시는 이장호 감독은 경제적 형편이 어려웠을 때 아예 강우석의 이름을 대면 공짜로 먹을 수 있는 전용 식당이 있었고 급전이 필요할 때 강우석에게 SOS를 치면 군말 없이 목돈이 입금됐다고 말했다. 신상옥 감독이 돌아가셨을 때 아무도 모르게 거액의 장례비를 쾌척한 일화도 있다. 지금은 잘나가는 모 제작자는 연이은 흥행 실패로 사면초가에 몰렸을 때 강우석 감독이 주식을 주면서 잘 갖고 있다가 아이들 교육비로 쓰라고 했다는 말을 전하면서 눈물을 쏟기도 했다. 인간적 의리를 중시하는 이런 면모 때문에 2000년대 중반 한때 국내 최고의 투자배급사였던 시네마서비스 사세가 줄어든 측면도 있을 것이다.

한국 영화계를 충무로라는 고유명사로 치환했던 시절부터 현장에서 잔뼈가 굵은 강우석의 현장 지휘는 빠르고 효율적인 것으로 유명하다. 그의 촬영 현장을 몇 번 방문한 적이 있는데, 늘 해가 지기 전에 그날의 촬영분이 끝났다. 그는 촬영을 마치면 배우들과 주요 스태프들을 데리고 어딘가 정해 놓은 맛집에서 굵고 짧게 회식을 가진 다음 숙소로 돌아간다. 피터 보그다노비치Peter Bogdanovich가 연출한 존 포드에 관한 다큐멘터리 〈디렉티드 바이 존 포드Directed by John Ford, 1971〉를 보면, 존 포드가 모뉴멘트 밸리에서 서부극을 촬영할 때 4시나 5시에 촬영을 마무리하고 매일 밤 캠프파이어를 즐겼다는 일화가 나온다. 제작부는 촬영 준비만큼이나 매일 바뀌는 캠프파이어 놀이 메뉴를 정하는 것이 주요 일과였고 신선한 잔치 코스를 준비하지 못하면 존 포드는 매우 언짢아했다고 한다. 이 얘기를 강우석과 작업했던 배우와 사석에서 나눴더니 그의 답은 이랬다. "그건 강 감독님 현장과 똑같네요. 우리도 매일 그렇게 놀았어요."

촬영 현장의 작업 속도가 빨랐다는 것은 거꾸로 조명 세팅에 들이는 시간이 그만큼 짧고 신속했다는 뜻이기도 하다. 강우석의 영화는 빛에 둔감하고 이는 그의 영화가 낡아 보이는 원인이기도 했다. 그는 드라마의 줄기와 등장인물의 감정선만 살아 있으면 다른 것은 크게 개의치 않는 유형의 연출자다. 스태프를 자주 바꾸지도 않는다. 류승완은 그의 그런 성향에 대해 이렇게 말한 적이 있다. "강우석 감독의 영화에 대해 잘 지적되지 않는 부분이 있는데, 이준익 감독과 마찬가지로 그의 가장의식이 문제다. 그는 헤드스태프나 조단역 배우들을 웬만하면 늘 함께하던 충무로 사람들로 쓰려고 한다. 그 사람들의 생활까지 책임져야 한다는 가장의식이 그의 영화를 좀 낡아 보이게 한다." 강우석도 비슷한 말을 사석에서 한 적이 있다. "난 영화작업이 잔치 같은 것이어야 한다고 생각한다. 늘 친하게 지내던 사람들과 즐겁게 영화 찍으면서 작업이 끝나면 맛있는 것도 먹고 서로 격려하면서 살아가는 즐거움을 느끼게 하는 것, 그 재미가 없으면 영화 할 이유가 없다."

강우석의 영화는 늘 옛날 미국 영화의 무구한 오락적 가치를 떠올리게 하지만, 그에게는 아직도 작가와 흥행사의 이분법적 구도가 뇌리에 남아 있는 것 같다. 〈공공의 적〉 1편과 〈이끼〉는 그에게 전환점이 되는 작품이었으나 그때마다 그는 좀 더 흥행성이 두드러지는 기획으로 선회하곤 했다. 그가 흥행의 화두로 삼는 것은 코미디와 비극이며 그는 그두 가지 방향성을 놓고 갈등한다. 그를 한국 제일의 흥행 감독으로 만들었던 〈투캅스〉는 그가 돌아가고 싶은 기획의 원형이고 당대 흥행 기록을 세웠던 〈실미도〉에서의 신파적 파토스 역시 그가 되새기고 싶은 영화적 정서의 원형이다. 〈이끼〉 이후 〈글러브〉, 〈전설의 주먹〉이 기대에 미치지 못한 흥행 성적을 낸 후 강우석이 야심적으로 매달린 〈고산자〉는 그의 영화들 가운데 가장 촬영이 돋보인 영화였다. 덕분에 영화계 사람들을 놀라게했지만, 동시에 흥행이 가장 안 된 영화들 가운데 한 편이기도 했다. 〈고산자〉는 새 영화를 앞에 두고 모든 것을 〈투캅스〉와 〈실미도〉의 재현으로 압축해 기획하는 강우석의 무의식을 실현하고 싶었던 결과물이자 선한 민주주의자의 위인적 성향에 존경을 표하고 싶었던 좌익적 계몽주의의 산물이었다.

그 자신의 지향과는 별개로 〈고산자〉는 강우석이라는 감독이 자기 좌표를 다시 세울수 있는 유능한 감독이라는 걸 알려 주는 단서들이 적지 않은 영화였다. 이 영화에서 계속묘사하고 있는 것은 자신의 위치를 알 수 있는 어떤 실마리도 없는 장소에서 목적지를 향해 걸음을 내딛으며 자기가 할 수 있는 최선을 다해 최대한의 정보를 모으는 과정에 서 있는 인간의 모습이다. 달빛이 비치고 별이 빛나는 하늘을 보며 사소한 것들의 성장을 지각할 수 있는 능력자로서의 김정호의 모습은 전형적인 플롯과 인물 구성이 잊힌 뒤에도 생각날 수 있는 진한 인상을 준다. 영화 속 여러 풍경 장면들과 함께 이런 것을 만들어 낼 수있는 것이 강우석 자신의 영화감독으로서의 본성일 것이다.

5장

의식이 장르가 될 때

블록버스터, 역사,
로컬리티를 중심으로

스펙터클한 쾌감의 정체

한국 영화계가 블록버스터라는 장르 합성어를 받아들인 것은 1990년대 말이었다. 전통적인 스튜디오 시스템이 무너진 할리우드가 대기업의 자회사로 운영되면서 마케팅을 먼저 염두에 두고 영화를 기획하는 풍조가 정착된 것처럼 한국 영화계도 대기업의 투자를 받으면서 크게 투자할수록 크게 번다는 정책을 신봉하기 시작했다. 그렇지만 이 블록버스터란 말의 쓰임새가 '한국형'이라는 수식을 달고 시작했다는 다소 변칙적인 시초에서, 이 말은 글로벌 표준에 대항하기 위한 한국 영화만의 로컬리티를 부각시키려는 전술적 표현임을 눈치챌 수 있다. 블록버스터란 말이 처음 쓰인 것은 1998년에 나온 박광춘의 〈퇴마록〉 포스터였다. 당시까지 대중에게 낯설었던 심령 주술 공포 영화였던 〈퇴마록〉은 비주류 장르가 받을 대중의 무관심을 염려한 나머지 화면 때깔과 특수효과 기술로 신기한 구경거리를 담은 블록버스터임을 내세웠다. 비록 그 포장술은 성공하지 못했지만 다음 해에 나온 〈쉬리〉는 블록버스터 바람을 일으켰다.

그렇지만 한국형 블록버스터란 말은 사실 과대망상에 가까운 표현이었다. 〈퇴마록〉은 그 당시 24억 원가량의 제작비로 만들어졌다. 〈쉬리〉역시 순제작비 30여억 원에 근접한 돈으로 만들어졌다. 애초에 이가 없으니 잇몸으로 대들었던 블록버스터 바람은 영화계에 만연한 블록버스터 정서와 비례해 한국 영화의 평균 제작비를 올리기 시작했다. 기념비적인 '예술 대작' 〈성냥팔이 소녀의 재림〉이 마케팅을 포함해 100억 원에 육박하는 제작비를 기록한 이래 할리우드라는 부잣집 아들에 대한 콤플렉스를 지닌 한국 영화는 실제로 점점 부잣집 아들의 흉내를 냈다. 그사이 관객은 기억에서 사라진 대작 영화의 목록을 한 움큼 갖게 됐다. 〈단적비연수〉, 〈튜브〉, 〈내추럴 시티〉, 〈2009 로스트 메모리즈〉, 〈아 유 레디〉 등 블록버스터를 표방한 많은 영화들이 시장에서 나동그라졌다. 그 영화들은 모두 '한국형' 블록버스터의 수준을 증언했다.

그사이 진짜로 엄청나게 빨리 변한 것은 한국 영화의 제작, 배급, 유통 주기였다. 한국 영화는 서서히 할리우드식 제작, 배급, 상영 시스템을 닮아 갔다. 스타에 의존한 상품을 대량 마케팅 공세에 기대어 대규모 배급망을 통해 '히트 앤 런' 식으로 개봉하는 것이다. '크기가 중요하다'는 메시지는 영화 자체의 규모뿐만 아니라 영화가 유통되는 규모를 가리킨다. 대작일수록 극장을 점령하는 범위가 넓어진다. 도심에서 변두리까지 점령군처럼 의기양양하게 포진한 대작 영화를 보면서 우리가 나누는 것은 동시대의 거대한 스펙터클을 함께 즐긴다는 포만감이다.

블록버스터란 말은, 마치 심형래의 〈용가리〉가 그랬던 것처럼, 대중에게 할리우드식 판타지를 자국산으로 소비할 수 있다는 검증되지 않은 쾌감을 준다. '문제는 크기다'라는 할리우드 블록버스터 〈고지라〉의 유명했던 카피는 〈용가리〉가 언론과 대중에 크게 부각되는 알맹이이기도 했다. 〈용가리〉는 〈고지라〉 못지않은 대작이자 〈고지라〉 못지않게 해외 흥행 실적을 겨눌 것 같은 한국산 판타지 자신감의 상징으로 비쳤기 때문이다. 이는 〈타이타닉〉을 누른 〈쉬리〉에도, 그 〈쉬리〉를 누른 〈공동경비구역 JSA〉에도, 홍콩 무협을 대체할 것으로 선전된 〈비천무〉에도, 〈분노의 역류〉를 의식한 것이 분명한 〈리베라 메〉에도, 그리고 〈라이언 일병 구하기〉 못지않은 전쟁 블록버스터로 소비된 〈태극기 휘날리며〉에도 적용되는 공식이다. 여기 한국산 블록버스터가 있다,라는 할리우드 못지않은 판타지의 쾌감과 스타 파워와 테크놀로지와 장르 공식이 있다는 것을 과시하는 상표인 것이다.

스펙터클에 대한 한국 영화계의 망각을 되살린 것은 강제규의 〈쉬리〉였다. 이 영화는 한국 영화에도 블록버스터가 가능하다는 확신을 관객에게 심어 줬다. 순제작비 30억 원에 불과한 규모로 만들어졌는데도 이 영화에선 남북한 첩보원들이 관중이 대규모로 운집한 잠실운동장에서 추격전을 벌이고 서울 도심 한복판에서 집단 총격전이 일어나는 장면이 연출된다. 그건 할리우드와 홍콩 영화에서나 볼 수 있었던 스펙터클이었다. 영화사의 변방 한국에서 현대 상업 영화의 총아인 블록버스터 장르가 만들어질 수 있다는 민족적 감격은 전후 최고 흥행 기록을 경신하는 결과로 이어졌다.

하지만 여기서 할리우드를 따라잡으려는 한국 영화의 기이한 역설이 생겨난다. 한국형 블록버스터는 모두 할리우드와는 거리가 먼 지역색을 드러내는 것일수록 성공했다. 〈쉬리〉는 남북한의 첩보전을 소재로 한 액션 영화라기보다, 남한 남자와 북한 여자의 멜로드라마에 가까웠다. 〈쉬리〉의 주인공은 유중원(한석규)이지만 흥미롭게도 그는 드라마의 축을 운반하는 주된 캐릭터가 아니다. 유중원은 사회를 위협하는 악당과 대결해 사회를 위협에서 구하는 고전적인 영웅이나 액션을 능동적으로 수행하는 행위자가 아니다. 그를 움직이는 동기가 있다면 그것은 목표의식이라기보다는 '악몽'에 따른 것이다. 〈쉬리〉에서 이방희와 북한 8군단의 파괴 공작은 사회를 위협하지 않는다. 아니, 위협하지 않는다기보다는 영화에 충분히 묘사돼 있지 않다. 관객은 위협받는 사회의 구성원으로서 북한 공작원의 테러에 맞서는 유중원의 행위를 조마조마한 심정으로 지켜본다기보다는 유중원 개인의 심리를 압박하는 악몽의 강박감을 엿보며 영화 속 액션을 즐긴다. 영화 초반부에서 이방희가 자신을 살해하는 꿈을 꾸고 식은땀을 흘리며 깨어난 유중원은 이방희의 존재 때문에 위협을 느낀다. 북한 8군단의 대장 박무영(최민식)의 위협도 유중원에겐 잊을 수 없는 악몽이다. 유중원은 예전에 박무영과의 대결에서 그를 놓친 적이 있다. 유중원의 꿈과 플래쉬 백은 모두 유중원이 느끼는 심리적인 압박감을 보여 준다.

〈쉬리〉는 남북한의 첩보전을 소재로 한 액션 영화이기보다, 드라마의 내밀한 리듬 운용 면에서 오히려 멜로드라마의 수사학에 가깝다. 유중원은 히

치콕의 〈현기증〉에서 현기증에 시달리는 스코티고 이방희/이명희는 매들
린/주디다. 공적인 영역에서 사회의 안전을 지키기 위한 유중원의 액션이 벌
어지고 사적인 영역에서 북한 첩보원 이방희와의 로맨스가 벌어지는 할리
우드 장르 공식을 취하고 있다고 해도 실질적으로 감정을 실어 나르는 쪽은
강박적인 로맨스다. 여기서 북한군의 관제화된 이미지에서 차이를 끌어내
는 이 영화의 기묘한 감정적 화학반응이 일어난다. 영화 초반의 북한 8군단
훈련 장면에서 이방희는 살인 기계였다. 그 이방희가 성형을 하고 유중원에
게 나타나 사랑하는 연인 이명희로 바뀌었을 때, 마치 성형 수술한 얼굴의 보
이지 않는 실밥처럼, 관제화된 북한군의 이미지가 사랑스러운 여인의 이미
지로 바뀐 후에 사랑 때문에 고뇌하는 인간적인 첩보원의 초상으로 올라서
는 것이다. 〈쉬리〉의 유중원을 연기하는 한석규가 액션 영화의 주인공이 아
니라 멜로드라마의 주인공으로 보이는 것은 그래서 이유가 있다. 그는 지구
상에서 가장 적대적인 국가에서 날아온 스파이와 사랑에 빠진 멜로드라마의
주인공이다. 〈쉬리〉의 매력은 바로 그렇게 블록버스터라는 검증된 주류 영
화의 상품이 과거에 불온시된 이데올로기의 완고한 장벽을 살짝 넘은 곳에
있는 것이다. 한국의 대표적인 멜로드라마 스타 한석규의 스타 이미지가 북
한 여자 첩보원과의 로맨스에 불려 나온 것이다.

　박찬욱 최초의 상업적 성공작인 〈공동경비구역 JSA〉도 대중 영화의 쾌감
을 한국의 역사적 특수 상황과 접합시킨다. Joint Security Area라고 불리는
공동경비구역, 판문점에서 벌어진 총격 사건을 담으면서 이 영화는 미스터
리 영화인 척 위장하면서 코미디를 풀어놓다가 비극으로 매듭된다. 〈공동경
비구역 JSA〉의 중반부가 코미디가 되는 것은 바로 위반의 쾌감, 금기시된 기
존 이념의 벽을 경쾌하게 넘나들기 때문이다. 판문점에서 초소 경비를 서다
가 마음을 나눈 영화 속 남과 북의 젊은이들에게 누군가가 인위적으로 그어
놓은 금, 남과 북을 가르는 금은 의미가 없다. 그것은 그러니까 웃기는 짓이

다. 판문점의 돌아오지 않는 다리에 처진 금을 개인적으로 넘는 것은 아무것도 아니지만, 웃기는 짓이지만, 동시에 그 다리의 금이 처지게 만든 것은 반세기 이상 한 민족을 옥죄고 있던 끔찍한 억압의 끈이기도 하다. 금을 넘었다는 사실이 발각되면서 영화는 걷잡을 수 없는 비극으로 치닫는다.

스타 배우들이 남과 북으로 갈린 한반도의 정치지형을 놓고 희롱하는 쾌감, 이 대목에서 특히 북한군 오경필 중사를 연기하는 송강호의 연기는, 〈쉬리〉의 한석규가 그랬던 것처럼 안도감을 준다. 그는 강인한 겉모습 뒤에 실없이 착한 인간의 내면을 감춘 웃기는 행동과 말의 연기를 통해 뻣뻣하고 자기 영혼이 없는 인간이라는 관제화된 북한군 이미지를 마구 헤집는 해방감을 준다. 〈공동경비구역 JSA〉는 여러 번 되풀이되는 대사의 반복으로 점층적 효과를 내면서 '선'이라는 것의 희비극적 효과를 영화적인 기교로 뚫고 나가는 연출력도 갖추고 있다. 그것은 한국 영화가 오랫동안 건드리지 못했고 해결하지 못했던 영역을 상상으로나마 일시에 해방시키는 것 같은 쾌감을 준다. 선 하나를 사이에 두고 남과 북의 병사가 대치하고 있는 판문점에 미국인 관광객이 쓰고 있던 모자가 바람에 날려 떨어지는 장면이 초반에 나온다. 모자를 줍기 위해 그 금을 넘는 순간 그것은 국가보안법 위반이다. 모자를 주워 준 북한군 병사에게 고맙다고 말하면 그것은 적의 동조 고무 찬양죄에 해당한다. 웃을 수도 울 수도 없는 그 기존 이념의 단단한 압력의 무게를 이 영화는 선을 강조하는 여러 기교를 통해 때로는 웃음을, 때로는 쓴웃음을 짓게 만든다. 주인공 이수혁이 북측 초소로 건너가 놀고 있을 때 카메라는 원형 움직임으로 끊임없이 돌면서 이편과 저편의 대립적인 선이 아니라 끊어지지 않고 서로를 연결해 주는 움직임으로 우리 마음속의 그 어눌린 분단의 끈을 상상적으로나마 극복하는 즐거움을 전해 준다. 카메라의 원형 움직임이 조금씩 끊기고 화면 크기를 바꿔 가며 인물들을 잡기 시작하는 것과 드라마가 비극으로 넘어가는 징조는 아귀가 맞아떨어진다. 바로 그때 그 원형 움직임이 중단될 때, 등장인물을 불행으로 몰고 가는 비극의 대단원이 펼쳐지는 것이다.

　한국형 블록버스터라는 로컬 대작 영화는 할리우드 블록버스터의 수사학과 닮아 있는 듯하지만 실은 그렇지 않다. 〈공동경비구역 JSA〉과 〈쉬리〉는 분단의 정치학이라는 금기의 영역을 각자 멜로드라마 액션 스펙터클과 미스터리 코미디 비극의 호흡으로 풀었다. 혼성 장르의 영역이지만 대중의 감성에 소구한 부분 이면에 장르의 불균질한 이음새를 드러낸다. 액션 영화로서의 〈쉬리〉는 이편과 저편의 대결의 상당 부분을, 사랑하지만 적일 수밖에 없는 이쪽 편 내부의 로미오와 줄리엣 식의 심리적 갈등 구조로 치환시킨다. 〈공동경비구역 JSA〉은 미스터리 호흡을 취하고 있지만 그 미스터리의 매듭을 푸는 쾌감이 약하다. 관찰자의 전지적 시점은 판문점의 분단 대치선이라는 정치적 상황을 파고 들어가는 대신, 등장인물들의 위반의 놀이에서 일순간이나마 즐겼던 해방의 쾌감에 동참시킨다.

〈공동경비구역 JSA〉

역사적 사실을 영화의 재현 장치로 끌어들여 보여 주는 것이 불가능하다는 입장은 역사 재현 영화에 대한 오래되고 근본주의적인 것이다. 다큐멘터리 〈쇼아Shoah, 1985〉를 만든 클로드 란즈만Claude Lanzmann이 이러한 입장을 대표하는 인물이다. 영화 속 모든 것이 진짜인 것처럼 보여도 실제로 일어난 일은 어느 하나도 그것과 비슷하지 않다는 전제 아래 란즈만은 역사를 픽션화하는 것이 위선적이라고 비판한다. 란즈만은 홀로코스트 다큐멘터리 〈쇼아〉를 만들 때 일체 기록 영상이나 관련 자료를 보여 주지 않고 오로지 생존 인물들의 증언만을 기록했다. "재현에는 그 어떤 금지된 영역이 존재한다고 나는 진지하게 생각하고 있다. 〈쉰들러 리스트Schindler's List, 1993〉를 보면서, 나는 과거에 TV 드라마 〈홀로코스트Cannibal Holocaust,1980〉를 보고 느낀 점을 떠올렸다. 침범하는 것, 혹은 진부화陳腐化하는 것, 그것은 여기서 같은 말이다. 할리우드식의 TV 드라마나 영화는 '진부화'되어, 그럼으로써 홀로코스트의 독특한 성격을 폐기해 버리는 까닭에 침범 행위를 저지르는 것이다… 나의 느낌으로는 스필버그는 삽화를 넣은 〈쇼아〉를 만든 것이고, 〈쇼아〉에서 영상이 없는 곳에 그는 영상을 넣은 것이다. 영상은 상상력을 죽이고 쉰들러라는 적어도 이론의 여지가 있는 영웅을 통해 일시적인 위안을 주는 동일화를 허용하고 있다."[1]

대자본이 투입된 상업 극영화를 만드는 감독과 제작자들에게 영화는 있었던 그대로의 과거를 재현한다는, 또는 재현할 수 있다는 믿음을 대중과 나누지 않는다는 것은 불가능하다. 그들에게 남겨진 과제는 모든 역사적 사실을 인과관계에 따른 목적론 서사에 끼워 넣는 일이다. 한국의 대중 블록버스

1. Claude Lanzmann, 「Holocauste, la representation impossible」, 『le Monde』 1994.3.3

터 영화에서 역사적 기억=재구성의 장치는 나름대로 어떤 개성을 갖추고 있는 것으로 보인다. 한국 영화의 역사적 기억에 대한 재현이라는 문제를 다룬 논문에서 문재철은 '영화는 기억의 재현이자 봉쇄'이며 '그곳에서 과거는 현재로, 현재는 과거로 투사된다'고 정의한다. 문재철의 논지에 따르면, 포스트 뉴웨이브 세대(정지영, 박광수, 장선우 이후에 나타난 세대의 감독들)가 만든 영화들은 역사를 다룰 때도 장르적 관습에 의존한다. "이들 영화는 리얼리즘에서 벗어나 장르나 알레고리에 치중한다. 장르 영화가 보여 주는 클리셰cliches가 반복의 이미지라고 봤을 때 그 클리셰는 바흐찐이 말했듯이 '장르적 기억'의 통로다. 장르적 클리셰는 사회적 경험을 묶어 내고 소통시키면서 집단적 기억의 틀을 재구성한다."[2] 문재철은 이 재구성된 기억의 틀로 들여다본 사회적 경험을 해석하기 위하여 레이몬드 윌리암즈Raymond Williams의 '정서 구조' 개념을 끌어오고 그것이 현재의 모순과 위기, 혼란과 공백의 표현이자 그에 대한 강렬한 반응이라고 전제하며 그 정서 구조의 특징을 상실감과 우울, 애도, 향수 등의 정서 구조로 정의하고 있다.

대중 장르 영화에서 역사의 기억은 대부분 감정이입을 통한 과거의 재구성 방식에 기초한다. 이 재현 방식에 숨은 정서 구조의 특질은 당대 대중의 집단 무의식과 접속하는 어떤 꼴을 보여 준다. 역사적 트라우마를 다른 것으로 상쇄시키며 카타르시스 효과를 발생시키는 방식은 2000년대 이후의 한국 영화에서 다양하게 나타났다. 이를테면 블록버스터로 선전된 강우석의 〈실미도〉는 이 트라우마/카타르시스 봉합 효과의 극적인 시전이다. 독재자 박정희가 통치하던 1971년에 일어난 실제 '실미도 사건'은 영화보다 극적이다. 북한의 무장 공비들이 청와대를 기습했던 것에 대한 보복으로 중앙정보부가 비밀리에 추진했던 특수 부대원들의 북파 공작 프로젝트는 남북 관계가 화

---

2. 문재철, 「영화적 기억과 문화적 정체성에 대한 연구 - Post-Korean New Wave Cinema를 중심으로」, 중앙대학교 첨단영상대학원 제4회 박사논문, pp14-16

해 무드로 바뀌면서 폐기됐다. 인간 병기로 훈련된 부대원들은 국가 권력층으로부터 버림받고 대통령에게 호소하겠다는 단순한 일념으로 버스를 탈취해 청와대로 가던 중 대다수가 몰살당한다. 대략 이 정도 개요가 알려진 실미도 사건은 그 후 오랫동안 실체가 드러나지 않았다.

평양 주석궁에 침투하여 김일성의 목을 따오겠다는 일념으로 뭉쳐 전투훈련하는 실미도 부대원들과 교관을 보여 주며 국가의 일방적인 취소 결정으로 버림받은 그들의 좌절을 다루지만 이 영화는 전쟁을 비판하는 것도, 전쟁을 선동하는 국가 이데올로기를 응시하는 것도 아니다. 대신 국가 권력이 내린 명령을 따라 목숨을 걸었던 사내들의 좌절한 이야기를 담았으며 그것은 관객의 격한 정서적 반응을 끌어낸다. 그럴 수 있었던 주된 요인은 역설적으로 이 영화가 북파 공작에 동원된 이들의 갈등과 좌절만을 집중적으로 부각시켜 당시 남북한 대립의 정치적 의미를 분석하지 않을 뿐만 아니라, 그들은 왜 실미도에 있었는가라는 질문을 심각하게 다루지 않기 때문이다. 주인공들은 갱생의 삶을 살게 해 주겠다는 교관의 제의를 받아들여 인간으로 대접받을 수 있다는 단순한 목적을 갖고 지형이나 상황에 대한 아무런 이해도 없이 군사적 모험에 뛰어든다. 작전이 취소됐을 때 풍랑이 이는 바다에서 고무보트에 탄 이들이 해낼 수 있다고 절규하는 장면은 전형적인 특공대 소재의 영화처럼 시작한 〈실미도〉의 중간 기착점이다. 본격적인 이야기가 시작되는 이 지점에서 영화는 전쟁과 군국주의와 외교 정책에 대한 심층적인 비판보다, 근본적으로 명분 없는 전투에 내몰린 병사들과 정체를 드러내지 않는 국가 권력의 대립에 주목한다. 정치적 쟁점은 강인한 대장과 그의 카리스마에 순종하는 부대원들, 부대원들을 기계로 훈련시키는 데 열중하는 조중사와 온정적인 박중사 간의 대립, 두 주인공 인찬과 상필의 우정 등 방사형으로 퍼진 남성 공동체의 폐쇄적인 드라마에 묻혀 사라진다. 부대원들을 사지로 몰아넣었던 대장은 남성주의적인 몸짓으로 부대원들이 반란을 일으킬 때 주인공 인찬 앞에서 장렬하게 자살하는 길을 택한다. 부대를 몰살하라는 국가 기관의 명령을 알게 된 부대원들은 실미도를 탈출해 죽음으로 끝날 게 확실한 길을 택한다.

〈실미도〉는 몇몇 부대원들이 어떻게 무의미한 미끼로 이용되었는지를 보여 주며 남북의 호전주의가 배태한 야만성을 강력하게 비난한다. 임무에 차출된 젊은이들을 무자비하게 다뤄 결국에는 그들의 정신을 황폐하게 만든 국가 권력을 비판하는 〈실미도〉에서 개인들은 대개 무고하다. 그들은 한순간도 국가의 명령을 의심하지 않으며 모두 전투에 나가고 싶어 한다. 이 단순함 때문에 그들은 한순간에 자폭한다. 영화는 이들을 구석에 몬 국가의 내밀한 속내를 들여다보지 않는 가운데 남성다움이라는 테두리 내에서만 묶일 수 있는 인간들이 거의 짐승 수준으로 사회의 정을 그리워하는 대목에 집중하고 있다. 이 끔찍하리만큼 단순한 인간의 모습은 감독의 앙상한 역사 해석의 결과물이자 그 시대의 맨 얼굴에 가깝다. 자폭을 향해 달려갈 수밖에 없었던 시대, 과거를 떠올리게 하는 이미지의 주조 틀 안에 남성 동물들의 배타적이고 맹목적이며 희망이 없는 공동체를 그려 낸다.

탈취한 버스를 몰고 실미도 부대원들이 청와대로 향할 때 인질로 잡힌 승객 한 사람이 "국군 복장을 하고 낯선 노래를 부르는 당신들은 누구냐"라고 묻는다. 실미도 부대원들은 대답하지 못한다. 영화는 이들의 편에 공감하지만 이들의 도덕을 내세울 수는 없다. 어리석은 명령에 복종한 어리석은 인간들의 자멸극인 이 영화는 그 때문에 내재한 비극적 속성을 갖고 있다. 실미도 사건은 각박하고 원시적이며 야만적인 역사의 상처를 반영하지만 거기에 인간적인 온기를 불어넣는 방법은 이 영화에서 등장인물의 클로즈업에 잡힌 감정 말고는 없었다. 이는 국가로부터 제대로 보호받지 못했다는 것에 대한 시민의 오랫동안 누적된 불만이 부분적인 절차 면에서 발전한 정치적 민주주의 아래서 상업적인 극장 유통망을 통해 일시적으로 폭발하는 결과를 낳았다.

문재철의 '애도' 개념이 끌어들이고 있는 것은 여하튼 존재하지 않았던 어떤 이상적인 상태에 대한 그리움, 동경이다. 역사적 비극에 대한 기억의 재구성 과정에서 상투적이고 장르적인 플롯과 이미지의 틈새 사이로 튀어나온 몇 개의 해석적 얼룩들을 통해 2000년대 이후 다수의 한국 블록버스터 영화들은 스펙터클로의 요구에 복종하면서도 할리우드 스펙터클의 영웅담과 해피엔딩의 공식을 거스르는 변칙적인 반영웅담을 생산해 냈다. 이런 영화들은 한국전쟁이나 유신시대의 비극, 또는 광주민주화운동의 상흔을 개인사의 비극으로 치환해 버리는 경향을 띠고 있다. 〈실미도〉와 함께 이런 경향을 대표하는 또 한 편의 영화인 강제규의 〈태극기 휘날리며〉는 〈쉬리〉로 한국 영화계에 블록버스터라는 말을 유행시킨 장본인이 만든 일종의 진본 블록버스터쯤으로 대중에게 받아들여졌다. 〈라이언 일병 구하기〉, 〈블랙호크 다운〉, 〈밴드 오브 브라더스〉 등의 할리우드산 대작 전쟁 영화를 영리하게 참조한 이 영화는 카피 할리우드의 진수를 보여 줬다. 그 당시 한국 영화 사상 초유의 제작비 140억 원의 제작비를 들였다고는 하지만 할리우드 영화의 1/10의 예산으로도 대작의 면모를 풍긴다. 더 영리한 것은 이 영화가 제작 외의 마케팅 부문에서도 할리우드의 압도적이고 소란스러운 히트 앤 런 전략을 완벽하게 이식했다는 점이다. 〈태극기 휘날리며〉는 당시 최대 숫자인 전국 420여 개관의 스크린을 확보하고 거창하게 '월드 프리미어'라고 이름 붙인 시사회를 개최했다. 이 영화가 전 세계적 관심사를 받고 있는가는 문제와는 별개로 이 거창한 쇼는 블록버스터 전략의 클라이맥스를 이루었다. 대대적으로 널리 홍보된 이 영화에 대해 모두 자기 눈으로 직접 확인하고 싶어 하는 반응을 보였다. 한 편의 오락 영화가 '우리 영화'라는 울타리 안에서 감격을 불러일으키는 것은 한국 영화의 왜소 콤플렉스를 〈태극기 휘날리며〉가 상상적으로 해결해 줬다는 것의 반증이다.

〈태극기 휘날리며〉의 대다수 이야기 배경은 전쟁터다. 그것도 그냥 전쟁터로 설정된 것이 아니라 포탄과 총알과 피난민으로 붐비는 실제 같은 전쟁의 복판이다. 낙동강 전투와 평양 시가지 전투, 압록강을 넘어 전진하는 중공군의 떼, 휴전선 근처의 두밀령 전투에 이르기까지 영화의 배경은 대개 집단 군중 장면을 축으로 펼쳐진다. 한국 영화 사상 이런 집단적 장관은 없었다. 낙동강 전투에서 주먹밥을 먹고 있는 병사들 사이로 느닷없이 포탄들이 쿵쿵하고 떨어지는 장면의 충격과 혼란은 〈태극기 휘날리며〉가 〈라이언 일병 구하기〉와 어깨를 겨루는 듯한 쾌감을 관객에게 선사한다. 피아의 구분이 힘들만큼 어지럽게 펼쳐지는 백병전의 스펙터클에서 전투 장면 연출의 요체는 주요 등장인물들의 감정선을 따라가면서도 늘 그 규모를 강조하는 데 초점을 둔다. 장동건과 원빈이라는 두 스타배우가 스펙터클 화면에서 그들의 잘생긴 얼굴과 육체를 혹사하며 시연하는 이 거대 서사의 덩어리는 그 자체로 '우리'라는 테두리 내에서 소비되는 나르시시즘의 최고치 매력을 전해 준다.

〈태극기 휘날리며〉는 할리우드산 블록버스터와 당당히 맞설 수 있다는 나르시시즘뿐만 아니라 우리의 기억 속에서 완전히 사라진 1970년대의 관제 반공 전쟁 대작 영화와 완전히 선을 그은 접근 태도 면에서 종래의 전쟁 영화와 달랐다. 영화진흥위원회의 전신인 구 영화진흥공사에서 제작한 한창 때의 유신정권 시절의 대작 반공 영화인 〈들국화는 피었는가〉, 〈증언〉 등의 영화와 마찬가지로 〈태극기를 휘날리며〉는 한국전쟁의 기승전결을 그대로 따라가지만 그전 시대만큼의 피아 구분은 은밀히 내친다. 반공 이데올로기의 구속에서 상대적으로 자유로운 채 형제의 멜로드라마로 초점을 좁게 옮긴다. 국가를 위해 몸을 바친다는 애국주의는 우리가 아니면 가족을 누가 지킬 것인가라는 가족주의에 자리를 내준다.

2000년대 이후의 한국 영화에서 가족을 다루는 방식은 두 가지였다. 가족을 아예 등장시키지 않거나 무너지는 가족을 보여 준 것이다. 〈장화, 홍련〉, 〈아카시아〉, 〈4인용 식탁〉, 〈올드 보이〉는 근대적인 가족제의 붕괴를 무력하게 지켜보거나 통탄하는 인물들의 모습을 담았다. 이들 영화의 어떤 주인 공도 〈태극기 휘날리며〉의 주인공 이진태처럼 가족을 구하기 위해 영웅적인 행동을 보여 주진 않는다. 장동건이 연기하는 이진태는 한국전쟁에서 홀린 듯 싸운다. 그의 목적은 단 하나, 공부 잘하는 동생 진석이 고향에 무사히 돌 아가 서울대학교에 들어가고 홀어머니를 편안히 모시는 것이다. 미친 듯이 적을 죽이는 그에게 동생 진석은 '형은 미쳤어'라고 힐난하지만 진태는 별다 른 말을 하지 않는다. 그는 그저 '그만해'라고 말할 뿐이다.

진태는 바로 전 시대까지만 해도 바람직한 모습으로 칭송되고 미화됐던 과묵한 아버지의 희생적인 모습을 보여 준다. 일찍이 아버지를 여읜 가정에 서 홀어머니와 동생을 데리고 성장한 진태는 실질적인 가장이다. 그는 진석 에게 형일 뿐만 아니라 아버지이며 어머니에게 자식일 뿐만 아니라 남편이 다. 영화 초반의 회상 장면에서 이진태는 공부 잘하는 동생 진석을 위해 어 린 나이부터 생활 전선에 뛰어들어 구두를 닦으며 가족의 생계를 책임진다. 아버지 제삿날 그는 동생이 이번에도 일등을 했다며 기뻐하시라고 제상에서 인사를 올린다. 몽환적인 톤의 화면으로 설계된 이 초반 장면에서 진태는 인 자한 자태로 늘 미소를 머금은 채 동생 진석과 어머니를 바라본다. 그에게 중 요한 것은 아버지를 대신해 가족을 이끄는 자신의 의무감이다. 가족을 위해 희생하는 진태의 모습은 동시대 서구 관객에게는 그리 이해되지 않는 정서 일지도 모른다. 이 영화는 형이 아버지를 대체하는 가부장적 희생담으로 전 쟁터의 정치를 대신한다. 누가 왜 쓸모없는 전쟁을 일으켰으며 거기에 휘말 린 인간의 운명은 어떤 것인가를 묻는 시선은 이 전쟁으로 위기에 몰린 가족 을 구하려는 장남의 희생에 묻혀 사라진다.

가족을 위해 희생하는 이진태의 장자 의식을 드러내는 대목에는 흥미로운 부분이 있다. 진태의 약혼녀 영심은 그의 인자한 눈길을 받지 못한다. 가족들 에게 든든하고 인자한 아버지 역할을 자임하는 진태는 영심에게는 그저 무뚝

뚝하게 굴 뿐이다. 전쟁터에서도 그는 어머니에게 편지를 쓰지만 약혼녀에게는 편지를 쓸 생각을 아예 하지 않는다. 훗날 보도연맹 청년들에게 끌려가 죽을 위기에 처한 영심을 만났을 때도 그는 선뜻 구하지 않고 망설인다. 동생과 어머니를 향한 그의 맹목적인 이타심은 약혼녀에게는 미치지 않는다. 가족을 위한 그의 헌신에는 아내 또는 약혼녀의 존재가 누락돼 있다. 이 지독하게 남성 편향적인 멜로드라마에서 여성의 존재는 밀려나 있다. 이영란이 연기하는 어머니는 열병을 앓아 말을 하지 못하는 여성이다. 그녀의 말로 형언하지 못하는 슬픈 표정은 남성의 희생을 추인해 준다. 영화 초반 진태와 진석 형제가 엉겁결에 전쟁터로 끌려가는 대목에서 어머니는 형제를 좇아 막 출발하는 열차를 따라 달린다. 진태와 진석 형제의 시점으로 보이는 이 장면에서 관객은 어머니의 눈물을 보게 된다. 적당한 간격으로 영화에 등장하는 어머니의 존재는 남성의 희생담을 비추는 완벽한 거울이다. 문화평론가 남재일은 이를 두고 "한국의 대다수 남성들에게는 고해의 욕망이 있다"라고 말했다. 전쟁터에서 적진을 향해 내달리는 진태는 그 대가로 동생의 목숨을 구하려 하지만 굳이 자신의 희생을 알리려 하지 않는다. 이렇게 감춰 둔 싸움과 희생의 스토리를 남성 주인공은 누군가에게 고해하고 싶어 한다. 어머니의 눈물 젖은 얼굴은 바로 그 고해의 욕망을 부추긴다. 영화의 한 장면에서 동생 진석은 전쟁터에서 죽어 가는 형에게 '정신 차려, 엄마 보러 가야지'라고 울부짖는다. 〈실미도〉에서 설경구가 품에 감춘 어머니의 사진처럼 대다수 남성들에게 어머니는 자신의 삶을 품어 줄 유일한 구원의 대상이다.

〈태극기 휘날리며〉는 일찌감치 형 진태의 죽음을 알리는 회상 구조로 시작한다. 이 회상 장치의 의도는 영화가 전개될수록 분명해진다. 이 영화에서 중요한 것은 형 진태가 사느냐 죽느냐는 차원에 놓여 있지 않다. 죽기를 각오하고 가족을 위해 자신을 포기한 그 고결한 희생자의 면모가 이야기의 감동을 불러일으키는 매개이기 때문이다. 그리고 여기에는 지난 시절 아버지 세대의 고통과 땀과 눈물이 축약된 형태로 배어 있기 때문이다. 한국 사회의 보편적인 상흔인 가족의 상실을 매개로 〈태극기 휘날리며〉는 가부장제의 유산인 장렬한 장자 의식을 영웅적으로 포장해 보여 준다. 〈태극기 휘날리며〉는 반공주의의 그물에 갇혀 한국전쟁을 묘사하는 시선을 상당 부분 거둬 낸 대신 그것을 남성과 어머니의 눈물로 채운다. 이 영화가 슬픈 것은 전쟁터의 포탄으로 희생된 인간들이 아니라 전쟁터의 포탄을 뚫고 형제와 가족을 구하려는 남성 주인공과 어머니의 눈물 때문이다. 〈태극기 휘날리며〉에서 묘사된 전쟁은 적진을 향해 달려가는 진태와 그런 진태를 안타깝게 바라보는 진석의 시야로 좁혀진다. 여기서 뽑아내는 눈물의 양을 측정하느라 대다수 이름 없는 병사들의 눈물과 공포, 나아가 진태와 진석 형제가 당면했던 전쟁의 실체도 종종 건너뛴다. 멜로드라마의 눈물로 가리개를 쓰고 〈태극기 휘날리며〉는 전 세대의 희생에 대한 화려한 헌사를 바친다.

강제규 감독
〈태극기 휘날리며〉

천만 관객 동원이라는 흥행 스캔들을 일으킨 〈태극기 휘날리며〉, 〈실미도〉는 종결되지 않은 역사의 상흔을 가족주의 이데올로기로 묶은 뒤 영화의 결말과 함께 역사 자체를 봉합시켜 버린다. 2007년 여름 흥행한 〈화려한 휴가〉도 비슷한 재현 전략을 시도했다. 1980년 광주민주화운동이 소재인 이 영화의 마지막 장면은 관객들로 하여금 죽은 사람들의 성취되지 못한 행복을 암시하는 한 장의 결혼사진 이미지로 맺음 된다. 그 사진에서 남녀 주인공과 주변 사람들은 활짝 웃는다. 정지연의 표현에 따르면 이 마지막 장면의 의미는 얕다. "이 웃음이 기이해 보이는 건, 광주에서처럼 그렇게 끔찍하게 죽어 간 자들은 죽어서조차도 안전하지 않았기 때문이다. 애당초 이 영화는 광주에서 학살극을 벌였던 자들의 권력과 헤게모니, 그리고 그 아비규환 속에서 살아남기 위해 발버둥 쳤던 사람들의 거대한 공포나 갈등에는 관심이 없었다."[3] 역사에 대한 부채의식을 감상적인 상실감으로 대치해 밀봉한 이 결말은 역사적 사실의 환기보다는 멜로드라마적 호소력의 분출 효과에 초점을 맞춘다.

〈화려한 휴가〉는 1980년 광주에 대한 기억이 있는 중년층 관객에게는 집단적 죄의식을, 젊은 세대의 학생 관객에게는 몰랐던 '사실'을 전달하는 일정한 역할을 해냈다는 평가를 받았다. 또는 이 영화가 당시의 광주민주화운동을 '절대 고립의 공간에서 광주 사람들이 하나가 되어 이루어 낸 대동 세상'으로 묘사했다는 것을 긍정적으로 보기도 한다.[4] "그곳은 야만적 살육이 자행된 공간이었지만 그 살육에 맞서기 위한 자발적 무장을 통해 계엄군을 몰아

---

3. 정지연, 「역사를 소멸시키는 스펙터클」, 『필름 2.0』 326호.

4. 변성찬, 「화두로서의 기억: 현대, 기억, 정체성」, 제9회 영상예술학회 학술대회 『기억의 매력, 망각의 매혹』 발제문 p.9

낸 '해방의 공간'이자, 수천정의 총기가 돌아다니고 있음에도 불구하고 작은 강도 사건 하나 일어나지 않았던, 그리고 자발적인 헌혈과 식량 공급이 이루어진, 지극히 '윤리적인 공간'이기도 했다. 〈화려한 휴가〉는 그때 그곳을 살아 냈던 광주 사람들의 '기억의 재구성'을 통해 그 10일 동안 몰아닥쳤던 그 복잡한 감정의 소용돌이를 영화적으로 재현해 내고 있다."

국가가 제안하는 엘리트 중심의 균질화된 과거에 대한 하나의 진보적인 대응점으로서 의도된 민중사는 역시 균질화된 민중에 근거하여 과거에 대한 그 전망을 서술한다. 이 경우에 광주민주화운동은 자발적이고 윤리적인 민중의 주도 아래 이뤄진 일종의 축제로 묘사됐다고 보게 된다. 그러나 앞서 언급한 글에서 정지연은 이 영화를 다음과 같이 평하고 있다. "〈화려한 휴가〉가 대면하는 것은 1980년 광주에서 벌어졌던 역사가 아니라, 영화라는 거대한 스펙터클이다. 그날 광주에서 벌어졌던 것은 남녀의 로맨스가 아니었고, 착한 군인과 나쁜 군인의 대결이 아니었고, 영웅과 반영웅의 싸움이 아니었다. 하나의 절대 악과 다수의 선한 민중의 싸움은 더더욱 아니었다. 그 열흘 동안에는 기승전결의 내러티브가 없었고, 고립된 채 빨갱이로 몰려 죽어 가는 시민들은 그 이유와 원인을 알지 못했다."[5] 〈화려한 휴가〉는 윤색되고 가공된 역사의 재구성을 통해 관객 각자로 하여금 보고 싶은 것만 보게 만드는 기억 속의 재구성 작업에 착수하게 만든다. 이 영화의 가장 큰 역설은 이 영화가 실제 광주민주화운동과는 별로 상관없는 묘사를 담았다는 데 있다. 이 영화는 1980년 5월 광주를 구실로 눈물과 분노가 있는 전쟁 블록버스터를 꾀한 구경거리로 관객에게 다가갔다. 〈화려한 휴가〉가 정서적 핵심으로 포착한 주인공 남녀의 로맨스나 착한 전직 장성 출신의 시민군 리더의 영웅적인 리더십은 실제 광주민주화운동과 무관한 것이다.

---

5. 정지연, 「역사를 소멸시키는 스펙터클」, 『필름 2.0』 326호.

상당한 시간이 흐른 뒤에 만들어진 또 한 편의 광주민주화운동 소재 영화로 평단으로부터 상찬받은 흥행작 〈택시운전사〉는 장르적 클리셰를 세련되게 이용해 광주민주화운동을 직접 겪지 않은 사람들이 공통으로 겪고 있는 죄의식을 부드러운 방식으로 위로했다. 당장 먹고살기 바빠 정치적 각성의 기회가 없었던 이 영화의 주인공 김만섭 캐릭터는 1980년 5월 광주에서 일어난 비극적인 사건을 직간접으로 체험한 사람들은 물론이고 이 사건을 전혀 몰랐던 모르는 더 젊은 세대의 관객들에게도 효과적인 감정이입을 가능케 하는 매개자다. 사우디에서 돈을 벌었으나 아내를 잃고 아내의 병을 수발하느라 재산이라곤 개인택시 한 대만 남은 중년의 남자로서 어린 딸 하나를 부양하며 열심히 사는 김만섭은 독일 기자 위르겐 힌츠페터를 택시 손님으로 태워 광주에 내려가기 전까지는 광주에서 무슨 비극이 일어나고 있는지 전혀 모른다. 보도 통제가 있던 당시 상황에서 보통 시민들과 같은 처지에 있었던 그는 군인들의 차단막을 용케 통과해 광주 시내로 들어가면서 서서히 변하는데, 감독 장훈은 그걸 정치적 각성의 과정으로 그려 내는 대신 광주 시민들과의 정서적 일체감을 이루는 상황을 묘사하는 데 주력한다.

그 촉매가 되는 것은 밥이다. 김만섭이 위르겐 힌츠페터와 우연찮게 통역으로 동승하게 된 광주 현지 대학생 문재식을 태우고 광주의 축제 같은 시위 행렬 복판에 도착했을 때 처음 받게 된 것은 이름 모를 젊은 여성이 준 주먹밥이었다. 시위대가 군인들과 대치하고 그걸 근처 건물 옥상에서 힌츠페터 일행이 취재하고 있을 때 김만섭은 주먹밥을 우걱우걱 씹으며 역시 음식은 전라도 음식이 맛있다고 말한다. 나중에 어린 딸을 걱정하며 광주에서 하룻밤을 지새우고 김만섭이 먼저 광주를 빠져나와 들른 순천의 어느 허름한 식당에서 받아 든 국수와 주먹밥은 김만섭이 광주에서 체험했던 사람들의 인간적 체온을 새삼 환기시킨다. 김만섭이 그걸 먹으면서 울음을 주체하지 못할 때, 이 장면은 이 영화가 겨냥할 수 있는 감정이입의 최대치를 이룬다. 이 장면은 김만섭이 헤어 나오지 못했고 헤어날 수 없는 먹고사는 것의 존엄함의 가치를 개인에서 집단으로 확장시키는데, 이때까지 김만섭의 행동 동기로 유일했던 홀아비 가장으로서의 부양 책임감을 이웃들과의 연대 속에서 도모하는 책임감으로 격상시키기 때문이다. 거꾸로 이 연대적인 의미의 밥의 가치는 한시적인 상태로 소멸할 수밖에 없는데, 김만섭은 딸을 안전하게 키워야 하는 가장의 의무에서 자유로울 수 없고 그렇기 때문에 그는 힌츠페터가 한국을 떠나며 연락처를 물었을 때 거짓으로 전화번호를 알려 준다.

영웅적인 행위를 했으나 일시적으로만 그럴 수밖에 없는 김만섭의 처지를 보충해 주는 것은 그의 곁에 위치한 다른 사람들의 자기희생적인 행위다. 김만섭이 폭압적인 군인들의 시위 진압 이유를 물었을 때 자신도 모른다고 했던, 대학가요제에 참가하기 위해 대학에 들어왔다는 문재식이나 김만섭처럼 처자식이 있는데도 불구하고 김만섭과 힌츠페터가 광주를 탈출할 수 있게끔 택시를 몰고 보안사 요원들을 막는 택시 기사 황태술과 그의 동료들은 죽음에 이르는 희생을 보여 준다. 김만섭을 도와줬던 광주 시민들의 죽음은 힌츠페터와의 재회를 차단하고 남은 인생을 살았던 김만섭이 우리들과 마찬가지로 죽은 사람들에 대한 일정한 부채감을 갖고 살아갈 수밖에 없었을 것이라는 추측을 하게 한다. 이 영화 서사의 논리대로라면 그의 일시적인 영웅적인 행위는 재식과 황태술을 비롯한 광주 시민들의 자발적인 희생에 따른 죽음이 없었더라면 가능하지 않았다. 이 장치를 통해 영화를 보는 우리는 김만섭의 부채감과 당시의 광주 시민들의 희생에 대한 애도를 동시에 공유하게 된다.

주인공 일행이 스쳐 지나가는 광주 시내의 벽보나 깃발 등을 통해 잠깐씩 보이기는 하지만, 〈택시운전사〉가 화면 속에서 끝내 (당시 권력을 잡기 위해 계엄령을 발동했으며 그해 말에 대통령이 됐던 군인) 전두환을 불러내지 않은 것은, 분노보다는 자기 위로에 주력한 이 영화의 영리하고 소심한 전략일 것이다. 이 영화는 다른 도시의 대학생들이 무기력하게 침묵하고 있을 때 전두환의 집

〈택시운전사〉

권 계획을 저지하기 위해 광주의 대학생들이 유일하게 봉기했고 군대의 과잉 진압에 항의하며 시민들이 동참한 광주민주화운동의 경과 진단을 의도적으로 피하고 있다. 상황의 인과가 그려지지 않고 절대 악의 근원이 적시되지 않은 가운데 무자비한 군대와 그에 대항하는 무구한 시민들의 대립이 묘사되며 사람들은 자신들에게 왜 그렇게 하는지 모르는 상황 앞에서 절망하고 슬퍼하고 서로 돕고 위로하고 있다.

불쌍한 우리 편과 사악한 공권력의 이분법을 강조하는 서사는 재난을 다루는 대다수 한국 영화들의 상투형인데, 역사를 다룬 이 영화에서도 비슷한 공식으로 되풀이된다. 이제까진 주로 권력의 사악하고 무능한 하수인으로 경찰이 등장했지만 이 영화에서는 군대가 나온다는 것이 다른데, 특히 도청 앞에서 죽어 있거나 다친 사람들을 주변 시민들이 구해 내려 움직일 때 그들을 군인들이 저격하는 장면이 주는 공포는 직시하는 것이 힘들 만큼 고통스럽지만, 이 장면에서도 강조되는 것은 저항하고 맞서 싸우는 시민들의 이미지가 아니라 (당시에 관한 증언들 가운데는 군인들이 조준하고 있는데도 젊은이들이 반복적으로 거리에 나와 태극기를 감고 구호를 외치다가 쓰러졌다는 것도 있다.) 희생을 감수하며 서로 돕는 순수한 피해자들의 연대 이미지다.

우리 편은 저들의 만행에 이토록 순결하게 희생당했다는 이미지를 전시하면서 그걸 보고 가슴 아파하며 동참하지 못했던 우리의 죄책감을 재확인하는 것은 정치적으로 안전하다. 허술하게 연출됐으나 모두 관대하게 받아들인 이 영화의 클라이맥스, 김만섭과 힌츠페터의 광주 탈출을 위해 무명의 택시 운전사들이 벌이는 희생의 제의 장면을 떠올려 보자. 유해진이 자연스럽게 연기하는 택시 기사 황태술은 죽기 직전에 택시의 열린 창문으로 김만섭에게 (관객을 향해) '우리는 염려 말고 무사히 빠져나가 광주의 진실을 알려 달라'라고 부탁한다. 이것은 이 영화가 관객에게 직설적으로 전해 주는 메시지, 이 영화를 보고 광주의 비극에 대해 더 알고 싶은 게 있으면 유튜브를 찾아보세요, 라고 말하는 메시지다. 〈택시운전사〉에서 차마 발화되지 못했던 악의 근원은, 겉만 근사하지 허둥대며 매번 임무에 실패하는 이 영화 속 보안사 요원들과는 달리, 여전히 기세등등하며 적지 않은 추종자들을 거느리고 있다. 1980년의 광주시민들은 고립무원의 상태에서 유일하게 절대적 악의 권력에 맞섰다. 그 힘의 뿌리를 확인하는 대신, 이 영화는 그들을 고립무원의 상태로 끝까지 내버려 뒀던 우리의 무능과 죄책감을 위로한다.

　장르적 클리셰로 역사적 사건을 봉합하는 또 하나의 흥행 성공 사례는 장준환의 〈1987〉이다. 집단 서사에 특정 영웅의 서사로 축소되는 이 영화의 구성은 상당히 특이한데, 모자이크 식으로 상황을 축조하며 등장인물들이 한 조각의 진실을 밝혀 주고 차례로 퇴장하는 중반부까지의 구성은 카메라가 입회하고 있으나 그것이 서사의 진전을 위해 인물의 감정을 강요한다는 인상이 들지 않는 경지에서 역사를 다룬 영화가 가닿을 수 있는 성취에 이를 뻔한다. 한 시기의 역사가 영웅 서사에 기초하지 않고 다양한 인물들이 동시 발생적으로 겪는 사건을 축으로 한 페이지씩 넘어간다.

　영화의 중반부를 넘어가면서 화면은 조금씩 특정 인물들에 대한 감정이입의 강도를 높이고 서사의 범위를 좁힌다. 특히 경찰 박처장(김윤석)이 고문 가해자의 진실을 알린 교도관(유해진)을 직접 심문할 때 카메라는 두 사람의 얼굴을 극단적으로 클로즈업하고 박처장이 어린 시절 빨갱이에게 당한 경험을 회상할 때 그의 비극적 파토스는 유난히 강조되며 동시에 심문받는 피해자의 콧물 눈물 자국이 선명한 얼굴이 화면에 부각된다. 전체를 부감하는 것에서 개인의 감정으로 초점을 이동시킨 서사의 변곡점이 되는 이 장면 이후 영화는 여주인공 연희가 이한열의 죽음을 알게 되는 후반부에서 한 개인의 각성과 진화를 거리에 쏟아진 시민들의 연대와 묶으면서 승리의 서사로 맺음된다. 순수한 청년의 불우한 죽음에 공명하는 시민들이 광장으로 쏟아져 나올 때 화면은 문득 기록 화면으로 바뀌고 인물 감정에 집중했던 서사를 다시 진실감으로 고양시킨다. 지금까지 본 모든 것이 허구가 아닌 실화에 기초했다는 증명처럼 붙여진 마지막 기록 화면들은 역사적 사건의 재현을 화면의 이미지가 아니라 서사의 환원성에 의존해 처리했던 대중적 장치를 감추기 위한 보완물이다.

〈1987〉은 실제의 역사를 있는 그대로 재현해야 한다는 강박에서 자유롭지 않은 한편으로 실제의 역사를 더욱 뭉글뭉글한 것으로, 인물의 매력을 통해 전달해야 한다는 장치로 윤색한다. 이 영화의 화면에는 강박적으로 있었던 일들을 보여 줘야 한다는 태도와 그것이 초래할 건조함으로부터 뭔가를 윤색해 대중 영화의 외관을 갖추어 또 다른 장치를 마련해야 한다는 염려가 교차한다. 이 영화의 초중반부가 역사와 정치를 관습적인 픽션의 규칙에 종속시키지 않고도 실재하는 현실의 느낌을 스크린에 불러오는 데 성공할 수도 있겠다는 기대감을 자아내게 했다면 이 영화의 후반부는 미스터리 구조를 추적극과 유사 로맨스 구성으로 환치시킨 후 여주인공에 초점을 맞춘 강력한 자기동일시를 불러일으킨다. 〈1987〉에서 좋은 사람들은 매우 좋고 나쁜 사람들은 매우 나쁘다. 옛날 서부영화에서처럼 명확한 정의와 타락의 구분을 세우고 그 각각의 경계 내에 캐릭터들을 배열한다. 경찰 고위간부를 비롯한 독재 권력의 하수인들의 캐릭터 면면이 강고한 악의 형태를 대변한다면 결과적으로 그에 맞서는 사람들은 일부의 선의로 전체의 선의를 완성해 가는 조력자들이다. 특별한 이념적 시각이 드러나지 않지만 고지식하고 원칙론자인 검사가 고문치사당한 학생의 진실을 은폐하려는 상부의 방침을 무시하고 부검을 강행하는 것을 비롯해 박종철 학생의 사망을 목격한 담당 의사나 부검의, 기자들이 자기 본분에 충실함으로써 부당하게 권력을 전횡한 이들에게 맞서는 쾌감은 이한열의 죽음이라는 또 다른 죽음 앞에서 상실감을 느끼는 개인의 슬픔과 그 개인들의 슬픔이 집단화하며 더 큰 항쟁으로 터지는 승리의 서사로 이어진다.

이는 〈1987〉이 관객으로 하여금 눈물을 흘리게 하는 핵심이다. 승리하였으나 그것이 일시적인 승리였다는 것은 차치한다 해도 그 승리를 위해 희생당한 사람들에게 갖는 부채감을 강조하면서 동시에 승리했다는 역사적 사실에 안도하는 자기동일성으로 환원되는 서사는 정치와 역사를 대중 영화로 자리 잡게 한다. 여기서 정치는 안전한 수준에서만 전경화되며 픽션의 내부에서 극적인 진동을 만들어 낸 다음, 결론 부분에선 일시적 승리로 끝나는 역사적 현실을 적시하는 것으로 신중하게 관객의 감정을 통제한다. 좋은 캐릭터와 나쁜 캐릭터를 따로 얘기하는 것은 쉽다. 이것은 일상생활에서 우리가 정치를 소비하는 방식이기도 하다. 특정 시기의 제도 권력이 나쁜 것이라는 항의만으로 진실의 복합성이 드러나는 것은 아니다. 실제로 이런 단면적 항의에 걸친 분노, 상실감, 연민, 공감의 감정적 필터로 걸러내지 못하는 현실의 층위는 훨씬 복잡하다. 우리의 현대사는 1987년 이후에도 민주와 반민주의 대립 구도에서 이후로도 빠져나오지 못했지만 〈1987〉에선 선악의 대결로 재배치된다.

〈1987〉은 좋은 쪽으로나 나쁜 쪽으로나 2017년 현재 한국 사회의 수준을 증명하는 영화이고 정치적 메커니즘의 진실을 감정적 자기동일시로 바꿔 받아들이게 하는 영화다. 픽션의 관행적인 규칙에 의존하지 않고도 현장에 입회한 듯한 시네마 베리테Cinema verite 스타일로 만들 수 있는 것은 한국의 영화산업 조건에서 불가능할 것이다. 그 대신 정치는 일상생활이며 우리가 타인들과 관계 맺는 방식이라는 것을 이 영화는 매우 관행적인 로맨스 영화 구조를 급 차용해 웅변한다. 타인들과 관계 맺는 방식을 통해 〈1987〉은 우리가 어떻게 누군가에게 권력을 사용하도록 위임했는가를 현재형으로 묻는다.

영화적 해석과 실제 역사의 충돌 사례들

역사에 대한 영화적 기억의 재현 방식은 문재철의 표현대로 대중 장르 영화의 기존 틀에 어떤 당대의 '정서 구조'를 새기느냐의 문제와 역사적 기억을 영화적 기억으로 재현하는 과정에서 어떤 영화적 리얼리티를 형상하며 윤리적 입장을 세울 것인가라는 문제 사이의 곤란한 갈등을 축으로 접근할 수 있다. 2000년대 이후 산업적으로 융성하는 국면을 맞은 한국 영화에 대한 비평적 접근은 어떤 면에서는 모두 자기 완결성을 갖추는 데 실패한 재현 형식의 틈새에서 어떤 징후를 찾아내는 데 집중했다. 한국 영화는 역사적 기억을 다루는 데 있어서도 내셔널 시네마의 자기동일성이라 부를 만한 일련의 윤리적으로 완결적인 형식을 집단적으로 이뤄 내는 데 실패했다. 역사적 기억을 스펙터클로 꾸미거나 미적으로 재현하는 것에서 나아가 윤리적으로 재현하는 것은 실패했음을 관찰하는 것에서 정서 구조를 읽어 내는 작업도 충분히 의미 있는 일이지만 재현 형식의 윤리적 대안에 대해서는 아직 규명할 단계가 안 되었다.

2000년대를 전후로 한국 영화에서 블록버스터라는 틀을 경유하여 역사에 대한 체험을 장르 클리셰에 의지하지 않고 극단적으로 추상화시키려 한 단 하나의 사례는 박광수의 〈이재수의 난〉이었다. 이 영화는 당시로선 기록적인 32억 원에 가까운 제작비를 들인 대작으로 그에 상응하는 스펙터클과 기승전결의 친절한 내러티브를 원했던 관객의 기대를 배반함으로써 박스오피스에서 처절한 실패를 겪었다. 이 영화의 가장 큰 문제점은 스토리텔링을 제쳐 두고 압축적인 이미지의 서술 흐름으로 감당하기에는 민란이 너무 많은 극적 이야기를 안고 있는 소재였다는 것이다. 박광수는 첫 장면부터 이 민란의 영화적 재현을 추상화라는 전략으로 대치할 것임을 드러낸다. 까마귀가 제주 상공을 날아 한라산 꼭대기에서 구름을 뚫고 내려오면 1901년 당시 제주섬의 풍광이 화면에 펼쳐지는 도입부는 유장하고 초월적이다. 박광수의 미학적 야심은 계시적이었으며 땅위를 굽어보지만 금방이라도 하늘로 박차고 비상할 것 같은 까마귀의 시점처럼 위에서 아래로 굽어보되 결코 세세한 당시의 역사적 정황에는 깊이 들어가지 않는 관조적인 태도를 취하고 있다. 〈이재수의 난〉은 프랑스 신부들의 후원을 받는 천주교인들에 맞선 유생들과 민중들의 싸움을 다루면서도 외세와 토착, 또는 근대와 봉건적 가치의 충돌을 드러내지 않았고 민란을 이끈 이재수의 내면 묘사에도 무심하다.

생략과 압축에 방점을 둔 이 영화는 무심하게 지나가는 듯이 보이는 이야기의 흐름에 고도로 절제된 이미지를 끼워 넣었다. 영화 속의 이재수는 계속 달린다. 군수의 전갈을 전해 주기 위해 달리던 통인 이재수는 어느 시점부터 스스로 제어하지 못하는 역사의 흐름에 몸을 의탁하고 민중을 이끄는 장두 이재수가 돼 말을 달리고 있다. 말로 설명하지 않고 이미지로 감정을 쌓아 가는 이 연출의 흐름은 따라가기가 쉽지 않다. 기록된 역사에서도 조명받지 못했던 제주 민란의 성격을 이름 없이 스러져 간 제주섬 사람들의 집단적인 움직임과 제주섬의 바람과 빛에 실어 묘사하려 한 박광수의 재현 전략은 아름다운 구상화이되 서사의 윤곽을 제시하지 않는 추상에 머물렀다. 이재수 개인의 묘사와 수십 명의 등장인물 집단의 묘사를 조화시키면서 역사적 사건을 배경에 깔아 놓는 것과 긴 화면의 호흡은 서로 어긋난다. 〈이재수의 난〉은 민란에 가담한 인간 군상을 주로 화면의 점으로 놓아두고 살육과 희생과 파국을 낳았던 그 집단적인 움직임, 거대한 역사 흐름의 덩어리를 먼 거리에서 색과 면으로 분할한다. 결국 마지막 장면에 이르러 이 영화의 관망하는 듯한 스타일은 슬픔의 감정을 망설이듯이 드러낸다. 효수당한 이재수의 머리에 까마귀가 앉고, 화면이 바뀌면 감독의 시점을 대신하는 그 까마귀는 현재의 제주도 해안 상공을 날고 있다. 내러티브 전개의 모호한 처리와는 별개로 섬뜩하고 황폐하며 동시에 인상적으로 아름다운 이미지다.

박광수의 연출은 고전적 서사와 장르관습을 폐기하고 형식적 구조를 가시화하며 어떤 역사와 추상적인 관념들의 투명성 또한 의심되어야 한다고 자체의 형식을 통해 주장한다. 이는 모더니즘 이후의 영화 형식에서 익숙한 접근이다. 하나의 단일하고 응집력 있는 이야기를 말하는 것과 거리를 두고 "현재와 과거를 얽고 있는 것은 근본적으로 하나의 미스터리라는 것을 주장하려는 것"[6]에 속하는 입장이다. 박광수의 영화에서처럼 모더니즘적 재현 전략이 대중영화의 영토에서 성공할 수 없다는 것을 체험한 한국 영화계는 이후 단선적인 서사와 장르관습으로 블록버스터 정서 구조를 확충하는 길을 걸었다.

윤종찬의 두 번째 영화 〈청연〉 역시 민족, 가족 등의 전통적 가치를 배제한 개인주의 서사는 한국적 블록버스터가 피할 보편적 정서가 아님을 보여주는 상업적으로 불행한 사례였다. 일제 식민지 시대에 살았던 여성 비행사 박경원의 삶을 소재로 한 〈청연〉은 시대를 잘못 타고난 한 여인의 꿈을 다룸으로써 개봉 당시 주인공의 친일 행적을 미화했다는 논란에 말려들었다. 이 영화에서 문제가 된 것은 결말부에 박경원이 만주를 향해 장거리 비행을 떠나는 장면이다. 오랜 꿈이었던 장거리 비행을 시작하는 박경원의 꿈은 일본군의 만주 점령 1주년을 기념하기 위한 비행의 행태로 이뤄질 수 있었다. 〈청연〉은 이 장면을 박경원의 어쩔 수 없는 선택처럼 다룬다. 대동아전쟁이 본격적으로 시작될 그 무렵 민간인들은 더 이상 비행할 수 없다는 일본 정부의 방침이 예고돼 있었다. 그런 상황에서 태풍이 온다는 기상예보를 무시하고 박경원은 떠난다. 그때가 아니면 그의 꿈은 다시 이뤄질 수 없다는 듯이 일장기를 달고 홀연히 비행을 떠나는 이 대단원의 장면은 처연하고 비장하

---

6. 로버트 A. 로젠스톤 엮음, 김지혜 옮김, 『영화, 역사』, p.265. Greil Marcus의 『Lipstick Traces-A Secret History of the Twentieth Century』에서 따온 인용.

다. 이륙한 지 불과 45분여 만에 추락사한 박경원의 허무한 최후는 박경원이 타고 있는 가냘픈 복엽기와 비바람 치는 산줄기 자락이 주는 위협적인 느낌의 대비를 통해 비극적인 정조를 띤다. 비바람이 쏟아지는 가운데 아타미라는 곳의 가파른 산들 사이를 뚫고 비행하는 박경원의 복엽기가 협곡을 나르는 그 위태로운 느낌의 이미지가 결국 〈청연〉의 정서를 요약하는 형상이다.

대다수 한국 대작 영화처럼 〈청연〉도 주인공을 일종의 비극적 영웅으로 그렸다. 영화 초중반까지 식민지 백성이 맞나 싶게 인생을 즐기며 사는 개인주의자로서 그려지는 박경원과 그의 애인 한지혁은 할리우드 연애 영화의 주인공 같다. 그들에게는 식민지 백성의 그늘이 없다. 박경원은 불굴의 의지로 비행사가 되는 꿈을 이루며 조선 최고의 갑부 아들로 나오는 한지혁은 그런 박경원의 곁에서 정신적 지지자가 되어 준다. 이 영화에서 가장 정서적으로 고조되는 장면이라 할, 중반부의 비행 경주 대회 장면에서 고도상승의 한계를 돌파하며 구름 위로 치솟는 박경원의 복엽기를 볼 때의 감동은 초인적인 경지에서 자신의 꿈을 이루는 영웅의 초상을 받아들이는 것으로 이어진다. 군중들의 환호를 맞으며 지상에 도착한 박경원의 모습을 보여 주는 것에서 이 영화는 끝을 낼 수도 있었을 것이다. 그런데 감독 윤종찬은 이것이 실존 인물 박경원의 삶을 극화한 것이라는 자의식을 드러내 보이며 흥미로운 선택을 한다. 그 장면에서 박경원의 표정은 밝지 않다. 영화 해석에 따르면 그녀는 이룰 수 없는 꿈에 매달린 불행한 여인이다. 당대 삶의 역사적 맥락으로부터 자기 삶의 실존적 선택을 괄호 치는 것이 불가능했을 만큼 강점기 시대의 피지배 백성의 운명은 가혹한 것이다. 영화 중반 이후 극화된 비극적 에피소드의 중첩은 중반까지 보여 준 주인공들의 명랑한 기질을 갉아먹는다. 박경원과 그녀의 애인 한지혁은 끝까지 쾌활할 수 없다. 그들은 강점기 시대의 우울을 무시하고 살아가지만 그 우울은 그들의 육체에 감염된다. 극화된 드라마의 비극성은 그들의 삶을 죽음으로 몰고 간다.

〈청연〉이 지향하는 것은 바로 이 시대의 우울에 민족과 애국 등의 거창한 관념을 입히지 않는 것이다. 자기 힘으로 인생을 통솔할 수 없는 것은 거의 모든 인간의 숙명이다. 주체적으로 근대에 진입하지 못한 채 불행한 역사를 겪은 한국인들에게 이런 불길한 숙명은 특히 익숙하다. 한국 대중문화는 그걸 주로 신파 양식을 통한 카타르시스로 풀어냈다. 〈청연〉은 굵은 주제를 내세운 모범답안이나 신파적 정서로 소재를 접수하지 않은 채 역사적으로 실존했던 인물의 삶을 열어 놓고 해석하는 태도를 취했다. 여기에 그려진 박경원은 실존 인물이면서 동시에 외부의 힘에 추동되지 않고 내부의 충동에 충실한 근대적 주체이다. 〈청연〉에 배치된 드라마는 영화의 핵심이라 할 세 개의 비행 장면을 위한 버팀목 같은 것이다. 박경원이 일본인 기베와 복엽기 경주를 벌이는 장면, 비행대회에 나간 박경원이 고도상승 겨루기에서 우승하는 장면, 장거리 비행을 나갔다가 추락하는 세 개의 비행 장면은 한 인간의 대결 의지와 꿈과 좌절을 이미지의 심원한 영역에 고정시킨다. 특수효과를 썼지만 근본적으로 아날로그적인 열정과 수고로 만들어 낸 이 장면의 가치는 본다는 것의 영화적 매력을 극한까지 밀고 나가 근대적 주체의 전형이라 할 인간의 초상을 통해 인상적인 감정의 고정점을 새겨 놓은 것이다.

주인공들을 철없어 보이기조차 하는 강점기 시대의 개인주의자이자 자유인으로 그려 놓고 시대의 제약에 묶여 비극적인 최후를 맞이하는 쪽으로 결론을 내리는 〈청연〉의 드라마는 신중하다. 어느 쪽으로도 발을 내딛지 않은 채 관객에게 해석을 열어 놓는다. 영화 중반 이후 장진영이 연기하는 박경원의 얼굴에 서서히 그늘이 질 때 이 영화는 숱하게 반복되는 그녀의 슬픈 얼굴에 클로즈업을 들이대면서 계속 묻는다. 반도에서 아웅다웅하며 살았던 우리 대다수와 달리 그녀는 먼 곳을 보며 다른 세상으로 날아가는 꿈을 꾸었다. 다른 곳에서라면 존경받았을지도 모를 그녀의 꿈은 강점기 시대의 한계 속에서 굴절되고 퇴색되었다.

〈청연〉은 역사적 인물을 소재로 취한 가운데 식민지 시대의 역사를 본격적으로 다루지 않았다. 역사는 병풍처럼 인물의 삶의 배경을 두르고 그들의 삶이 결국 비극으로 가게 하는 촉매일 뿐이다. 박경원은 명백히 일본군의 만주 점령을 축하하는 비행선에 몸을 실음으로써 친일 행위를 했다. 영화는 그걸 보여 주지만 강조하지는 않는다. 〈청연〉의 클라이맥스에서 슬픈 눈으로 비행을 떠나는 박경원의 얼굴을 통해 그 시대를 산 사람들의 불우를 읽는 것은 비평과 흥행에서 반응을 얻지 못했다. 그녀의 얼굴에 우리 역사의 일그러진 모습을 투사시키고 거기서 한 개인주의자의 좌절된 꿈을 읽는 것은 한국형 블록버스터의 로컬리티 전략에 들어맞지 않는다. 〈청연〉이 보여 주려고 한 것의 뿌리는 개인을 억누르는 시대와 사회의 불안증이었지만, 이 추상화된 불안에의 응시는 과거사 정리 논란으로 이분된 당대 사회의 현실과 조우하지 못했다.

〈청연〉

블록버스터 국수주의의 명과 암

1996년 칸국제영화제에 갔을 때 한국 영화는 영화를 팔고 사는 그곳 마켓에서 완전히 소외돼 있었다. 한국의 외화수입업자 수백 명이 오가는 칸 거리에서도 파는 사람을 찾지 못했다. 영화진흥위원회의 전신인 영화진흥공사에서 차린 부스가 있었지만 파리가 날릴 만큼 한산해서 한국 기자들이 가끔 커피나 얻어 마시러 들르는 복덕방 분위기였다. 강제규의 데뷔작 〈은행나무 침대〉가 따로 판매 부스를 차린 게 화제가 됐던 시절이었다.

그보다 공세적으로 사전 판매 판촉 행사를 벌인 또 한 편의 한국 영화가 있었다. 칸 리비에라 해변 근처의 고급 호텔에 거대한 광고 입간판을 세우고 세일즈 부스를 차린 한국 영화는 다름 아닌 당시 아직 만들어지지 않은 〈용가리〉였다. 그때 이후로 심형래 감독은 매년 그곳에서 신작 〈용가리〉를 홍보하고 사전 판매하려는 활동을 벌였다. 처음엔 웃어넘기고 말았던 한국의 기자들도 상당한 물량 공세를 펴는 그 영화의 기세에 놀라 차츰 관심을 갖기 시작했다. 1999년 마침내 뚜껑을 열 때까지 〈용가리〉가 언론의 주목을 받고 심형래 감독이 '신지식인'으로 선정돼 "못 하는 게 아니라 안 하는 겁니다"라는 광고 카피로 유명해지며 대한민국 영화사상 공중파 방송에서 개봉 수개월을 앞두고 자신과 자신의 신작을 직간접으로 홍보하는 혜택을 누린 것은 외부의 시선에 아랑곳하지 않고 할리우드 정복 스토리의 가능성을 스스로 설파한 그의 배짱에 힘입은 바가 크다. 그는 과대망상에 사로잡힌 듯 보였지만 누구보다 그 자신이 야망의 실현을 굳게 믿고 있었다. 〈용가리〉가 개봉됐을 때 많은 이들이 그 영화의 초라한 완성도에 실망했지만, 정작 심형래 감독 본인은 그 평가를 인정하지 않았다. 수천만 달러의 해외 수출이 예상됐다고 했던 그의 호언도 실제적으로 증명되지 않았으나 그는 거간꾼으로부터 사기를 당했던 것이며 〈용가리〉는 북미의 비디오 마켓에서 상당한 인기를 누렸다고 주장했다.

그가 〈용가리〉 이후 8년여를 매달려 작업한 〈디 워〉를 개봉한다고 했을 때 양치기 소년의 말로가 예견되는 듯 보였지만 그는 놀라운 반전을 이뤄 냈다. 〈디 워〉는 대대적인 마케팅 공세와 더불어 여름방학 시즌을 맞아 아이들에게 볼거리를 주고 싶어 하는 부모들의 관심을 앗아 갔다. 이 영화는 영화 관객의 주 타깃인 젊은이들의 호응도가 적은데도 불구하고 전통적으로 충무로가 취약했던 가족 영화 관객층에 효과적으로 어필했다. 심형래의 출연작 가운데 가장 유명한 〈영구와 땡칠이〉가 방학 영화로 인기를 끌었던 시절, 부모들은 아이들을 영화가 상영되는 구민회관 강당에 들여보내고 자신들은 쇼핑 등으로 남는 시간을 보냈던 반면, 〈디 워〉의 경우 멀티플렉스에서 팝콘과 사이다를 먹으며 아이들과 함께 영화를 봤다. 부모 관객들은 가끔 특수효과와 액션에 놀라면서 듬성듬성 전개되는 스토리와 상관없이 이무기가 나오는 액션을 신기한 듯 쳐다보는 아이들의 반응에 동참했다.

〈디 워〉의 성공은 할리우드와 맞먹는다는, 나아가 할리우드를 정복한다는 가상의 시나리오를 바탕으로 이뤄졌다. 나중엔 다 허구로 밝혀졌지만 〈디 워〉가 미국에 개봉하면 상당한 수익을 올릴 것이란 장밋빛 기사가 온갖 인터넷 언론을 통해 도배되던 시절이었다. 역설적이게도 이런 유사 할리우드 영화 성취욕의 시발점은 충무로가 이미 숱하게 제공했던 것들이다. 최초의 블록버스터 현상을 낳은 〈쉬리〉에서부터 〈태극기 휘날리며〉〈괴물〉에 이르기까지 대다수 대박 영화들은 할리우드 정복 스토리를 바탕에 깔고 마케팅을 시작했다. 〈쉬리〉가 개봉했을 때 실제로 연출된 결과물은 평범했는데도 한국인들은 대규모 액션 총격 장면이 서울 도심과 잠실 운동장에서 펼쳐진다는 것에 놀라고 열광했다. 〈타이타닉〉을 누른 〈쉬리〉의 흥행은 한국인들에게 할리우드를 이긴 듯한 쾌감을 줬다.

〈태극기 휘날리며〉와 〈괴물〉은 아예 처음부터 할리우드를 의식한 마케팅 공세를 펼쳤다. 〈괴물〉은 개봉 당시 칸영화제 감독 주간에 상영됐을 때의 분위기를 현지에 취재 나간 한국 기자들의 접근을 의도적으로 막으면서 최대한 과장해 한국의 인터넷 포털을 통해 퍼뜨렸다. 칸에서 〈괴물〉을 본 「뉴욕 타임즈」 등의 미국 유수 매체 평론가들의 호평을 인용하면서 〈괴물〉을 미국에 개봉할 것이라는 보도 자료를 내고 미국 평단의 호평이 곧 미국 내 흥행의 장밋빛 좌표를 제시하는 것처럼 포장한 뒤 그 효과를 국내 마케팅에 이용하는 것도 그들이 먼저 시작한 것이었다. '우리는 지금 할리우드로 간다'는 것이다. 〈디 워〉는 충무로가 해 왔던 블록버스터 담론을 더 공세적으로 몇 배 수위를 높여 취했다. 기존 충무로 블록버스터의 마케팅 공식을 되풀이하면서 심형래는 '당신들은 되는데 왜 내가 하면 안 되는가?'라고 반문했고 변방에서 중심으로 진입한 영웅 아이콘으로 그를 정의한 열성 지지자들은 오히려 기성 충무로 영화들보다 낫다고 한 술 더 뜨는 상황이 된 것이다. 심형래는 할리우드에 가서 영화를 찍었고 할리우드에서 광역 배급하며 조금만 더 인력과 자본이 뒷받침되면 할리우드도 넘어설 수 있다고 장담했다. 기왕의 충무로 블록버스터 담론이 지향했던 것과 똑같았다. 〈디 워〉는 결국 충무로의 블록버스터 담론이 낳은 상상을 불허하는 괴물이었다.

〈디 워〉 현상을 통해 뒤틀려 나타난 '우리도 할 수 있다'는 국수주의의 거대한 환영은 당시 대다수 한국 대작 상업 영화의 정서 구조로 박혀 있던 가족주의/민족주의/국가주의의 겹침과 동전의 양면이었다. 이것을 거스를 때 대중은 잔인하게 돌을 던졌다. 윤종찬의 〈청연〉이 대표적이었다. 개봉을 앞두고 오마이뉴스를 통해 친일파/민족반역자 영웅을 미화한 영화라는 불온한 딱지가 붙자 〈청연〉은 이미 사람들이 보기도 전에 대중의 공분을 사는 영화가 되어 버렸다. 데뷔작 〈소름〉을 통해 무너져 가는 낡은 아파트를 배경으로 한국 사회의 밑바닥에 서식하는 악의 광기를 소묘했던 윤종찬 감독은 야심작이었던 두 번째 영화로 너무 일찍 재앙을 맞았다. 〈소름〉에서 함께 작업하며 CF 스타 장진영에게서 배우의 잠재력을 최대치로 끌어낸 그는 당시까지 전근대적이었던 중국 현지 촬영의 악조건 속에서 수년간 버티며 영화를 완성했으나 제대로 상영할 시간을 벌지도 못한 채 자신의 영화가 온갖 비난을 받으며 쓸쓸히 극장에서 퇴장하는 것을 지켜봤다. 〈청연〉이 개봉할 당시 인터뷰를 위해 만난 윤종찬 감독은 초현실적 상황의 복판에서 자기가 겪는 일들을 믿지 못하는 표정이었다. 그는 최선을 다해 영화를 변호했지만 영화 속 최초의 '여성' 비행사는 친일파 표지를 들고 돌을 맞았다.

"〈청연〉은 배우 장진영이 필사적으로 매달린 작품이었다." 훗날 사석에서 만난 그는 회고했다. "그는 한국과 중국에서 오랜 시간 매달려 〈청연〉을 찍을 때 오로지 이 작품에만 매달렸다. 중국에선 이해할 수 없는 사고가 잇달았다. 비행 활주로를 비용을 들여 빌렸는데 촬영 당일 현장에 가면 관계자가 딱 잡아떼고 장소를 빌려주지 않는 식의 어이없는 일들이 많았다. 스태프들이 낙담하면 장진영은 솔선수범 모든 사람들을 다독였다. 그랬는데 결과가 좋지 않았다." 그는 감정을 드러내지 않은 채 일찍 세상을 떠난 배우 장진영을 추억했다. 〈청연〉 사태는 훗날 위대한 배우가 될 수 있었을 전도유망한 젊은 배우를 잊히게 만들었으며 남다른 비전과 형식에 대한 감각이 뛰어난 감독을 주저앉힌 2000년대의 가장 불행한 사건이었다.

6장

장르 해체의 모험

스스로 장르적 규칙을
파괴한 거장들

장르 판타지의 전경화를 꾀하다

이명세는 장르의 아이러니를 추구하는 실험으로 자신의 경력을 시작했지만, 그의 경력은 서서히 장르관습 자체를 체계적으로 부정하는 쪽으로 나아갔다. 〈나의 사랑 나의 신부〉의 성공 후에 〈첫사랑〉, 〈남자는 괴로워〉, 〈지독한 사랑〉 등의 후속작에서 이명세는 현실의 예리함을 인공 세트의 포근한 추억과 향수 속에 가두려는 퇴행적 욕망을 드러냈다. 심지어 매우 잔혹한 사랑의 연대기인 〈지독한 사랑〉에서조차 이명세의 영화적 공간은 페티시즘적인 집착을 드러내며 소재가 갖는 리얼리티의 질감과 충돌을 일으켰다. 그러나 〈인정사정 볼 것 없다〉는 장르의 규율 속에서도 자신의 심미안과 삶에 대한 연민의 표현 통로를 찾아낸 스타일리스트로서의 이명세의 재능을 입증해 보였다. 〈인정사정 볼 것 없다〉는 형사물의 정형화된 틀에서 빠져나와 쫓는 자와 쫓기는 자의 감정을 집요하게 추적한다. 이명세는 오로지 물고 물리는 게임 밖에 없는 고통스러운 현실의 육질에서 정지된 아름다움을 본다. 우형사와 김형사가 범죄 현장에서 일당백으로 싸우는 것을 기록 영화 느낌의 흑백 화면으로 보여 주는 도입부 이후 모든 장면은 온갖 영화 기교와 스타일의 실험장이다. 고속촬영과 저속촬영, 유화 애니메이션, 다양한 화면 색감과 명암 농도의 변화, 필름의 잔상 효과를 강조하는 모션 블러 기법, 그리고 푸른 하늘에 먹구름이 몰려오거나 상대편에게 주먹을 날리는 동작을 극단적인 클로즈업으로 잡는 장면 등에서 CG 효과를 망라한다. 고속촬영이 물리적, 감정적 세부를 극대화해 액션 영화의 외관에 서정이 깃든 우수를 입힌다면, 정상 속도 화면은 주로 등장인물들과 묘하게 거리를 둔 차가운 아이러니를 풍긴다. 산동네의 좁은 골목길들을 헤집으며 쫓고 쫓기는 우형사와 범인 장성민의 추격 장면은 무성영화의 슬랩스틱 개그를 보는 것 같은 웃음기를 자아낸다. 이명세는 동물적인 본능에 의존해 삶을 꾸리어 가야 하는, 형사와 범죄자의 삶에서 희극과 비극을 동시에 보고 있다.

이명세는 화면에 등장하는 모든 것에 생명을 불어넣는다. 수시로 비가 오고 눈이 내리는 화면은 그 안에 변화무쌍한 정서적 때깔을 입힌다. 화면은 카메라가 아니라 붓으로 그린, 점과 면으로 된 캔버스를 보는 것 같은 착각을 일으킨다. 깡패처럼 건들거리며 헤헤거리지만 목표를 향해 무섭게 돌진하는 우형사 역의 박중훈이나 조용하지만 강한 카리스마를 지닌 우형사의 맞수, 장성민 역의 안성기는 모두 저마다 지쳐 있지만 삶에 지지 않으려는 결기로 섬뜩한 눈빛을 뿜어낸다. 이명세는 그의 영화 경력에서 처음으로 들어간 남성적인 세계, 환상이 없는 세계, 현실의 육질만 있는 세계에서 현실이야말로 가장 초현실적이고 우스꽝스럽다는 역설을 끌어낸다. 그때까지의 이명세는 곧잘 영화에 환상을 도입하는 몽상가처럼 보였지만 이 영화에서는 현실의 디테일을 극한까지 파고들면서 현실을 마치 꿈처럼, 환상처럼 보여 준다.

이명세 영화에선 양식미가 극단으로 치달을 때 오히려 등장인물에 대한 감정이입의 여지는 더 줄어든다. 〈남자는 괴로워〉의 첫 장면, 만원 지하철에서 얼굴이 납작해질 만큼 사람들에게 눌려 지하철 문이 열리기를 기다리는 출근길 박상민의 모습은 굉장한 현실적 충격을 준다. 그런 파괴력은 이명세의 양식미가 현실의 어떤 정경을 재현할 때 나온다. 하지만 곧 이어지는 장면에서 그런 파괴력은 사라진다. 뮤지컬 공간으로 현실 속 직장 풍경을 재현할 때 아무래도 너무 인공적인 상황이라는 이물감이 생기는 것이다. 예쁜 화면을 통해 사랑의 전개와 완성에 대한 쓰디쓴 회의를 깔고 있는 〈나의 사랑 나의 신부〉에서 신혼생활 중인 남편에게 아내가 도시락 밥 위에 콩알로 하트 모양을 그려 놓는 것과 같은 세부 묘사도 이명세 영화의 힘이다. 신혼 첫날밤 가벼운 몸의 마찰만으로도 사정해 버리고 마는 신랑의 묘사도 마찬가지다. 이명세 영화의 힘은 극단적인 양식미가 현실 속 어떤 풍경에 조준돼 정확히 세부로 묘사되는 것과 조화됐을 때 폭발력이 생긴다. 〈인정사정 볼 것 없다〉

가 정서적인 충격을 준 것도 그 때문이었다. 부산의 유명한 계단에서 서정적인 암살 장면을 재현할 때, 쏟아지는 빗속에서 서부영화의 대결 장면을 연출할 때, 이명세의 양식미는 현실을 튕겨내는 듯하면서도 흡수한다. 굉장한 기시감과 전혀 새로운 것을 보는 느낌이 충돌하며 공존하는 것이다.

수년의 공백 끝에 만든 이명세의 〈형사〉는 이전 영화들에 비해 훨씬 추상화된 에너지로 가득하다. 처음부터 끝까지 이 영화에는 질주의 에너지만이 넘친다. 괴담 분위기의 첫 장면이 주막에서 술을 마시며 동료들에게 허풍을 치는 한 남자의 얘기였다는 것이 농담처럼 배치된 후, 본격적인 이야기의 도입부로 넘어가는 장터의 추적 장면이 연대기순으로 봤을 때 실은 이야기의 중간 토막이라는 점에서도 이명세의 의지가 어디에 있었는지는 자명하다. 그는 원인과 결과에 따라 이어지는 직선적인 플롯의 러브스토리에 관심이 없다. 이명세는 자객 '슬픈 눈'과 포교 남순의 사랑이 이미 점화된 이후, 그들의 대결 스토리에서 나오는 에너지를 찍는다. 영화 중반에 다시 시간을 거슬러 올라가 사건의 발단을 보여 줄 때도 그 에너지는 감소하지 않는다.

이명세의 이런 과잉 미학은 스토리를 무시하고 리듬의 강약도 무시하고 한계가 없는 감정의 데시벨을 향해 치솟는다. 영화 내내 인습적인 장면 연결이 하나도 없는 대신, 와이프 효과로 장면 전환을 대치한 것이 좋은 예다. 화면을 빗자루로 쓱 쓸어내듯이 누군가가 카메라 앞을 가리고 지나가면 이미 다른 공간으로 넘어가 있다. 끝없는 이런 공간의 점프 과정에 이명세 영화의 활력이 있는 것이다. 영화는 공간이며 동시에 시간이다. 시간을 통해 공간을 새기는 예술이다. 이명세는 거꾸로 접근한다. 공간을 통해 시간을 되새기는 것이다. 이 영화가 스크린을 무대로 한 거대한 연희 양식의 재현이라는 느낌을 강하게 풍기며 직접적으로 영화가 활동사진이라는 것을 극적으로 웅변하고 있었다. 교태와 희롱과 애무의 시각적 번역인 이 영화에서의 액션은 종래의 어떤 영화의 액션 합과도 전혀 근친관계가 없다. 쉽게 말하면 그냥 액션의 시늉이다. 무용수들이 춤을 추듯이 이 영화에서는 등장인물들이 칼을 들고 사랑의 정념을 번역한 춤을 춘다. 거기서 얻어지는 순수한 심미적 쾌감을 즐기면 되는 것이다. 이것이 자막이 없는 무성영화라고 봤을 때 그런 심미적 쾌감은 더욱 커진다.

이명세의 기존 영화에서 사물은 곧잘 등장인물의 삶을 껴안는 공기 같은 것이었다. 〈인정사정 볼 것 없다〉에서 잠복근무를 서던 두 형사가 설렁탕에 김치를 얹어 먹는 공상을 하던 만화적인 장면이나, 여동생 집에서 밥을 먹을 때 모락모락 김이 나는 듯한 밥상의 모습 같은 것이 과장된 양식화로 둘러싸인 그의 영화에 어떤 정서적 탈출구를 제공했던 것이다. 이명세의 영화에서 〈형사〉만큼 사물이 이렇게 거대한 진열장처럼 보였던 전례가 없다. 주막에서 술 먹는 장면이 곧잘 나오지만 술과 안주가 고프다거나 하는 생각이 전혀 들지 않는다. 이 영화에서의 사물은, 심지어 인물조차도 극단적인 정념이라는 정서를 표현하기 위한 소도구가 되기 때문이다. 우리가 눈으로 직접 확인하지 못한 온갖 판타지를 주는 영화 세계에서 이명세는 극단적인 스타일의 과장법으로 윤색된 세계를 보여 주는 감독이었다.

〈개그맨〉 클라이맥스에서 서부영화의 총잡이처럼 두 남자 주인공이 열차 내부에서 대결을 벌인다는 발상이나, 한가한 이발소 구석에서 상하이 박과의 결투를 꿈꾸며 액션 연습을 하는 실없는 배우 지망생 이발사의 독백 연기를 보며 우리가 깨닫는 것은 여하튼 꿈을 꾸는 인간들에 대한 사랑스러운 연민이다. 또는 이런 것도 상기할 수 있다. 〈개그맨〉의 후반부, 영화를 찍는다는 명분으로 은행을 턴 뒤 경찰에게 쫓기던 이발사가 타이어가 펑크 난 자동차를 고치기 위해 시골의 어느 허름한 자전거포에 들러 주인에게 도움을 청한다. 그때 자전거포 주인은 밤참으로 막 라면을 끓여먹고 있다. 이발사는 "라면 맛을 아시는군요. 역시 라면은 계란 풀지 않은 게 진짜죠"라고 말한다. 사소하게 지나가는 이런 장면에서조차 이명세의 연출은 라면 냄새를 불러

〈인정사정 볼 것 없다〉

오는 듯한 착각을 준다. 〈형사〉는 선의 충돌과 조화를 강조하는 화면 구성의 쾌감에 취한 나머지 이런 생활 감각적 재미를 집어넣을 수 있는 여유가 없어 보였다. 이 영화의 한계는 그러므로 스토리가 없다는 것이 아니라 등장인물을 설명해 줄 그들 생활의 묘사가 부족하다는 데 있다. 밥을 먹으며 대화하는 데서 오는 심상한 장면조차도 이명세는 강력하게 캐릭터를 설명해 줄 수 있는 디테일의 비결을 가진 감독이었으나 〈형사〉에선 굳이 그렇게 하지 않는다. 조형적인 아름다움을 부각시키기 위해 추상화된 인물의 존재는 철저히 도구화된다. 거기서 전달받는 정서는 슬픔과 찬탄의 중간 어디쯤에 있는 것이지 슬픔의 두께를 더하는 쪽은 아니다.

이명세 영화의 에너지는 모든 것이 철저하게 양식화된 화면 구성과 인간적인 온기를 입힌 캐릭터 묘사가 충돌하고 공존하는 과정에서 생겨났다. 〈형사〉에선 그 충돌이 일어나지 않는다. 공간은 계속 점프하고 인물의 동작은 크게 설계된 가운데 대결의 부피는 점점 커져 간다. 마지막 장면에 이르러 남순 포교 일행과 슬픈 눈 일행은 개인 간의 대결을 넘어 집단 간의 대결을 통한 거대한 선과 원의 충돌을 그린다. 순수하게 조형적인 차원에서 이 영화는 일관되게 덩치를 키워, 활동사진적인 그 움직임의 쾌감만으로도 관객을 감동시키려 든다. 상업적 실패와는 별개로 〈형사〉는 장르의 규범을 최대한 배반하려는 스타일리스트가 가닿을 수 있는 무모한 실험적 영토의 확장 사례였다.

〈형사〉가 흥행에 실패한 후 대중의 취향보다 너무 멀리 나간 것이 아닌지 고민이라고 했던 이명세는 다수의 예상을 깨고 후속작 〈M〉에서 자신의 예술적 야심을 더 멀리 밀고 나갔다. 이 영화는 이명세가 자기 본성에 충실한 예술가라는 것을 다시 한번 드러낸다. 어쩌면 〈형사〉보다도 더 그는 말로 따라잡을 수 없는 이미지의 세계를 추구했으며 단순한 서사를 의식과 무의식의 경계를 넘나드는 스타일로 연출했다. 특히 영화 초반 30분 동안은 이게 꿈처럼 펼쳐지는 영화라는 암시로 가득하다. 소설가 한민우가 어느 한적한 카페

테라스에 나타나는 초반 장면에서 그를 연모하는 듯 보이는 미미가 안절부절못하며 한민우의 출현을 반기는데, 한민우는 그런 그녀의 동정을 전혀 눈치채지 못하고 있다. 잘나가는 베스트셀러 작가로서 팔리는 소설을 계속 써야 하는 강박에 시달리는 그는, 가계 빚에 시달리는 어머니를 도와줘야 하는 처지에 소설가로서 자신의 한계를 느끼면서 절망하고 있는 듯하다. 그런 한민우를 미미는 애처롭게 바라보지만 한민우는 미미의 시선을 느끼지 못한다. 이 장면은 시공간의 급작스러운 비약을 보여 주며 미미와 한민우의 겹쳐지지 못하는 시선을 두고 이후 벌이게 될 추적전의 서막을 알린다.

그쯤해서 이 영화 속 이미지의 논리는 다 설정돼 있다. 이 영화는 유령과 인간의 이야기이며, 그들이 서로의 존재를 느끼게 되는 과정을 다루는 것이며, 기억과 추억과 강박을 담은 것이다. 한민우가 고등학생 시절 사랑했던, 그러나 의식 속에서 지우고 있었던 미미가 한민우의 주변을 배회할 때 그건 한민우의 환상일 수도 있고 실제로 미미가 출현한 것일 수도 있다. 모든 게 꿈이라고, 이게 꿈인가 생시인가 중얼거리면서 빠져들게 되는 꿈이라고 말하면 간단하고 편리한 내러티브의 구실이 되겠지만, 그 정도로 혼미해서는 이명세의 야심이 충족될 리 없다. 이 영화는 삶과 죽음, 현실과 환상, 의식과 무의식, 빛과 어둠, 유성영화와 무성영화, 실재와 재현의 차이를 다 부수고 관객에게 쳐들어온다. "우리가 보는 것은 꿈속의 꿈인가, 꿈속의 꿈처럼 보이는 것인가"라는 이명세의 데뷔작 〈개그맨〉에서 안성기의 대사는 이 영화를 대하는 관객인 우리의 심정이기도 할 것이다. 그런 면에서 이명세의 초심은 변하지 않았으며 오히려 깊어졌다고 말할 수 있을 것이다.

〈M〉의 초반 한 장면에서 출판사 편집장을 고급 횟집에서 만난 한민우는 아직 원고를 쓰지 못했다는 말을 하려는데, 편집장은 그가 완성된 원고를 건네줄 것으로 기대하고 있다. 속사포처럼 이어지는 편집장의 말을 감당하지 못해 쩔쩔 매는 한민우의 모습을 담은 이 장면은 무성영화의 슬랩스틱 개그로 연출되고 있다. 모든 것이 일상적 리얼리티를 철저히 부수고 있는 이런 처리는 이명세의 전작들에서도 볼 수 있었던 것이지만, 똑같은 장면이 역할을 바꿔 재현되는 이후 장면에서는 할 말이 사라진다. 기억과 재현의 관계를 평계 삼아 이명세는 이것이 한민우의 생활 속에 실제로 벌어진 사건인가, 누구의 시점으로 보여지는가 따위는 문제 삼지 않는다. 재현되는 그 과정 속에 관객을 다짜고짜 끌어들여서는 거기서 지각되는 순수한 움직임의 슬랩스틱적 쾌감을 즐기게 한 다음, 그런데 이렇게 보여지는 것을 보고 있는 당신의 영화 관람 경험의 정체는 무엇인가, 그것은 우리가 보는 꿈보다 더 꿈같은 것이 아니겠는가, 라고 묻고 있는 것이다.

꿈보다 더 꿈같은 영화의 정체에 대해 그가 이 신작을 통해 보여 주려 한 무모한 야심의 가닥은 아주 추상적이고 영화적인 리얼리티로 나아가며, 꿈을 꾸고 있는 동안에도 우리가 살고 있는 것이듯이, 그리고 의식적인 차원에서 살아내는 것보다 더 농밀한 생의 감각을 느끼기도 하듯이, 영화로 꿈을 꾸는 것이 가장 충일한 생의 감각을 느낄 수 있는 것이다, 라고 선언하는 데 이르고 있다. 그가 이 영화를 통해 보여 주고 싶었다는 '어둠 속의 빛'과 같은 추상적 테제These도 이 영화의 실제 면면을 대하고 있노라면 빈말이나 허풍은 아님을 알 수 있다. 영화 중반 첫사랑을 본격적으로 회상하는 단락을 제외한 모든 장면이 어둠 속의 미로찾기처럼 설계된 이명세의 공간은 도심의 소란스러운 거리와 골목에 푹신하게 잠기는 어둠의 질감을 선사한 다음, 거기 잠겨 한 가닥 빛에도 극히 민감하게 반응하는 주인공의 시선을 따라 관객도 따라갈 수 있게끔 각각의 화면들이 구성돼 있다.

이에 관해 분석하는 것보다는 꿈속의 꿈처럼 보이게 하는 경험을 즐기는 과정이 이명세 영화의 진정한 매력이다. 이명세는 이 꿈속의 꿈처럼 보이는 영화의 경험에 그의 연출된 카메라의 존재를 과감하게 들이대며 일종의 예술적 초자아로 군림하는 것을 두려워하지 않는다. 그래서 그의 영화에 점점 더 실제 생활의 일상적 질감들이 떨어지고 있는 것은 불만이지만, 그가 극도로 추상화시킨 리얼리티에 우리가 현실에서는 느끼지 못했던 것, 그렇지만 꿈속에서라면 느껴 보고 싶었던 것들이 구현된다는 점에 대해서는 불만이 없다. 정훈희의 과거 히트곡 「안개」가 주제곡으로 쓰이는 가운데 강동원이 연기하는 한민우가 자신의 약혼자와 살고 있는 화려한 집 거실을 홀린 듯이 돌아다니는 영화 속 한 장면에서 우리는 노래 가사의 의미를 방사형의 이미지로 마구 발산하는 이명세의 상상력에 슬며시 미소 짓게 된다. 우리가 어떤 노래를 들을 때 슬프거나 아련하거나 벅차거나 설레거나 하는 여러 감정의 연쇄를 마음속에 담으며 '이것을 혹시 영화로 만들면 어떤 꼴이 될 수 있을까' 상상하는 것의 거의 완벽한 실체를 보여 주는 것이다. "나 홀로 걸어가는 안개만이 자욱한 이 거리, 그 언젠가 다정했던 그대의 그림자 하나, 생각하면 무엇 하나 지나간 추억, 그래도 애타게 그리는 마음, 아- 아 그 사람은 어디에 갔을까 안개 속에 외로이 하염없이 나는 간다…"로 이어지는 「안개」의 가사는 그 자체로 완벽한 시각적 조응물을 갖게 된 것이다.

그리고 그리 길지 않은 시간 속에서 영화 〈M〉은 한민우와 미미의 첫사랑이 펼쳐졌던 모습을 보여 준다. 영원히 지속되기를 바라는 심정이 되어 그들의 풋풋한 첫사랑은 잠시 기억의 압침에 꽂혀 고정돼 보인다. 삶처럼 영화도 흘러가며 한 번 지나간 그들의 사랑은 다시 재현되지 않는다. 이명세의 초기작 〈첫사랑〉에서 보여 줬던 주택가 골목길의 풍경처럼 점점 기억의 안개에 가려 망각 저편으로 사라져 간 현재 상태에서 이명세는 다시 안개 속 미몽 그 자체를 헤매는 남녀 주인공들의 방황을 찬미하는 것이다. 혼몽에 빠져 헤매는 그 과정이 어쩌면 삶 자체의 슬픔이고 아름다움이라는 것을 이 영화는 보여 준다. 데뷔작 〈첫사랑〉에서 불변의 첫사랑의 공간을 불러냈던 이명세 스타일은 이 영화 〈M〉에선 아예 현재로 옮겨와 정신 못 차리고 미몽에 빠져 있는 주인공의 마음과 행위를 가리킨다. 지나간 것은 돌이킬 수 없고 단지 추억할 수 있을 뿐이지만 이 영화는 어쩌면 돌이키는 것도 매우 힘든 일이라고, 기억한다는 것은 절실한 삶의 과정이라고, 그리하여 절실한 미몽에 빠지는 것을 애절하게 지시한다. 〈M〉은 한층 꿈꿀 능력을 갈고 닦은 중년 감독의 되살릴 수 없어 슬픈 일장춘몽으로써, 그게 과거형이 아니라 현재형이라는 것 때문에 꿈속의 꿈처럼 다가오는 영화의 영원성과 덧없음을 동시에 일깨운다.

장선우의 해체적 전망

장선우는 선우완과의 공동 연출작인 〈서울예수〉나 자신의 본격적인 데뷔작 〈성공시대〉를 통해 주류 이야기체 영화의 문법을 숙지한 스토리텔러의 개성을 사회비판 의식과 결합시켰다. 〈우묵배미의 사랑〉에서도 피지배계층의 삶에 대한 공감 어린 시선을 멜로드라마의 기승전결 문법에 담아냈다. 그러나 하일지의 소설을 영화화한 〈경마장 가는 길〉에서 거듭 반복되는 남녀 간의 애정 실랑이를 담아내며 전통적인 극적 사건 묘사의 관습에 대한 전복을 시도한 후에 고은의 소설을 영화화한 〈화엄경〉에선 대담하게 스토리의 해체를 지향하는 해체적 모험의 궤적에 접어들었다. 이후 장선우는 극영화와 포르노그래피의 경계를 허물고 스토리의 기승전결을 순환적 구성으로 대치한 장정일의 해체주의 소설 〈너에게 나를 보낸다〉의 성공으로 전통적인 스토리텔링 문법에서 탈피한 또 다른 경지로 넘어갔다.

이런 스타일 변화는 내용의 변화를 껴안는다기보다 내용의 성격에 따라 붙는 것이기도 한데, 여기서 장선우는 90년대의 해체적 전망을 껴안는다. 비교적 초기 영화인, 한국 자본주의의 천민적 속성을 풍자극 형태로 도식화한 〈성공시대〉나 도시 근교 민중들의 일상 삶을 해학적인 틀로, 그러나 전통적인 드라마 형식으로 담아낸 〈우묵매미의 사랑〉이 검열의 구속에서 자유롭지 않은 형태로나마 전통적인 드라마 구성을 취했다면, 이후의 영화들에서 기승전결의 드라마는 어떤 형태로든 해체되거나 부정된다. 〈경마장 가는 길〉은 1980년대의 이데올로그를 자임했던 지식인의 속물적 속성을 냉소에 차서 바라본 작품이고 〈화엄경〉은 변증법의 테제를 부정하는 쪽으로 나아갔으며 〈너에게 나를 보낸다〉는 소설가가 배우의 가방모찌가 되고 은행원이 소설가가 되고 여공이 배우가 되는 현실을 통해, 기존 사회의 틀과 가치의 잣대가 무정부주의적인 상황에 빠진 우화를 포르노의 문법에 녹여 제시했다. 심지어 〈나쁜 영화〉는 기존 사회의 윤리를 거부하는 10대들과 기성 사회의 틀에서 벗어난 행려들을 옹호하면서 옳고 그름의 윤리적 기준을 내팽개치는 방임적 태도를 다큐멘터리 형식을 삽입해 찬미했다.

장선우의 추의 미학을 관통하는 것은 높은 관념이다. 〈화엄경〉은 80년대를 지배했던 변증법적 사고에 도전하면서 "있다. 그러나 없다"라는 화엄적 세계관의 관념을 영화로 옮기려고 시도했다. 〈나쁜 영화〉를 찍을 때는 장자의 무위 개념까지 거론했다. 〈나쁜 영화〉는 모든 형식을 제거한 상태, 심지어 다큐멘터리와 극영화의 경계 자체가 무의미해지는 상태를 겨냥했다. 허구를 가짜 다큐멘터리 형식으로 찍지만 그것 자체로 더 할 나위 없이 진실한 화면을 만들어 낸다는 것은 굉장한 야심이다. 장선우는 픽션 장르의 인공적인 흔적을 거둬 내기 위해 감독은 아무것도 하지 않을 수도 있다는 역설을 내세웠다. 이것은 성취 여부와는 무관하게 대단히 높은 관념이다. 형식상으로는 서구식 모더니즘과 한국식 판소리의 중간 지점에서 요동하고, 내용상으로는 좌충우돌하는 형태로 주류 사회의 관습적인 인식에 도전장을 내건 그의 모험은, 영화라는 물질적 매체의 원시적 본성을 무시하는 턱없이 이상주의적인 발상이기도 하다.

〈나쁜 영화〉는 관념은 높이, 자세는 낮은 곳으로 임하는 장선우식 도발의 중간 결산에 해당하는 작품이다. 연출, 각본, 의도된 촬영의 포기를 선언하는

'나쁜' 영화를 찍겠다는 감독의 의도를 크레디트 장면의 형광색 화면에서부터 깔고 시작한다. 〈나쁜 영화〉는 기성 사회의 윤리 기준에서 멀리 떨어진 아이들과 행려들의 사회적 퇴락을 찬미하면서, 생산적인 일은 아무것도 하지 않는 그들의 행적과 정확히 일치하게끔 감독을 포함한 스태프들의 아무것도 하지 않는 역할을 강조하는, '반미학'을 표방했다. 감독과 조감독이 이 영화를 만들게 된 경위를 소개하는 내레이션이 깔리면서 '정해진 것 없음'이란 선언을 했을 때부터 〈나쁜 영화〉는 구성상의 혼란을 방기한다. 10대 아이들의 비행으로 점철된 에피소드를 가짜 다큐멘터리 형식으로 담은 구성에다 서울역의 행려 무리를 담은 실제 다큐멘터리를 이어 붙이는, 가짜 다큐멘터리와 실제 다큐멘터리를 번갈아 짜 맞춘 구조 속에서 윤리적 입장도 분열돼 있다. 어른들이 금제한 짓을 즐기는 아이들의 모습이 가끔은 사랑스럽다가도 어쩔 수 없이 어른들 체제의 희생양이 될 수밖에 없는 이들의 모습에는 희망이 없다. 지독하게 남성 중심적이고 폭력적인 이들의 일상은 기성 체제의 꼴과 크게 다르지 않다.

주류 영화와는 다른 문법으로 스스로 괄호를 치고 윤리적 판단을 빼 버린 이 영화의 거친 홈 무비 양식은, 성찰을 뺀 채 리얼리즘이 가능할 수 있다고 주장하는 것과 같다. 장선우는 서구의 근대적 영화 형식을, 곧 고전적인 주류 이야기체 영화나 파편적인 모더니스트 대안 영화를 벗어나는 바로 그 지점에 정해진 게 하나도 없는 형식으로 승부수를 띄웠지만 장자적 트임으로 정의하기엔 이것저것 혼재하는, 특이한 한국식 실험 영화를 내놓았다. 현대사의 화두인 광주 문제에 도전한 〈꽃잎〉도 '투명한' 리얼리즘보다는 조각난 깨진 거울과 같은 개인의 심리를 통해 역사를 보는 장선우식 스타일의 본질을 드러낸다. 〈꽃잎〉의 줄거리는 단순하지만 구성은 복잡하다. 막노동을 하는 장씨는 어느 날 미친 소녀를 만난다. 소녀는 무턱대고 장씨를 오빠라 부르며 쫓아온다. 장씨는 소녀를 폭행하고 학대하지만 그래도 소녀는 장씨를 떠나지 않는다. 소녀는 금남로에서 벌어졌던 학살의 충격을 이기지 못해 미쳐 버렸다. 주변에서 들리는 5월 광주의 소문을 들은 장씨는 소녀의 상처를 이해하기 시작하지만 그를 도와줄 어쩔 도리가 없다.

　직선적인 이야기로 쭉 뻗어나가는 이야기체 영화라면, 후반부에 실제보다 더 생생하게 광주학살의 집단적 기억을 재현하는 재현 다큐멘터리 부분에 이르러 관객의 투명한 정서적 공명을 전했을 것이다. 그러나 그것은 너무 쉬운 방식이고 장선우가 원하는 것도 아니다. 장선우는 여기서 다중 시점으로 이야기의 심줄을 원심적인 방향으로 늘리고, 다시 한번 마당극의 원형구조로 초대하지만, 그것은 또 깨진 거울의 비유 안에 역사의 필터를 묶어 둔 채 관객의 마음을 혼란스럽게 만든다. 〈꽃잎〉은 5월 광주에 대한 소녀의 조각난 기억을 비추고 있다. 흑백과 거친 화면의 입자, 정상 속도와 느린 속도, 실제 음향과 소녀의 무의식에서 걸러내지 못한 웅웅거리는 소리가 들리고, 들판에서 김추자의 노래를 부르던 소녀의 평화로운 영혼은 문득 미친 여자의 영혼으로 바뀌어 있다. 애니메이션까지 동원된 회상 장면은 소녀의 감정을 여러 결로 나누어 현실감을 높이는 충격을 준다. 현재 시점과 5월 광주를 연결하는 화면과 소리의 편집은 이를테면, 칼을 가는 소리나 거리에서 인부들이 연장을 끌며 지나가는 소리 등을 곧바로 과거로 되돌아가는 모티브로 삼아 매분 매초마다 언제 다가올지 모르는 불행한 기억의 매개를 배치하고 있다. 그리고는 그 사이에 여러 사람의 시점이 얽힌다. 막노동꾼 장씨와 소녀를 찾아다니는 소녀 오빠의 친구들과 소녀를 봤다는 사람들의 시점이 고루 나뉘어져 있다. 심지어 장씨가 인부들 틈에 끼어 금남로 학살에 관한 소문을 듣는 장면은 전체 상황을 보여 주는 화면과 나중에 장씨의 주관적인 시점에서 잡은 화면으로 두 차례 나뉘어 반복된다.

　시점의 이런 고른 안배는 광주민주화운동의 역사적 진실을 여러 겹으로 산포시킨다. 장씨가 소녀를 학대하는 장면도, 강간 장면을 포함해 역사적 상처를 남자와 여자의 지배·피지배 관계에 이입시켜 부풀리고 있다. 선명한 역사적 진실을 꼬아 놓은 장선우의 배반은 사실은 명쾌한 진실을 설복해 내기 위해 애썼다고 여겼던 당대 지식인들의 초상에 대한 배반과 통한다. 현실의 총체상을 쪼개고, 총체상을 수립하는 지식인상을 부수는 것은 내용상으로나 스타일상으로나 파편적인 형태로 이어질 수밖에 없다. 현실의 복판에 살았고, 살고 있는 이들은 지식인들이 아니라 이름 없는 소녀와 같은 사람들이라는 진술은 〈경마장 가는 길〉의 저 지루하고 하염없이 이어지는 속물적인 말장난에서 극도의 염세주의를 깔고 나타난다. 소설 원작은 합리적인 사고로 단련된 프랑스 유학파 R이라는 지식인이 적응할 수 없게 만드는 한국 사회의 구조와 그것의 연장선상에서 불가능해지는 R과 J의 관계가 핵심이다. R의 관점에 따르면 R이 프랑스에서 대신 써 준 가짜 박사학위로 한국 사회에서 호구지책을 마련하려는 J의 몸부림은 지식인의 합리적 지성을 몰각한 부질없는 짓이다. 그래서 R은 "너는 나, R과의 이당띠떼identité(동일성)를 포기하는 순간부터 허공에 발을 들여 놓는 순간이 될 것이다"라고 선언한다. 소설 속의 R은 껍데기뿐인 결혼 제도에서 탈출하려는 욕망을 비롯해 모든 것이 인습에 맹목적으로 매달리는 것처럼 보이는 한국 사회의 틀을 무시하려고 의식적으로 발버둥을 친다. R이 J와의 관계에서 추구하는 것은 모든 인습에서 벗어난 욕망과 감정의 순수한 나눔이지만 J는 인습의 허락을 받지 못할 유부남 R의 관계에 필사적으로 저항한다.

모두 공감할 수 있는 것은 아니지만 상상력을 발휘해 가며 일체감을 느끼고 따라가는 소설 속의 R의 육성은, 영화에서는 일정한 거리를 둔 지루하게 되풀이되는 대화 장면으로 연출된다. 이것은 등장인물의 시점을 관객이 나눠 갖게 하고 친절하게 이야기의 내부로 몰입해 가는 친절한 안내 방식이 아니다. 영화는 소설에서 희미하게 주장한 R의 합리적 정신과 한국 사회의 가짜 이데올로기와의 대립을 거둬 낸 대신, 일정한 거리를 둔 채, 근본적으로는 자기 땅에서 유배당한 지식인들의 관념적인 말장난과 그에 비례해 높아지는 육욕 추구에의 강박감을 강도 높게 담는다. R의 긍정적인 성격은 대부분 삭제됐고, 따라서 영화 말미에 "J야 너는 왜 그렇게 됐니? 그 가짜들을 가지고 어떻게 살아가려고?"라고 울먹이는 R의 항변도 큰 설득력을 지니지 못한다. R의 육성을 상상으로 따라가며 읽는 소설의 독법에 비해 대화 장면을 긴 호흡으로 찍어 내는 이 영화의 리듬은 두 등장인물에 대한 혐오감을 증폭시키는 구실을 한다. 등장인물들과 떨어진 관찰거리를 확보하는 연출은 등장인물이 말하는 대사를 지긋지긋하게 느끼도록 만들 지경이어서 눈살을 찌푸리거나 실소할 수밖에 없게 된다. 그러고는 아무런 신호도 주지 않은 채 때로 주인공 R의 시점으로 쳐들어가 영화 곳곳에 가끔씩 되풀이된 R의 주관적 시점을 되살리면서, 영화 말미에 광주리를 이고 가는 아낙네를 버스 창문을 통해 보고 R이 오열하는 장면을 통해, 장선우는 그것이 R의 깨달음의 순간이었다고 주장한다. R이 대지에 굳게 딛은 발을 옮기는 아낙네의 행보를 본 후 한국 사회의 허공에 뜬 R의 정체성은 그 순간을 통해 구원받았다는 것이다.

'가벼운 포르노그래피'를 표방하고 검열과 상업성의 상호 상승작용이라는 효과를 거두면서 성을 통해 시대의 억압과 이상을 우화의 형태로 담아낸 〈너에게 나를 보낸다〉는 거대 담론에 기대어 젠체하는 흔적 없이 가볍게 해체적 전망을 풀어놓고, 파편적인 묘사로 겹겹이 쌓아올린 현실 묘사의 끝에서 결국은 하나의 역설에 이른다. 이 역설의 무게, 무엇에 짓눌린 흔적 없이 현실을 꿰뚫어 보는 미덕이 장선우의 가벼움이고 솔직함이다. 소설가인 '나', 엿보는 자의 운명은 무기력한데, 신춘문예 당선작이 표절로 의심받은 후 정보기관의 위탁을 받고 도색소설을 쓰는 것으로 생활을 연명하는 것이다. '나'에게 '나'와 같은 꿈을 꾸었다고 우기는 '바지 입은 여자'가 찾아오고 바지 입은 여자가 작품을 쓰라고 요구하면 할수록 무엇을 쓸지 모르는 '나'의 혼란은 깊어지며, '나'의 혼란이 심해질수록 성적 능력도 점점 위축된다. 꿈꾸는 것이 본업인 '나'는 꿈꾸는 것을 그만두고, 배우로 성공한 바지 입은 여자의 조수가 되면서 비로소 삶의 만족을 얻는다.

'나'의 친구 은행원 역시 '나'와 마찬가지로 현실에 적응하지 못하고 살아가는 인물이다. 은행의 잔돈 수납 계원으로 일하는 그는 고등학생 시절 매 맞는 옆집 아줌마와의 관계에서 성병과 발기불능을 선물로 얻었으며, 얼토당토않은 다른 사람의 요구를 감내해야 하는 조직사회의 말단 구성원으로 묵묵히 살아가야 한다. 그의 불능 증세는 때리면 맞는, 구성원 다수가 일종의 가학, 피가학증을 체험해야 하는 자본주의 가부장제 사회의 법칙에 위축되어 나타나는 퇴행 현상이다. 그러나 은행원은 '나'와는 달리 억압의 그물에서 몽상으로 탈출하려고 끈질기게 노력한다. 성적 함축이 내재된 영화 〈우리에게 내일은 없다〉의 폭력과 영웅주의에 열광하는 그는 결국 몽상의 끝에서 소설가로 입문한다. 소설가로 성공하면서 그의 성적 능력은 마치 꼿꼿한 펜처럼 제 능력을 찾게 된다.

소설가와 은행원의 인생 유전이 담고 있는 가치의 전도와 해체의 극단에서 한층 미묘한 접점에 서 있는 인물이 바지 입은 여자다. 성적 매력이 있다는 이유로, 배우지 못한 여공이라는 이유로 남자들에게 학대받았던 여자는 거꾸로 섹스를 다루는 법을 알게 된다. '나'에게는 섹스를 매개로 진실한 문학을 요구하며, 문학사기꾼이자 호색한인 백형두에게 기꺼이 몸을 맡기고, 은행원의 불능 증세를 치료하려고 애쓰기도 하며, 돈을 위해 매춘을 하기도 한다. 가학과 피가학의 맥락에서 그녀의 섹스도 예외일 수는 없지만 이상하게도 그녀는 건강한 느낌을 준다.

바지 입은 여자의 욕망은 능동적인 것이자 이중적인 것이다. 욕망에 대한 그녀의 능동성은 여성의 대상화라는 사회의 지배적인 시선을 전제로 받아들이기 때문에 이중적이다. 스스로를 억압하지 않는다는 점에 있어서는 해방적이지만, 자신의 욕망을 기존 사회의 구속 체계에 기꺼이 의탁한다는 점에 있어서는 억압적이다. 그러나 이 능동성으로 그녀는 사회의 맥락을 초월해 간다. 이 능동성 때문에 그녀의 욕망은 아무런 갈등을 겪지 않고도 진실을 요구하기 위한 것이거나, 그저 즐기기 위한 것이거나, 남을 치료하기 위한 것이거나, 아니면 돈을 벌거나 출세하기 위한 행동으로 옮겨진다. '나'와 은행원과는 달리 바지 입은 여자는 이 영화의 등장인물 중 제일 강한 인물이다. 현실을 피하지 않으면서 꿈꾸는 것의 의미도 부정하지 않는다. 짓밟힌 끝에 단련된 섹스를 매개로 그녀는 '나'에게 꿈꿀 것을, 소설을 쓸 것을 강요하지만, 성공하지 못했다. 대신에 그녀는 섹스어필을 도구 삼아 배우로 출세하지만, 그녀가 출세했어도 '나'는 여전히 소설을 쓸 생각이 없다.

세 주인공의 주변에 등장하는 인물들, 곧 색안경, 경산문화협회의 회장과 부회장, 오만과 자비, 이정박, 술집 마담과 그녀의 남편 등의 인물은 비정상적인 사회에서 비정상적으로 살고 있는 익명의 개인들을 대변한다. 어떤 입장에서 어떤 방법으로 살았던 그것은 중요한 것이 아니다. 이 사람들이 살고 있는 세상은 말하자면 폐허인 것이다. 이곳의 집단의식은 물론 가학과 피가학으로 점철된 일종의 정신분열증이다. 포르노그래피의 외관, 비정상적인 초점으로 분리되는 화면 공간, 현재와 허구의 대비를 보여 주는 자막 처리 등을 빌려, 그 정신분열증을 욕망으로 포장해 내고 풍자로 해체해 내면서 장선우는 역설에 이른다. 분열증의 세계를 포르노그래피의 분열증 시선으로, 약간은 블랙 유머의 감성을 섞어 담는다. 왜소한 이상과 도피적인 욕망의 끝에서 몸을 추스를 가능성이 다 사라져 버린 것은 아니다.

장선우는 피아의 구분을 불가능하게 하는 욕망의 카오스로 90년대의 사회를 탐사했다. 그런 부정의 제스처가 한군데 머물러 있지 않는 것이 장선우식 미학 체계의 핵심이다. 그리고 이 부정의 제스처는 엄숙주의가 지배하는 한국 사회의 한 편에 쾌락주의가 숨 쉬고 논의되는 자리를 확보한 다음, 때로는 신명에 가까운 웃음과 한에 가까운 슬픔을 만들어 낸다. 장선우의 낮은 자세와 높은 관념이 일치하는 것은 이 쾌락주의의 원리를 지킬 때뿐이다. 높은 관념이 이 쾌락주의를 밀어내면 그것은 예술적 사기가 된다. 장선우의 사상 최대의 블록버스터 〈성냥팔이 소녀의 재림〉은 가상현실과 실제 현실의 관계로부터 한없이 가벼운 유희정신과 묵직한 형이상학적 화두를 조화시키며 그 와중에 관객의 기대관습을 배반하는 반형식적 모험을 시도한 끝에 스스로 난처함에 빠진다. 〈성냥팔이 소녀의 재림〉은 어떤 영화의 범주에서도 빠져나간다. 100억 원이 넘는 제작비로 화제를 모았지만 정작 완성된 영화는 블록버스터의 때깔을 의도적으로 뺀 분위기로 만들어졌다. 촌스럽지만 친밀감을 주는 형형색색의 미술은 화면에 싸구려 키치의 분위기를 풍기며 줄곧 펼쳐지는 액션도 세련보다는 투박함에 가깝다. 잘 꾸며진 영화보다는 거친 영화를, 폼을 잡는 영화보다는 경쾌하게 장난치는 영화 분위기를 꾸미면서 편안한 위로와 감동을 구하는 블록버스터 강박증을 조롱하는 이 영화에는 SF 영화의 하이테크 노출증 강박이 없고, SF 영화의 기존 형식과 스타일은 물론이고 소재로 들이민 게임 속 가상현실과 실제 현실의 경계를 무너뜨린다.

장선우는 박진감 효과에 봉사하는 형식을 거둬 내고 다루고자 하는 삶에 곧바로 돌진하는 '원시적 스타일'을 추구했다. 하지만 제작 물량과 관념의 두께 면에서 커다란 야심을 드러내는 이 영화에선 한국적 블록버스터의 지역색을 작가의 표현성이라는 수단으로 돌파하려 든다. 선악과 미추의 구분을 부순 전작들에서처럼 이원론의 틀을 멀찌감치 벗어난 이 영화는 소재로 삼은 게임 속 가상현실과 실제 현실의 구분을 일부러 흐린다. 영화 내내 실제 현실과 게임 속 가상현실의 경계는 굳이 구별 지어 묘사되지 않는다. 심지어 이 영화는 그 둘이 나눠질 수 없는 하나라고 암시한다. 이런 호접몽의 모티브는 〈매트릭스〉에서도 나왔던 것이며, 우리가 살고 있는 현실이 실제로는 가상현실일지도 모른다는 가설을 믿고 싶게 만들었던 〈매트릭스〉에서 중요한 것은 실제 세계와는 다른 가상현실 속의 운동감과 속도감이었다. 날아가는 총알이 멈춰선 것 같은 착각을 불러일으키고 미세하게 재현된 동작의 품새와 금방이라도 날아오를 듯한 액션의 역동감은 그 세계를 구경하는 것이 아니라 살고 있는 듯한 느낌을 준다. 그것 역시 미몽이지만 따지고 보면 영화 자체가 미몽이다. 그런데 〈성냥팔이 소녀의 재림〉은 굳이 영화가 미몽임을 인정하려 들지 않고 꾸미려 하지 않는다. 이 영화는 모든 게임의 규칙을 무시한다. SF 장르를 촌스럽게 찍고, 현실과 가상현실의 구분을 없애고, 액션 안무의 진화도 안중에 두지 않는다.

특히 이 영화의 액션은 이미 익숙해진 기존 영화에서의 안무 방식을 슬렁슬렁 참조하고 있다. 〈툼레이더〉를 극복하려는 것이 아니라 참조하며 영화 속 여전사의 이름을 라라로 설정해 놓고 '라라 크로프트를 떠올리면 됨'이라고 부연 설명을 달아 놓는다. 매끈한 블록버스터 영화의 틀을 가져와 이렇게 비틀어 놓는 것이 가벼운 유희, 나아가 뒤집는 쾌감을 준다는 발상은 거꾸로 영화가 얼마나 원시적인 매체인지를, 영화 속 가상현실과 실제 현실의 겹침을 드러내기에는 얼마나 세밀한 기교가 필요한 것인지를 증명하게 된다. 영화 초반, 주인공 짜장면 배달부 주가 무례한 고객의 회사 사무실에 대고 기관총을 난사하는 장면이 뿜어내는 쾌감처럼, 이 영화에서의 에너지는 어디론가 뻗어나가 공명하고 싶다는 태도를 반영하고 있다. 가상현실에서 행복하면 실제 현실에서도 우린 행복할 것이며, 아예 가상현실에 틀어박혀 나오지 않으면 된다는 태도를 드러내는 이 장면에서의 정신적 쾌감을 〈성냥팔이 소녀의 재림〉은 카메라와 스크린이라는 물리적 매체로 힘들여 번역하려는 수고를 보여 주지 않는다. 이 영화에 인용된 금강경의 글귀에 따르면 "형상이 형상이 아님을 보면 여래를 보리라"라는 것이다. 이는 "영화가 영화가 아님을 보면 감동을 보리라"라는 이 영화의 창작 의지로 옮겨진다. 〈성냥팔이 소녀의 재림〉은 장르관습에 대한 작가적 의지의 조롱이 가장 극단적으로 뻗어나간 예다. 여기서 장선우의 작가적 의지는 보편적인 형이상학의 테제로 옮겨감으로써 자국 관객의 정서적 로컬리티에 부응하는 접점을 찾아내지 못했다.

〈성냥팔이 소녀의 재림〉
장선우 감독

서사의 교란과 확장

소설가 출신으로 누구보다 서사에 민감한 감독 이창동은 그의 필모그래피를 통해 일관되게 서사의 교란과 확장을 꾀해 왔다. 그의 영화는 특정 장르 콘셉트로 포장돼 대중에게 홍보되지만 몇 가지 해결되지 않는 대립적 극들의 길항관계로 이뤄져 있다. 이를테면 개봉 당시 〈밀양〉의 홍보 홈페이지 소개 문구는 이랬다. "남편도, 아들도… 모든 사랑을 잃었다. 당신이라면 이래도 살겠어요? 동그라미처럼… 그가 그녀 곁을 맴돌기 시작했다… 이런 사랑도 있다." 요컨대 이 영화는 특별한 유형의 멜로드라마로 홍보되지만 그것이 멜로드라마의 규범 속에 수렴될 수 없는 주제를 다룬다는 것은 이창동의 영화에 익숙한 이들에게는 이미 예상 가능한 일이다.

영화 〈밀양〉을 보는 관점은 다양할 수 있다. 하지만 어떤 관점에서 보더라도 이 영화는 한국 사회의 한 개체가 다른 사람들과 관계를 만들어 갈 때, 보는 주체이자 동시에 보이는 대상으로서의 위치를 민감하게 의식하며 살아간다는 사실을 전언한다는 점은 부정하기 힘들다. 남편을 잃고 미망인이 된 신애가 어린 아들과 함께 남편의 고향인 밀양에 와서 사는 것으로 시작하는 〈밀양〉의 도입부에서 신애는 고장 난 차를 길거리에 세워 두고 지나가는 차를 붙잡기 위해 애를 쓰고 있다. 그녀의 모습은 이 영화에서 그녀가 계속해서 꾸미는 화급한 자기 정체의 본질을 요약하는 장면이기도 하다. 그녀는 실제로 절박한 삶의 가장자리에 몰리는 위기를 맞지만 남편의 고향이자 지방 소도시인 밀양에서 제법 재력 있는 서울 출신 미망인인 양 은근히 윤기 나는 삶의 외형을 흉내 내려다 큰 재앙을 겪는다. 〈밀양〉은 그런 한 여자의 자기 위장 스토리가 초래하는 정체성의 붕괴를 다룬 영화이자 자기 갱생의 스토리이며 그 과정에서 우리가 겪을 수밖에 없는, 보는 자이자 보이는 자로서의 관계 속 위치에 대해 예민하게 질문하는 영화다. 이 관계 속에서 영화는 진짜와 가짜 사이의 게임을 보여 주고 자기 가장과 자기 대면 사이의 투쟁을 다루며 정의될 수 없는 삶의 비극성에 대해 어떤 답변도 담지 않은 채 끝까지 극단적인 질문을 밀어붙인다.

이창동은 정교한 기승전결 구조를 갖춘 고전적 서사를 짜 놓고 있지만 화면 구성, 인물 형상화, 편집의 생략 등에서 이야기의 인과적 연결을 방해하는 허다한 틈을 마련해 놓고 있다. 관객은 어쩔 수 없이 그가 초대한 삶의 비극적 현장을 관람한다. 그러나 정작 그 현장의 클라이맥스에서 이해할 수 없는 의문을 품게 된다. 이를테면 〈밀양〉의 후반부 장면에서 정신병원을 막 나온 여주인공 신애가 자신의 아들을 살해한 유괴범의 딸을 미용실에서 만날 때, 게다가 수습 미용사인 그녀로부터 머리를 자르게 되는 상황이 될 때 두 사람은 심드렁하게 일상적인 대화를 나누며 차가운 표정의 신애 앞에서 그 유괴범의 딸은 갑자기 눈물을 흘린다. 그녀들의 심리를 이해할 수 없는 것은 아니지만, 이 장면에서 관객의 정서적 이입 고조 효과를 거의 강박적으로 거부한다고 여겨질 만큼 감독 이창동은 무심하게 이 장면의 화면들을 거칠고 생략적으로 연결하고 있다. 그는 왜 이런 장면에서 등장인물의 심리를 드러내는 전통적이고 상식적인 연출 접근법을 거부하는 것처럼 보일까라는 의문이 사라지기 전에, 우리는 이 영화의 신중하고 모호하며 여백이 많은 엔딩 장면과 마주하게 된다.

하나의 장르로 수렴될 수 없는 복합적인 삶의 꼴을 특정 장르의 틀에 희미하게 기대어 묘사하고, 꽉 짜인 인과론적 서사로 밑그림을 그리면서도 화면 연출에 있어서는 여백과 틈을 많이 남겨 놓는 이창동의 영화는 모순된 결을 함축하고 그것 때문에 오히려 흥미로운 지점을 많이 만들어 낸다. 그때까지 이창동의 영화를 돌이켜 보면 그는 그를 비판하는 사람들에게 대략 두 가지 유형의 비난을 받았다. 첫째는 소설가 출신으로 플롯의 짜임에는 능하나 별다른 시각적 쾌감이나 충격이 없는 영화를 찍는다는 것, 혹은 시각적 충격을 노리지만 문자적 설명으로 대치될 수 있는 수준에 머문다는 것이다. 이창동의 영화에는 스타일에 대한 자의식이 없다. 그는 장르라는 상업 영화의 틀을 갖고 시작하지만 조심스럽게 그걸 부순다. 상대적으로 가장 장르적 관성이 강했던 〈초록물고기〉를 거쳐 후속작들로 갈수록 그의 스타일은 더 수식이 없는 쪽으로 향했다. 스타일이 내러티브를 이끌거나 등가의 관계를 맺는 것이 아니라 스타일이 극적 내용을 수식하지 않겠다는 자세를 유지하는 것이 그의 영화의 미학적 윤리의 토대를 이룬다.

그런 맥락에서 〈밀양〉은 이창동 영화 세계의 작은 전환점을 표할 만한 작품일 것이다. 극적으로 충격적인 소재를 던져 놓고 그에 따른 감정의 착취를 하지 않겠다는 것처럼 구는, 그래서 반대자들로부터 위악적이라는 비난을 듣는 그의 영화 접근법의 기본 틀은 이 영화에서도 크게 달라지지 않은 듯 보인다. 이청준의 소설 『벌레 이야기』에서 취한 소재는 그 자체로 극적 충격이 강한 휘발성을 담고 있기 때문이다. 아이가 유괴당해 죽는 것을 본 여자가 극도의 절망에 빠져 신의 품에 기대며, 신의 은혜 속에 그녀는 아이를 죽인 살인범을 용서하기로 하지만, 이미 그 살인자는 먼저 신의 용서를 받았다고 말한다. 그렇게 자신이 용서할 기회마저 빼앗긴 여자는 더 큰 절망에 빠져 자살한다는 것이 원작의 내용이다. 신과 맞서는 인간의 절망은 어마어마한 관념을 내포한 이야기다. 그런데 이창동은 이 소재를 더 낮은 데로 임하는 차원에서 바라본다. 이창동의 관심은 원작의 이야기가 끝나는 데 놓여 있다. 그는 이것을 등장인물의 자기윤리의 결단이라는 지점에서 바라본다.

영화의 주인공 신애는 남편의 죽음 이후 그의 고향인 밀양에서 살기로 결심한 여자다. 그녀가 정말 남편을 사랑해서 남편의 고향인 밀양에서 여생을 보내기로 결심했는지는 잘 알 수 없다. 중요한 것은 그녀가 '인생을 연기하는 여자'라는 사실이다. 우리 모두 그런 속성을 갖고 있지만 그녀는 유별나게 자신의 삶을 연기하는 축에 속한다. 남편의 고향에 내려와 사는 여자라는 것도 뭔가 더 그럴 듯하게 자신의 삶을 포장하려는 그녀의 설정이라고 말할 수 있다. 그녀는 새로운 인생의 막을 밀양에서 좀 더 극적으로 맞으려는 포즈를 취한다. 이런 연기자로서의 속성은 그녀가 막 이사한 뒤 이웃들에게 인사하던 중, 옷가게 주인에게 인테리어에 좀 더 신경 써야겠다고 주제넘게 충고하는 데서도 나온다. 처음 만난 사람에게 장식에 신경 써야겠다고 도도하게 말하는 그녀는, 자신은 장식에 자신 있음을 거만하게 드러내는 속물이다. 그런데 그런 그녀가 자신을 좋아하는 카센터 주인 남자 종찬에게는 속물이라고 대놓고 핀잔을 준다. 지역 유지에게 연락해 안면을 트는 것을 대단한 특권으로 아는 종찬에게 신애가 속물이라고 빈정대는 것은 자신이 그들보다는 더 높은 차원의 인간이라고 생각하기 때문이다. 그녀는 인생이라는 연극의 주연이 될 수 있다고 생각하는데, 그것은 그녀만의 판타지다. 이 판타지 때문에 그녀는 죽은 남편에 대한 사랑으로 남편의 고향에 내려와 사는 재력 있고 지적인 미망인이라는 자기 역할을 설정한다. 그리고 그걸 과시하기 위해 모아놓은 돈도 없으면서 종찬을 부추겨 밀양의 부동산을 보러 다닌다.

다른 사람의 시선을 끄는 위치를 욕망했던 신애는 자기 아이가 유기되는 사건을 통해 잔인하게 보복당한다. 그녀는 행복을 실연하는 연기자가 됨으로써 자신을 우러러보는 타인의 시선을 의식하며 그들을 수직적으로 내려다보려 했지만 거꾸로 그들에게 불행을 보여 줘야 하는 처지로 전락했다. (이 영화에서 신애가 보는 것, 신애가 다른 사람들에게 보여지는 것의 대칭적 구조는 매 장면마다 집요하게 되풀이되며 장면 연결의 주요 원칙이 되고 있다.) 그런 그녀에게 구원처럼 다가온 것은 종교다. 신앙을 권하는 이웃 약국 주인 집사의 집요한 방문에도 꿈쩍하지 않던 그녀가 우연히 교회부흥회에 달려간 것은 홀로 아들의 사망신고를 하러 동사무소에 갔다가 자기 충격을 이기지 못하고 쓰러진 직후였다. 함께 가자고 한 종찬을 뿌리치고 그녀는 혼자 동사무소에 가지만 아들을 잃은 슬픔의 충격을 감당하기에는 스스로 너무 무력해진 자신을 깨닫는다. 쓰러진 그녀 앞에 나뒹구는 교회부흥회 전단지를 보며 그녀는 운명의 계시 같은 것을 느꼈을지 모른다. 그리고 교회부흥회에 참석하자 정말로 기적처럼 마음의 평온을 얻는다. 그 장소에서 카메라는 군중 속에 있는 신애에게 천천히 다가서며 그녀는 처음으로 우리를 의식하지 않고 절대자로서의 신과 접촉하는 듯이 보인다. 신의 의지에 의탁해 완전한 개별자로 다시 선 듯이 보이는 그녀는 신의 은혜를 입은 축복에서 한 걸음 더 나아간다. (원작과는 달리 자발적으로) 자신의 아들을 죽인 유괴살인범을 먼저 용서하겠다고 주변에 말하는 것이다. 우려하는 주변의 시선과 달리 그녀의 입장은 단호하다. 그녀는 도입부의 속물적 차원과는 달리, 뼈저린 고통 속에서 더 차원 높은 은혜의 실천을 행하리라는 열망에 불타고 있다. 그녀의 주체성은 보다 초월적인 가치에 의탁한 채 고귀한 차원에서 인생을 장식하는 전환점을 표할 순간에 이른다. 그러나 그녀의 고귀한 연기는 이번에도 좌절된다. 상대는 먼저 신에게 용서받았던 것이다.

〈밀양〉은 여주인공 신애를 통해 우리가 말하고 행하는 것에 내재된 삶의 양식의 전형성을 신중하게 탐색한다. 끔찍한 고통의 전시를 통해 신애는 삶의 연극성을 가장 비극적으로 보여 주는 인물이 된다. 아이를 잃고 종교에 의지해 필사적으로 헤쳐 나가려고 노력하는 그때까지, 그녀의 삶은 주체적인 윤리에 기초한 것이라 말할 수 없다. 그녀는 필사적으로 주변으로부터, 또는 위로부터 부여된 강제적인 모럴에 의지해 삶을 지탱하려 노력한다. 처음에 그것은 자기 인생에서 불행한 미망인의 수식을 떼어 내기 위한 물질적 표시를 가장하려는 노력이었다. 그것이 일상적인 차원에서 행복을 시연하는 가장 손쉬운 표식임을 우리 모두 잘 알고 있다. 그녀는 자신이 주변과 다르다는 것을 연기함으로써 자유로울 작정이었는데 무의식중에 빈곤한 중산계급의 속물적 모럴에 구속돼 있는 정신의 비겁성을 드러낸 것이다. 이게 처절한 대가를 치르게 되자 더 큰 종교적 모럴에 기초해 자기 인생의 난관을 헤쳐 나가려 한다. 거기에도 어떤 극적인 퍼포먼스가 필요했고 그녀는 그것을 자신이 먼저 죄를 용서하는 것이라고 믿었다. 그녀는 다른 사람들과의 경쟁에서 앞서고 심판하는 위치에 서고 싶어 하는 전형적인 중산계급적 모럴의 희생자다. 그리고 그것은 그녀가 알지 못했던 것 이상으로 엄청나게 힘든 정신적 고통을 안겨 준다.

그때부터 〈밀양〉은 위로부터 부여된 강제적인 모럴에 대하여 자신의 윤리로 맞서기로 한 여인의 진짜 주체성의 형성기를 보여 준다. 그녀가 의탁할 위로부터의 모럴이 없으므로 이제 그녀는 처음으로 자기 자신과 대면하지 않을 수 없게 된다. 감히 신과 맞서기로 한 그녀의 모험은 처음에는 가망 없는 광기에의 천착으로 보이지만 이윽고 치열한 혼란을 거쳐 고요한 내적 평정에의 단계로 향하는 어떤 지점에 서게 된다. 그게 〈밀양〉의 종착지다. 이 자기 주체성 형성의 내재적인 움직임은 우리에게 이창동의 전작을 통틀어 수정과 재형성과 해체의 역동성 면에서 흥미로운 떨림을 전해 준다. 그녀는 자신도 의식하지 못하는 사이에 어떤 수직적인 규범에 맞춰 자기를 형성하는 것이 아니라, 스스로 삶의 스타일을 재정의하지 않을 수 없는 순간에 직면하는 삶의 가장 아름다운 순간을 맞게 된다. 여기서 섣불리 결론을 내리지 않고 행위와 의지의 주체로서 자기를 매 순간 새롭게 재정의하지 않을 수 없는 여주인공의 모습을 보여 주는 것이 이창동 영화의 미학적 윤리라 할 것이다.

여기서 신애 곁에 항상 얼쩡거리는 남자, 송강호가 연기한 종찬이라는 남자는 송강호의 어떤 경지에 오른 연기에 힘입어 〈밀양〉의 주제를 소통시키는 보이지 않는 파이프 역할을 한다. 종찬은 신애의 말대로 속물의 전형에 속하는 남자일지도 모르지만, 한 여자를 열렬히 좋아하는 것으로 타인을 배려하는 덕목을 갖추게 된 인물이다. 밀양이 어디서나 존재하는 그저 그런 도시이듯 그 남자 종찬도 어디서나 존재하는 그저 그런 남자지만 누군가를 진심으로 좋아하고 염려함으로써 자기 삶에 배려의 덕목을 갖게 되는, 작은 기적을 일궈 낸 인물이다. 동료들의 비웃음을 받으며 신애를 따라 교회에 나간 종찬은 신애가 교회를 그만둔 뒤에도 계속 교회를 다니며, 왜 그러느냐는 신애 동생의 질문에 "그럼 마음이 편해서"라고 하나 마나 한 대답을 한다. 그는 자기 행동의 동기가 동정과 연민이라는 걸, 그 축이 된 감정이 사랑이라는 걸 겉으로 드러내기에 서툰 인물이지만, 스스로의 인생이 직면한 비루함을 더 큰 불행을 당한 여자의 편에 서서, 산다는 것의 위기를 하나하나 극복해 갈 수 있는 용기를 저도 모르게 알게 되는 인물이다.

그가 신애의 곁에서 늘 실없는 행동을 하며 기웃거리는 것은 종종 우리의 웃음을 자아내지만 바로 그렇게 실없이 굴 수 있는 그의 행동은, 알맹이가 빠져나가 유명무실한 것이 돼 버린 신애의 삶에 강력한 버팀목이 될 수 있다. 그는 모든 것이 비슷하게 닮아 있는 무의미의 총체가 돼 버린 밀양이라는 도시가 함축하는 우리 삶의 꼴에 대해, 명확하지는 않지만 과정 중에 놓여 있는 대답으로써 위안을 줄 수 있는 인물이다. 신애가 고통을 겪는 거의 모든 순간, 아이를 유괴당한 그 결정적인 순간을 제외하면 그는 늘 신애 곁에 있다. 신애가 아이를 유괴당하고 황망한 심정으로 그의 카센터를 찾아갔을 때 그는 노래방 기계를 틀어 놓고 혼자 노래를 부르고 있다. 우스꽝스러운 그의 뒷모습을 보고 신애는 그에게 말을 걸지 않고 돌아서 나온다. 그때 이후로 그는 그녀의 곁에 거의 줄곧 있다. 영화의 마지막 장면에서 홀로 떨어져 나온 신애를 찾은 그가 보일 듯 말듯 입가에 짓는 미소를 보라. 구체적인 답을 주진 않지만 〈밀양〉은 신이나 법처럼 자기를 넘어선 어떤 것에 속박되지 않는 상태에서의 주체성 형성과 관계의 접촉에 관해 희미한 희망의 단서를 띄운다. 그게 이창동이 힘겹게 이 영화를 통해 세워 놓은 윤리며 긴 상영시간 동안 고통을 체험한 우리가 받게 되는 값진 대가일 것이다.

세상은 갈수록 선동가들의 말로 오염되고 개개인의 욕망으로 혼탁해진다. 이런 세상에서 예술이라 한들 희망과 구원의 말을 보태는 것은 소음 공해의

〈밀양〉

일부로 전락할 수 있다. 이창동은 많은 돈을 들여 찍는 상업 영화의 숙명 속에서 위험한 게임을 하고 있다. 그는 가장 극적인 소재를 놓고 가장 신중한 윤리의 척도를 체험하려 한다. 그의 영화는 인생을 단정적으로 정의하는 듯 보이는 일반 상업 영화들 틈새에서 비슷한 외관으로 진열되지만 실은 진위를 정할 수 없는 대답들 조각 하나하나를 허구로 제시하는 것이다. 삶의 선택의 기로에서 어떻게 할 수 없는 인간들의 딜레마를 묘사하며 해결책을 단정짓지 않는 가운데, 그의 영화는 애매함을 오히려 적극적으로 드러냄으로써 관객인 우리를 초월적인 차원에서 내재적인 차원으로 이끌려 한다. 어떤 거대한 가치에 기대는 것은 좋은 일일지 모르지만 대개는 가짜 진정성에 함몰될 역겨움을 어쩌지 못한다. 이창동의 영화에서 배우들은 겉으로 보이는 것보다 훨씬 은밀한 활기를 불어넣는 인물의 내재적인 움직임을 통해 작은 내재적 구원의 가능성을 열어 놓는다. 화면은 그런 인물 곁에서 인지될 듯 말듯한 빛의 움직임을 포착하는 것처럼 가는 존재감으로 굳세게 지켜보겠다는 태도로 구성된다. 스토리에 강박되지 않는다면 이창동 영화의 이런 내재적인 움직임이 현대 한국 영화계에서 드문 개성이라는 것을 인정하게 된다.

등장인물에게 진리가 쉽게 도래하는 것을 지연시키려는 이창동 영화의 경향은 윤리적인 것이다. 인간이 과연 이 상황에서 어떻게 행동할 수 있을까 회의하는 마음을 지속적으로 견딜 수 있는 것은 우리 각자의 주체화의 실천밖에 없다. 이창동은 등장인물을 통해 그러한 종류의 주체성을 암시한다. 어떤 현실에 직면한 인간이 초월적인 권위에 의지하지 않고 자기 내부 영혼의 움직임에 민감하게 반응하면서 자신의 삶의 꼴을 다시 정의해 가는 고도로 윤리적 운동이 〈밀양〉에는 있다. 이 영화에서 인상적인 것은 그 운동의 과정이 여주인공 신애를 통해 직접적인 극단으로, 그녀의 곁에 선 남자 종찬을 통해 간접적인 암시로 짝을 이뤄 전개된다는 것이다. 전도연의 연기가 전형성의 규범으로 밀어붙이는 열연이라면 송강호의 연기는 무정형의 일상적인 꼴로 희열을 준다. 신애가 알 수 없는 삶의 운명 앞에서 스스로의 무력함에 이를 악물며 버티고 서 있는 겸허함을 보여 준다면 종찬은 실실거리면서도 그 고통의 내재화를 무의식적으로 이뤄 내는 인간 존재의 고양된 순간을 보여 준다. 이창동 영화는 더 낮은 데로, 심심한 데로 임할 수 있으며 〈밀양〉은 그 가능성을 보여 준다.

이창동 영화는 언뜻 틈이 보이지 않는 빡빡한 구조로 연결돼 있는 것으로 보인다. 그의 영화는 세밀한 복선을 촘촘히 깔아 두고 여주인공을 예정된 비극의 구덩이로 몰아넣는다. 연출자의 면밀한 지휘 아래 고통의 전시라는 차원에서 이루어진 이것은 현실을 발견하는 것이 아니라 현실의 재확인에 가까운데, 감독이 보이지 않는 신의 대리자를 자임하는 듯 보이기 때문에 불편할 수 있는 것이다. 라스 폰 트리에Lars Von Trier의 〈브레이킹 더 웨이브 Breaking The Waves, 1996〉와 같은 영화에선 〈밀양〉과 비슷하게 비극을 자초하는 여자의 수난기가 펼쳐지지만, 시종일관 그게 신의 뜻일 거라는 암시가 깔리고 연출자는 모든 상황을 관장하는 신의 위치를 대신 부여받은 듯 굴며, 심지어 마지막 장면에선 신의 시점에서 바라보는 듯한 부감 화면까지 나온다. 아마도 신의 뜻이리라는 함축이 그것에 숨어 있는 것이다.

〈밀양〉에는 그런 초월적 코드가 끼어들 틈이 없다. 이 영화에서 가장 당혹감을 안겨 주는 장면, 여주인공 신애가 독실한 기독교 집사인 이웃 약국 주인 남자를 유혹해 야외에서 성관계를 시도한 후 하늘을 쳐다보며 신에게 시위하듯이 구는, 그 불경한 장면이 주는 충격은 상황 자체의 강렬함 때문이기도 하지만 여주인공의 의지 못지않게 연출자의 의지도 느껴지기 때문이다. 그게 영화 내 자연스러운 흐름에 따른 논리일 뿐만 아니라 허구적 구성의 논리가 강제된 것이라는 생각을 하게 되고 당연하게 창작자 이창동의 의지를 떠올리게 되는 것이다. 앞서 언급한 대로, 신애가 정신병원을 나와 동네 미장원에서 머리를 자르는 후반부 장면에서도 비슷한 생각을 하게 된다. 신애는 그 미장원에 취직해 수습생으로 일하고 있는 유괴범의 딸이 자기 머리를 자르는 걸 물끄러미 바라보고 있다가 다시 감정이 격하게 폭발한다. 그때까지 유괴범의 딸의 존재는 산발적이지만 정교한 연출 의도로 관객의 뇌리에 깊이 박혀 있었다. 처음에 그녀가 영화에 소개될 때 그녀는 길거리에서 친구들과 노닥거리다가 웅변학원 원장인 아버지가 모는 원생들과 신애를 태운 차에 동승하게 된다. 신애는 그녀에게 이런저런 질문을 하지만 그녀는 제대로 답변하지 않는데, 그녀 아버지의 말을 통해 그녀가 다소 불량기 있는 사춘기 소녀라는 걸 알게 된다. 이후 그녀는 아버지가 죄를 저지른 후 신애의 집 주변에서 얼쩡거리다 발각되자 눈물을 흘리며 도망치는 장면에서나, 친구들에게 린치당하는 것을 신애가 멀리서 지켜보는 장면 등에서 신애와 '보는-보이는' 시선의 관계를 형성하고 있었다. 그런 두 여자가 영화의 마지막 단락에 이르러 유괴살해라는 극적인 사건의 희생자들로서 한 화면 안에서 시선을 부딪치며 그들 처지와 관계를 직시하는 장면에서 우리는 비로소 어떤 극적 결말이 이뤄질 것이라는 암시를 받는다. 유괴범의 딸이 그 장면에 다시 등장하는 순간, 관객은 잠시 잊고 있던 그녀의 존재를 떠올리며 결말을 맺는 방점 기능으로 그녀가 어떤 역할을 할 것인지 조마조마한 심정으로 보게 된다. 그러나 수미상관의 정교한 각운을 짜 놓고 이창동은 거기까지 관습적인 멜로드라마의 규칙에 기대 따라간 관객에게 정반대의 체험을 안겨 준다. 이창동은 그렇게 극적인 장면에서 아무런 정서적 해결 고리를 마련해 주지 않는다. 그럴 때 다시 연출자의 의지를 느끼게 하며 이토록 과격한 순응과 위반의 도돌이표를 찍는 그의 스타일에 충격을 받는 것이다.

이창동은 서사에 틈을 만들어 놓고 계속 그 틈을 벌리며 영화를 관찰하는 것이 아니라 수미상관의 철저한 복선을 따라 구성된 전통적인 형식의 영화에 자꾸 생채기를 내 거꾸로 틈을 만들어 내려 한다. 이것이 그가 전도연, 송강호라는 스타를 기용해 더 많은 관객을 불러 모으려 애를 쓰는 가운데 관습적인 형식에 전위적인 일탈의 기운을 생성시키는 방식이다. 허구의 규칙 내에서 필사적으로 창작할 때, 그 순간을 필사적으로 연기하고 있다는 느낌이들 때, 우리의 감정은 고통의 편하지 않은 정화 단계에 이르게 된다. 영화 속의 신애는 그 인물 자체가 연기하는 인물이다. 영화 속 상황에서 그녀는 연기하고, 그 연기의 가장된 틀이 깨질 수밖에 없는 상황이 거듭된다. 이 상황 속에서 신애뿐만 아니라 신애를 연기하는 전도연의 연기도 연출자가 정해 놓은 굴레를 깨고 나아가며, 이 이중의 겹침 속에서 관객은 동일화와 거부의 일차 단계를 넘어서는 다른 단계를 안내받는다. 허구의 정해진 틀 내에서 감독과 배우들을 포함한 창작자들이 필사적으로 드러내려는 그 고통에 대한 묘사 의지는 관객을 자극하려는 노출증적 에너지가 아니라 스스로 파괴되는 몸의 고통을 통과한 끝에 얻게 되는 어떤 동참의 의지를 표하는 것이다. 이는 물론 허구의 상상을 통한 승화와는 거리가 있을 수 있지만, 고통을 전시하는 차원에 그치는 냉소나 자기현시의 욕망과도 본질적으로 다르며, 누군가의 고통을 달래 주는 것이 아니라 그 고통에 동참하려는 의지에 가까운 것이다. 〈밀양〉에서 그 고통의 주름은 다양하게 포착되고 있다. 이미 말한 대로 신애가 감당하는 고통뿐만 아니라 그녀의 고통을 겉으로 담담한 듯 바라보는 종찬 역의 송강호가 보여 준 에너지도 있다. 그가 신애에게 행하는, 사소하다면 사소할 수도 있고 굉장하다면 굉장할 수도 있는 배려가 관객과 공유할 수 있는 가장 건강한 형태의 위로나 승화의 감정일 것이다.

진실된 감정 포착을 겨냥하는 이창동 영화가 픽션의 감옥에서 전혀 벗어날 틈이 없다는 것은 역설이라 할 것이다. 하지만 그의 예술은 이 세상을 바라보는 매우 예리하고 특출한 관점의 산물이라는 것도 인정해야 할 것이다. 이창동의 다음 영화 〈시〉는 예술이라는 픽션과 실제 현실이 맺는 미학적 윤리적 관계에 더욱 천착하며 서사가 허용하는 등장인물과의 동일화 기제를 보다 과격하게 비틀어 밀고 나간다. 〈시〉의 여주인공 미자는 〈밀양〉의 종찬의 확대된 버전이다. 여주인공 옆에서 실실거리면서도 그 고통의 내재화를 무의식적으로 이뤄 내는 인간 존재의 고양된 순간을 보여 준 종찬처럼 〈시〉에서 미자는 겉으로 심심하고 평범해 보이는 삶 속에 어마어마한 윤리적 운동을 경험한다. 이 영화는 우연히 작은 소도시 문화회관에서 여는 시 강좌에 출석한 미자가 결국 시를 쓰게 되는 한 달여의 시간 동안 벌어진 일을 다룬다. 초등학교 시절 이후 시를 써 본 적 없는 미자는 하필이면 알츠하이머 초기 증상을 겪는 인생 말년에 시를 쓰고 싶다는 생각에 사로잡힌다. 딸에게도, 주변 이웃들에게도 이해받지 못하는 그녀의 열망은 결국 관객만 아는 형태로 완성된다.

〈시〉에서 미자가 보여 주는 푼수 끼와 허용은 관객인 우리가 받아들이기 힘든 수준의 것은 아니다. 그녀의 푼수 끼는 오히려 타자를 향한 접촉과 공감을 향해 열려 있는 긍정적 자질이다. 영화 초반 병원에서 다른 사람의 가방에서 나는 휴대폰 소리를 자기 것으로 착각해 찾고 있다가 남의 것으로 판명되자 멋쩍게 웃으면서 옆의 사람을 그녀가 쳐다볼 때 옆 사람은 그녀의 미소에 전혀 반응하지 않는다. 미자가 진찰받고 병원 앞을 걸어 나올 때 화면에는 딸의 죽음에 오열하는 여중생 박희진 어머니의 모습이 나타난다. 카메라는 긴 동선으로 미자와 희진 어머니의 모습을 커트 없이 한 공간에서 이어 준다. 연출로 맺어 준 이 공간 속의 동시 출현 느낌은 주변 일에 반응하는 미자 캐릭터의 마음과 조응하는 것이며 이는 그녀가 시를 쓰는 자질과도 통한다.

미자가 나가는 시 강좌에서 만난 저명한 시인 김용탁은 시를 쓰기 위해서는 잘 봐야 한다고, 우리가 살아가는 데 제일 중요한 것은 보는 것이라고 말한다. '본다는 것'은 이 영화에서 거듭 변주되는 모티브인데, 미자는 그게 무엇인지 알지 못한다. 시상은 주변에 있고 찾아오는 것이 아니라 찾는 것이라는 시인의 말을 미자가 무의식적으로 체화하는 것은 훨씬 후에 아주 잔인한 순간에 일어난다. 처음에 미자는 부질없이 초등학생처럼 시인의 말에 문자 그대로 매달린다. 시인이 본다는 것의 예로 든 사과를 집 식탁에 놓고 앉아 미자는 그걸 뚫어지게 바라본다. 외손자 종욱의 친구들이 집으로 찾아오고 아이들이 무슨 꿍꿍이를 하는지 궁금해 방 안에 들어가 사과를 줄까 권유했다가 타박받은 뒤에 미자는 사과를 보고 혼자 중얼거린다. "사과는 역시 보는 것보다 깎아 먹는 거야." 사과는 정관의 대상이 아니라 내가 먹어 버리는 대상이다. 아직 그녀는 미적 세계의 입구에 들어서지 못했다.

약간 희극적으로 되풀이되는 후속 상황에서도 미자의 그런 방황은 계속된다. 동네에 있는 큰 나무 한 그루를 뚫어지게 쳐다보던 미자에게 지나가던 할머니가 뭘 보냐고 묻는다. 나뭇잎들은 바람에 흔들리고 그때 종욱이 관련돼 있는 여중생 자살 사건의 가해자 아버지로부터 전화가 온다. 아름다움을 보려 했으나 고통까지 보게 될 상황은 이렇게 다소 소름끼치는 방식으로 축적된다. 미자가 시 한 편을 쓰는 것은 영화의 목표이자 도달점이기도 하지만, 그녀가 시 한 편을 쓰기 위해 통과하는 과정은 시인의 말대로 시상을 찾는 것이 아니었다. 시상은 미자에게 뜻하지 않는 방식으로 찾아온다. 그때까지 미자는 예쁘게 세상을 탐색하는데, 거기서 자꾸 원래는 보고 싶지 않았던 것을 본다. 여중생 박희진 사건의 전말을 가해자 학부모 모임에서 알고 난 후에 종욱의 학교에 간 미자는 노는 아이들을 보고 새소리를 들으며 최초의 시 비슷한 것을 쓴다. "새들의 노랫소리 무엇을 노래하나." 그녀가 텅 빈 복도 끝에서 아이들의 성폭행 현장이었던 과학 실습실을 들여다볼 때 그녀의 얼굴은 코가 약간 눌려 일그러져 보인다. 노는 아이들 소리, 새들 소리, 그건 미자를 위한 것이 아니며 미자는 대상이 자신을 위해 존재한다고 느끼고 싶지만 대상은 그렇게 존재하지 않는다.

미자가 나가는 아마추어 동호인의 시낭송회에서 누군가 읊는 자작시는 좀 가관이다. "시를 쓴다는 것은 동지섣달 이른 새벽 관절 부은 손으로 하얀 살 씻어 내리시던 어머니를 기억하는 일이다. 시를 쓴다는 것은 깊은 밤 홀로

228

잠깨어 우는 일이다…" 하는 시는 자기 연민의 넋두리를 감추고 있다. 이는 미자가 영화 중반, 희진 엄마를 만나러 가는 시골길에서 잠시 얻었던 시적 희열 비슷한 것이라고 스스로 착각했던 것과 비슷하다. 미자는 그때 풍경에 흡수되어 자기동일성을 갖는다. 나무에서 떨어진 살구를 맛본 다음 그녀는 그럴 듯한 시 비슷한 것을 쓴다. '살구는 스스로 땅에 몸을 던진다. 깨여지고 밟힌다. 다음 생을 위해.' 이것 역시 그럴 듯하지만 자기 연민의 발로다. 그다음 상황에서 미자는 희진 엄마를 만나 실컷 삶의 아름다움을 얘기하며 도취한다. 살구가 땅에 떨어진 걸 간절하다고 생각했으며 자기 몸을 땅에 던져서 막깨지고 밟히게 해서 다음 생을 준비하는 것이라고, 이를테면 그녀는 자기가 방금 쓴 시를 스스로 해설하는 것이다. 평생 살았어도 살구에 대해 처음 그런 걸 알았다고 만족해하는 미자의 얼굴에는 미소가 남아 있다. 그러나 그녀가 희진 엄마에게서 돌아서서 그 길을 나올 때 그녀는 걸음을 멈추고 충격에 사로잡힌다. 그녀는 사실 희진 엄마에게 합의 보자고 사정하려고 온 참이었다. 아름다움을 위장한 자기도취의 그물에서 깨어나는 것은 그녀에게 고통이다.

그다음 열리는 시낭송회에서 동호회 회원들은 프로 시인의 시를 낭독하고 있다. 그곳 회원이자 형사인 박상태는 이날 「너에게 묻는다」라는 안도현의 시를 낭송한다. "연탄재를 함부로 발로 차지 마라. 너는 누구에게 한 번이라도 뜨거운 사람이었느냐?" 낭송이 끝나고 느물거리며 농지거리를 하는 박상태를 보며 미자는 아름다움을 찾는 건데 음담이나 한다고 흉을 보지만, 그날 밤 회식 자리가 끝나고 아무도 보지 않는 곳에 가서 쪼그려 앉아 운다. 박상태가 "시 때문에 우세요? 시 못 써서?"라고 물으며 그녀 곁에 난감한 듯 서서 보다가 그녀의 옆에 앉는다. 그는 그녀의 울음이 그치기를 기다리고 있다. 박상태의 이 연대 행동은 비로소 자기도취에서 깨어난 끔찍한 상태의 미자가 그때까지 보고 싶었던 것만을 봤던 것과 대비된다.

본다는 것의 중요성에 대한 김용탁 시인의 강조는 미자가 보는 것과 미자가 보이는 것의 대비 속에 천천히 축적되어 마침내 '시'에서 '영화 매체'로의 전이가 일어나는 과정을 관객에게 체험하게 한다(이는 〈밀양〉에서도 비슷하게 묘사된 모티브이기도 하다). 영화 초반에 미자는 자기가 병원에서 본 비극적인 사건, 희진의 죽음에 관해 주변에 말하지만 아무도 관심 기울이는 이가 없다. 미자는 혼자서 그걸 봤다고 생각하고 더 알고 싶다. 그러나 그녀가 적극적으로 상황에 끼어들 때 미자는 보는 상태에서 보이는 상태로 바뀌고 그걸 황망해한다. 미자가 박희진의 추모 미사에 몰래 참석한 성당에서 희진의 친구로 보이는 어느 여중생은 계속 미자를 쳐다본다. 미자는 불편해하며 그곳을 나오다가 희진의 사진 액자를 들고 도망치는데 길가에서 어느 남자와 부딪칠 뻔한다.

사건을 관찰하는 사람이었으면 좋았을 텐데, 거기 연루되자마자 미자는 보는 상태에서 보이는 상태로 옮겨 가고 그건 더욱 더 주변 사람들의 눈길을 받는다. 영화 중반, 사건의 내막을 안 후 돌보미로 일하는 강노인 집에서 일을 마치고 그녀가 샤워기를 맞으며 울고 있을 때 강노인은 목욕탕 바깥에서 그 소리를 몰래 엿듣고 있다. 다음 날 아침 배고프다고 식탁에 달려든 종욱이 미자가 식탁에 놓은 희진의 액자를 본다. 미자는 종욱의 반응을 보고 있다. 종욱은 배고프다고 밥을 달라고 채근하며 그 응시의 강요를 물리치지만 무엇을 그가 생각했는지는 알 수 없다. 밥을 먹고 난 후 아파트 앞 공터에서 종욱은 아이들이 훌라후프 추는 걸 가르친다. 여러 컷으로 나눠 찍힌 이 장면에서 종욱은 사람들 간의 관계 속에 있다. 생기 있게 관계 속에 있는 종욱의 모습은 그것이 처음이자 마지막인데, 그 모습을 미자가 보고 있다. 여기서 우리는 윤리적 감각의 모호성을 느낀다.

본다는 것의 정체에 대해 우리를 관찰자가 아니라 이해 당사자로 연루시켜 버리는 것은 나중에 이르러서다. 영화 후반, 미자가 부동산 중개소에서 합의 보러 온 희진 엄마와 마주치는 장면이 있다. 희진 엄마 집 근처에서 미자가 살구의 아름다움 운운하며 뻘짓을 한 다음이다. 희진 엄마는 미자를 보고 놀라 얼굴이 굳어진다. 미자는 치욕과 염치를 느낀다. 본다는 것에 대해, 그리고 보인다는 것에 대해. 유리창 너머 말없이 이쪽을 보고 있는 희진 엄마와 미자의 시선은 마주친다. 다시 한번 본다는 것과 보인다는 것의 이 상관관계 속에서 어느 시인이 강조했던 본다는 것의 중요성은 영화 매체의 표현 메커니즘으로 옮겨져 관객에게 질문하는 것이 된다.

미자는 봉준호의 〈마더〉에 나온 혜자와 대척점에 있는 사람이다. 혜자가 자식의 범죄를 표면적으로 감싸고 밀봉한다면 미자는 그 반대다. 그러나 두 사람은 공동체에 대해 비슷한 시선, 비슷한 입장을 갖고 있다. 〈마더〉에서 가장 뛰어난 장면인, 혜자가 밤에 살인이 일어난 건물 옥상에 올라 무심하게 곳곳에 불이 켜져 있는 마을 전경을 보는 이미지와 맞먹을 만한 것이 〈시〉의 후반부에서 공감각적으로 확산되는 화면에 있다. 사물이나 풍경은 이 영화에서 미학이 될 수 없다. 영화 초반, 미자가 시 강좌를 듣고 집 안에 들어와 설거지통도 시적 소재가 될 수 있다고 한 선생의 말을 따라 집 안 곳곳의 사물을 볼 때 마치 오즈 야스지로 영화의 몇 대목처럼 인서트된 화면들이 보인다. 팬지꽃이 있는 작은 화분, 설거지통에 있는 그릇들, 냉장고에 붙은 사진과 메모가 되어 있는 포스트잇 등은 오즈적인 정물이지만 이 영화에서는 결코 미학이 될 수 없다. 미자의 시선으로도 연출자의 의지로도 육화된 것들이 아니기 때문이다. 그러나 서울에 있는 병원에 갔다 오면서 알츠하이머 확진 판정을 받은 미자가 버스에서 바깥 풍경을 볼 때 그녀는 풍경에서 자신의 심상을 본다. '시간이 흐르고 꽃도 시들고'라고 그녀는 공책에 적는다.

여기까지 바깥에 존재했던 풍경은 서서히 주인공 쪽으로 밀고 들어온다. 미자가 여중생이 빠져 죽었으리라고 추정되는 어느 한적한 시골 강 콘크리트 다리 위에 섰을 때 미자의 뒷모습이 프레임 된다. 그녀가 먼 풍경에 망연히 시선을 보내고 있는 동안 그녀의 모자가 강에 떨어진다. 검푸른 강물이 보인다. 풍경은 더욱 가깝게 다가오고 미자가 다리 밑 부근에서 시를 쓰려는데 비가 내린다. 미자는 한 줄도 쓰지 못하고 미자의 공책은 빗물에 젖는다. 시를 쓰려는데 풍경이 개입하고 난폭하게 치고 들어온다. 여기서 설명되지 않지만 미자는 뭔가를 느꼈을 것이고 강노인을 찾아가 어떤 모종의 참혹한 의식 비슷한 것을 치른다. 그건 소녀의 죽음에 대하여 남아 있는 자로서 치르는 대속 의식 같은 것일 수도 있지만 이 참혹한 의식은 이런 생각을 하게 만든다. 그렇다면 정작 소녀의 죽음은 어떤가. 그건 보이지 않는 것이라고 해서, 망각되는 것이라고 해서, 무시되는 것이라고 해서 참혹하지 않은 것인가.

영화의 거의 종반부에 미자는 종욱과 배드민턴을 친다. 그들이 치는 셔틀콕이 나뭇가지에 걸리고 미자가 그걸 건지려고 할 때 카메라는 부감으로 내려다본다. 거의 유일한 심판의 느낌을 주는 부감 숏 속에서 종욱이 다가오고 형사들이 프레임인하여 종욱을 부르고 종욱이 그들과 얘기한다. 미자가 간신히 라켓으로 가지를 쳐서 셔틀콕을 떨어트려 주워 들고 돌아서자 종욱 대신 박상태가 라켓을 들고 서 있다. 심판의 느낌은 다시 일상적 풍경에 녹아든다. 이 전이는 마지막 장면의 정서적 클라이맥스를 예비하는 것이면서 심판, 단죄, 망각 이런 것들을 일상적 풍경에 겹쳐 놓고 있다.

그리고 마지막 시가 낭송되는 장면이 있다. 미자가 결국 쓴 시, 「아네스의 노래」라고 명명된 시가 선생인 김시인의 목소리를 통해, 미자의 목소리를 통해, 다시 죽은 여중생 소녀의 목소리를 통해 화면에 깔릴 때 시각적으로 보이는 숏들은 부재를 형상하는 풍경들이다. 미자의 텅 빈 집 내부, 아이들이 훌라후프를 하며 노는 아파트 앞 작은 공터(종욱은 이제 거기 없다. 아파트 앞 버스정류장에는 아무도 기다리지 않고 아무도 버스에서 내리지 않는다), 미자에게 뭘 보냐고 묻던 할머니가 미자가 보던 나무를 보고 있는 모습 등이 비친다. 몇 개의 이미지들이 더 이어진 뒤 지방 소도시의 일상적 풍경들이 다시 화면에 들어온다. 부재의 풍경은 다시 일상적인 것에 묻힌다. 그때 미자가 갔던 콘크리트

다리에 소녀가 프레임된다. 이것은 앞서 중반에 보여진 할머니 미자의 숏과 대비되는 것이 아니라 유비관계를 이룬다. 일체를 향한 유비다. 강제적인 영화적 제스처라고도 볼 수 있지만 그것은 무섭다. 카메라를 정면으로 보는 희진의 얼굴이 클로즈업된다. 우리가 그녀의 얼굴을 똑바로 볼 수 있는가. 더 심상치 않은 것은 강가를 비추는 마지막 이미지다. 강물이 흘러내린다. 멀리서 보면 잔잔한 듯했던 물결은 사정없이 요동치고 있다. 이때 풍경은 앞서 말한 대로 거기 존재하는 것이 아니라 우리에게 침입하는 것 같다.

〈시〉

해체의 담대한 몸짓

마침내 이창동은 〈버닝〉에서 이미지로 서사를 부숴 버린다. 이 서사 해체의 모험적 시도가 돌출하는 〈버닝〉은 영화의 이미지가 진실한가, 그것은 인간과 현실의 복합성을 드러낼 만한 그릇인가를 형식으로 증명하고 있다. 영화의 첫 장면부터 얘기를 시작해 보자. 우선 어느 문을 프레이밍한 화면이 보인다. 우리는 그 문에서 누가 나오거나 누가 그 문으로 들어갈 줄 예상하고 지켜본다. 하지만 그렇지 않다. 그 문 옆 오른쪽 벽에서 누군가가 담배를 피우고 있다가 화면 안으로 들어와 문을 열고 물품을 꺼내 등에 걸치고 이동하기 시작한다. 그는 주인공 이종수다. 영화는 처음부터 관객의 시선을 교란시키며 우리의 예상을 깨는 프레임인 방식을 보여 준다. 이것은 영화 전체의 시각적 전략이다. 관객의 예단을 허용한 다음 그걸 깨트린다. 시각적 긴장을 유지하기 위한 방편이기도 하지만 우리가 보는 것은 우리가 보고 싶은 것을 예단하는 과정의 확인이라는 영화 문법의 틀을 깬다.

영화는 고향 친구인 이종수와 신해미의 만남과 갑작스러운 섹스 그리고 잠시 동안의 이별을 묘사한 다음, 아프리카 여행에서 돌아온 해미가 종수에게 소개한 벤이라는 부자 청년과 만나는 과정을 통해 세 사람의 삼각관계 비슷한 것을 담아내고, 해미가 갑작스레 사라진 후 종수가 벤에게 느끼는 열패감과 의심을 다룬다. 영화 속 대사에 나오지만(무라카미 하루키의 원작 소설에서도 마찬가지다) 벤은 소설 『위대한 개츠비』의 개츠비와 같은 인물이다. 왜 그런지는 모르겠지만 무척 돈이 많고 수수께끼 같은 성격을 지녔으며 모든 것을 다 가진 것으로 보이지만 타인이 알기 힘든 결핍을 지닌 사람이다. 무라카미 하루키의 소설에서도 곧잘 변주된 이 유형의 '개츠비 서사'에서 주인공은 개츠비 인물에게서 자신의 다른 이면, 또는 되고자 하는 에고를 보며 그게 다 무라는 것을 깨달을 때 다시 태어난다.

〈버닝〉은 그런 개츠비 서사를 느슨하게 차용하지만 서사의 연쇄는 촘촘한 인과론에 매달리지 않는다. 대신 이종수와 벤, 신해미를 축으로 놓고 서사적 긴장감을 자아내는 일차적 도구는 문학적 메타포다. 무라카미 하루키 소설에서 끌어오고 확대시킨 그 메타포들은 주인공들의 말을 통해 전달된다. 문예창작과를 다니다 군대를 다녀와 복학 준비 중인 소설가 지망생 이종수는 영화의 첫 장면에서 행사 도우미로 일하는 초등학교 동창이자 고향 친구인 신해미를 만나 술을 마시며 이야기를 나누는데, 신해미는 귤을 먹는 판토마임 동작을 연기하면서 말한다. "여기에 귤이 있다고 생각하지 말고 여기에 귤이 없다는 걸 잊어먹으면 돼. 중요한 건 진짜 먹고 싶다고 생각하는 거야. 그럼 진짜 침이 나오고 맛있어." 압운을 맞추듯이 이 화두는 이후 영화의 여러 장면들에서 다양한 형태로 변주된다.

해미는 귤이 있다고 생각하는 게 아니라 귤이 없다는 것을 잊어버리라는 메타포를 주었다. 해미의 집에 종수가 처음 갔을 때 해미가 여행 가 있는 동안 돌봐 달라던 보일이라는 이름의 고양이는 보이지 않는다. 고양이가 정말 있기는 한 거냐고 물었을 때 해미는 자신의 말이 거짓말 같으냐고 반문한다. "혹시 보일이도 상상 속에만 있는 거 아냐? 내가 너 없는 동안 여기 와서 상상 속의 고양이한테 먹이를 줘야 되는 거 아냐?" 해미는 종수의 말을 반박한다. "그래도 있는 것은 있고, 없는 것은 없는 거야… 어떤 것은 있다는 걸 확인하는 게 너무 좋은 거 같아. 지금 니가 내 앞에 있는 것처럼." 영화 내내 고양이는 보이지 않지만 고양이의 흔적은 남아 있다. 또 다른 장면에서 해미는 어렸을 적 자신이 우물에 빠졌을 때 종수가 와서 구해 줬다고 말해 준다. 해미의 가족은 해미의 그 말이 거짓이라고 한다. 종수 자신도 기억이 없다. 해미의 예전 집을 찾아가지만 우물의 흔적은 없고 마을 이장도 그 사실을 부정한다. 그런데 오래 떨어져 있던 종수의 어머니는 오랜만에 종수를 만났을 때 해미의 집 앞에 우물이 있었다고 증언한다.

이야기는 우리 삶에 대한 어떤 메타포다. 그런 점에서 해미는 스토리텔러다. 이 점은 아이러니하다. 소설가 지망생 종수는 초반에 해미 앞에서 무엇을 써야 할지 모르겠다고 토로하기 때문이다. 벤의 말처럼 소설가 지망생 종수는 메타포를 만드는 사람이지만 메타포는 해미가 준다. 그런데 더 결정적인 메타포를 주는 이는 벤이다. 벤은 그에게 비닐하우스를 태운다는 메타포를 주었다. 파주에 있는 종수의 집에 해미와 함께 찾아온 벤은 대마초를 피우고 해미가 잠든 뒤 비닐하우스를 태우는 자신의 취미를 고백한다. "한국에는요… 비닐하우스들이 진짜 많아요. 쓸모없고 눈에 거슬리는 비닐하우스들… 걔네들은 다 내가 태워 주기를 기다리는 거 같아요. 그리고 난 그 불타는 비닐하우스를 보며 희열을 느끼는 거지요." "그게 쓸모없고 불필요한 건지는 형이 판단한다고요?"라고 종수가 힐난하자 벤은 "나는 판단 같은 거 하지 않아요. 그냥 받아들이는 거지. 그것들이 태워지길 기다리고 있다는 거를… 그건… 비 같은 거예요. 비가 온다. 강이 넘치고 홍수가 나서 사람들이 떠내려간다… 비가 판단을 해요? 거기에 옳고 그른 건 없어요. 자연의 도덕만 있지. 자연의 도덕이란… 동시 존재 같은 거예요. 나는 여기에도 있고 저기에도 있다… 나는 파주에도 있고 반포에도 있다. 서울에도 있고 아프리카에도 있다. 그런 거… 그런 밸런스…"

물질적으로 모든 걸 다 갖춘 벤은 초월자 행세를 한다. 약육강식 질서에 따른 생성 소멸의 원리를 직접 집행함으로써 삶의 권태를 태운다고 하는 벤의 행동은 종수에게는 다른 열망을 불러일으킨다. 벤이 어떤 비닐하우스를 태울 것인지 탐색하는 가운데 종수는 그 자신이 비닐하우스를 태울지도 모른다는 강박을 느낀다. 어떤 이는 권태 때문에, 어떤 이는 분노와 상실감 때문에 불을 지르려 한다. 종수는 아직 아무것도 쓸 수 없는 소설가이며 그의 아버지는 사회에 대한 분노로 저지른 행동 때문에 감옥에 가 있고 그의 어머니는 오래전 가출했으며 그가 욕망하는 여자 친구 해미는 벤의 곁에 있다가 사라진다.

그런데 벤이 정말 종수 집 근처의 비닐하우스를 태웠는지는 증명되지 않는다. 종수가 나중에 만난 벤은 비닐하우스를 이미 태웠다고 했지만 종수는 그걸 확인할 수 없다.

등장인물들은 가시적인 것과 비가시적인 것을 말을 통해 긍정 또는 부정하지만 정작 그게 화면에 증명되어야 할 때 이미지의 증거력은 불확실하다. 해미는 없는 것을 잊으라고 했지만 동시에 있는 것은 있는 거라고 수정한다. 그가 말한 고양이는 종수 앞에 나타나지 않지만 고양이의 흔적은 해미의 방 안에 늘 있다. 비닐하우스를 태우는 벤의 행동은 종수에게 태우고 싶다는 강박적 충동을 자극했지만 증명되지 않았다. 해미는 귤을 먹는 판토마임을 연기하면서 없다는 것을 잊으면 진짜로 귤을 먹고 싶다고 생각하게 된다고 말했다. 이 말은 종수가 벤이 태울 비닐하우스를 지레 짐작하고 라이터에 불을 붙이는 장면으로 공명된다. 먹고 싶다/태우고 싶다는 것의 대상은 실재하지 않는다.

문학적 메타포에 매달리면 〈버닝〉은 다양한 방식으로 해석될 수 있을 것이다. '개츠비 서사'의 틀에서 보자면 종수는 벤을 통해 다른 사람으로 성장한다. 영화의 말미에 그는 드디어 소설을 쓸 수 있게 된다. 자기만의 메타포를 지어낼 수 있는 사람이 된 것이다. 해미의 방 안에서 열심히 뭔가를 쓰는 종수를 카메라는 줌아웃으로 빠지면서 보여 준다. 마치 영화의 흔한 엔딩처럼 그 장면은 끝난다. 명확하진 않지만 에필로그처럼 이어지는 그다음 장면은 종수의 소설에 나오는 장면일지도 모른다. 종수의 결핍감과 분노는 마침내 목표를 정했고 비닐하우스가 아니라 살아 있는 사람, 벤을 태운다. 하루키의 원작 단편 소설의 마지막은 "밤의 어둠 속에서 이따금 나는 불에 타 허물어지는 헛간을 생각한다."라는 문장으로 끝나지만 영화 〈버닝〉에선 벤을 태워 죽인 종수가 자기 옷가지도 태워 나체로 이동하는 걸로 끝난다. 그는 벤에게서 부의 편중이라는 사회적 모순의 세속적 은혜와 영광을 보았지만 그의 내면에서 무의미, 허무를 보았다. 두 개의 결말, 소설을 쓰는 종수와 살인을 저지르는 종수 모두 새로 거듭난 사람이다.

그리고 주인공들이 사는 공간의 심상이 있다. 영화의 중후반부터 이창동은 미스터리 스릴러의 외형을 취하는 척하면서 〈버닝〉을 일종의 로드 무비로 만들어 버린다. 종수는 차로, 달리기로 파주 집 주변을 탐색한다. 새벽의 여명에 보이는 파주의 공간들, 모든 것을 잡아먹을 듯이 보이기도 하고 또는 사람을 밀어낼 듯 느껴지기도 하는 그 공간은 종수의 아버지가 은행 빚을 얻어 축산업을 하려다 망했던 곳이며 과거의 흔적을 지웠지만 새로 태어날 기미도 전혀 보이지 않는 불모의 공간이다. 종수가 비닐하우스 탐색을 멈추고 종수의 행적을 뒤쫓을 때부터 영화는 앨프리드 히치콕의 〈현기증〉처럼 상당수 상영 시간을 미행 장면으로 채운다. 샌프란시스코를 배경으로 영원과 찰나, 삶과 죽음의 이원구도를 아름다운 여성 마들렌의 매혹을 통해 제시한 〈현기증〉과 달리 〈버닝〉은 대남방송이 지속적으로 들리는 종수의 고향 마을 파주 곳곳의 풍경과 강남 방배동의 부촌을 왕복하며 용산참사를 재현한 큰 그림이 걸려 있는 미술관을 거치기도 하면서, 인적이 드문 파주를 차로 유랑하는 벤의 포르쉐와 종수의 낡은 트럭을 따라 담는다. 종수는 보고 벤은 보이며, 벤이 위에 있으면 종수가 아래에 있기도 하지만 그들은 서로 다른 방향의 결핍에 시달린다. 인적이 드문 파주에서 그들은 마치 유령 같다.

이 영화에는 등장인물들의 삶에 연민이나 동정과 같은 수직적 태도로 접근하는 게 아닌 수평적 태도로 접근한 공감의 기운이 넘쳐난다. 이를테면 어릴 적 우물에 빠졌다는 해미의 말, 정말인지 거짓말인지 모를 그 말에 대해 종수는 그게 거짓말이라고 일축하는 해미의 가족 앞에서 이렇게 말한다. "해미가 일곱 살 때요. 몇 시간 동안 우물 밑에서 울고 있었대요. 울면서 위만 쳐다보고 있는 거예요. 누가 나타나기만 기다리면서… 파랗고 동그란 하늘… 그걸 쳐다보고 있는 거예요. 그때 해미 마음이 어땠을까 상상해 봤어요."

그런 공감의 질긴 끈 속에서 이창동은 턱없이 강인해 보이는 부조리한 현실과 그 속에서 부서지기 쉬운 연약한 개인들의 면면을, 역시 허약하고 불완전한 매체인 영화로 어떻게 담을 수 있는지를 신중하게 고민하는 서사와 형식을 만들어 냈다. 현실인지 소설 속의 환상인지 애매한 두 개의 결말 사이에서 우리가 보는 것은 믿을 수 있는 것인가, 아니면 믿을 수 있다고 믿는 우리의 통념에 불과한 것인가, 라고 묻게 된다. 진짜와 가짜, 현실과 환상, 사실과 허구의 경계는 서사의 윤곽에 자리해 메타포를 던지지만 영화의 이미지는 그걸 확증하지 못한다. 메타포들을 증명하거나 지탱할 것 같은 이미지들은 메타포의 보조 수단으로 자리하는 게 아니라 메타포를 지워 버리며 종국에는 이미지 그 자체로 관객의 뇌리에 자리한다. 이를테면, 해미의 햇빛이 잘들지 않는 북향집에 떨어지는 빛의 이미지가 있다. 해미의 말에 따르면 하루 동안 딱 한 번만 그녀의 방에 떨어지는 빛이다. "남산 전망대 유리창에 햇빛이 반사돼서 여기까지 들어와. 짱이지? 근데 아주 잠깐 들어오기 땜에 진짜 운이 좋아야 볼 수 있어." 종수가 해미와 섹스를 할 때 남산 전망대에서 반사된 햇빛이 들어와 벽에 걸려 있다. 날카롭고 길게 자리한 그 빛을 종수가 올려다볼 때 그것이 실제 빛인지 아니면 종수의 환상인지 알 수가 없다.

종수는 이후 해미가 없는 동안 그 방에서 몇 차례 자위를 한다. 없는 해미를 상상하는 게 아니라 해미가 없다는 것을 잊고서. 영화 속 한 장면에서 해미는 느닷없이 종수의 시야에 자리해 섹스를 하고 그것은 종수의 환상이라는 것이 밝혀진다. 해미의 방에서 자위를 하는 것은 일차적으로는 욕구의 해결이지만 그 욕구는 해미와 더불어 넘어서고 싶은 다른 삶을 향한 욕망이다. 거의 이뤄지기 힘든, 하루에 한 번 운이 좋으면 드는 빛처럼. 그와 해미의 삶은 빛을 온전히 바랄 수 없는 삶이다. 해미의 지저분한 방에 붙어 있는 해미의 사진처럼 종수의 파주 집, 종수의 아버지가 먹고 자는 것을 해결한 지저분한 집 마루에는 종수의 스무 살 무렵 사진 액자가 붙어 있다.

끝으로 가장 강력하게 남는 이 영화 속 이미지를 지적할 수 있다. 영화 중반 종수의 집 앞에서 대마초를 피운 해미가 몰아 상태로 춤을 추는 장면이다. 종수가 처음 해미를 만났을 때 이벤트 도우미인 해미는 고객의 눈길을 끄는 춤을 추고 있었다. 아프리카 여행을 다녀온 후에 해미는 벤의 친구들 앞에서 부시맨들이 추는 춤을 보여 준다. 그냥 배가 고픈 사람인 '리틀 헝거'의 춤, 삶의 의미에 굶주린 '그레이트 헝거'의 춤. 어떻게 이름을 붙이건 간에 다 헛소리다. 해미는 벤 친구들의 은근한 놀림감 상태로 춤을 춘다. 해미는 끊임없이 이야기를 지어내는 사람이고 맹렬하게 삶의 의미를 추구하는 것 같지만 역시 벤처럼 텅 빈 기호다. 그녀는 메타포를 던지며 자기 삶을 정의하려 하지만 그 속엔 아무것도 없다. 아무것도 없다는 걸로 그녀를 우리는 비난하지 못한다. 종수의 집 마당에 해가 지고 빛과 어둠이 교차할 찰나 해미가 추는 춤은 아름다우면서 동시에 슬프다. 아름다운 것은 그의 춤이 삶의 무의미에 격렬하게 항거하면서 동작을 통해 뭔가를 의미하려는 갈구를 드러내기 때문이고, 슬픈 것은 그 몸짓의 아름다움에 비해 그것이 함의하는 건 아무것도 없기 때문이다. 앞선 장면들에서의 춤과 달리 이 장면에서 해미가 추는 춤은 누구에게 보이기 위한 춤이 아니었다. 해미는 자신의 내적 요동에 따라 몸을 움직인다. 아무것도 의미하지 않더라도 그것은 어린아이의 본능에 따른 움직임처럼 싱그럽다. 그것이 아무것도 의미하지 않음으로 해서 역설적으로 그것은 해미가 그토록 갈구하던 의미의 강박적 굴레에서 떨어져 나온 몸짓이다. 나는 이런 것들이 이창동이 젊은이들의 삶을 깊은 공감의 태도로 착취하지 않고 복합적으로 형상화한 결과물들이라고 본다. 서사적 메타포는 여전히 언어로 확정될 수 없는 상태로 떠돌고 이미지는 강력하게 잔상에 남아 뇌리에 맴돈다.

〈버닝〉
이창동 감독

이창동이라는 예술가의 사연

영화감독 이창동이 문화관광부 장관으로 재직할 때 그를 만난 적이 있다. 그가 장관으로 취임한 지 1년을 조금 넘긴 2004년 3월 초, 뒤늦게 내린 폭설로 대한민국의 주요 기간도로가 마비되었던 날, 영화잡지 『필름2.0』에 기사를 실을 예정으로 그를 인터뷰했다. 문광부장관보다는 전직 영화감독 이창동을 인터뷰하는 의미가 컸던 그날의 인터뷰 자리에서 정치 얘기는 한마디도 오가지 않았다. 우리는 그날 서로 농을 주고받는 편안한 대화를 원했다. 하지만 그때 나눈 이야기는 활자화되지 못했다. 그다음 주에 대통령 탄핵이라는 사상 초유의 기이한 정치 사건이 일어났기 때문이다. 탄핵으로 세상이 시끄러운 상황에서 평론가와 한담을 주고받는 문화부장관의 이미지는 여러모로 좀 곤란하게 비칠 것 같았다. 그 인터뷰 기사는 영원히 유보됐다.

처음 인터뷰를 청했을 때 이창동은 주저했다. "아직도 내가 주목받는가? 재미가 없을 텐데"라고 그는 말했다. 사실, 그날 우리의 대화는 그렇게 재미있게 흘러가지 않았다. 그는 영화에 관한 화제가 나오면 자연스럽게 태도가 풀어졌지만 장관의 입장에서 말할 때는 습관적으로 신중해졌다. 장관이 되고 나서 그의 모든 말은 일부 언론을 통해 참여정부의 언론관을 천명하는 것으로 확대 해석됐고, 그는 정쟁의 중심에 선 자신을 깨닫고 당황했다. 우리가 이창동의 장관 취임 소식을 듣고 처음 떠올린 그림, 프랑스 문화부장관으로 장수했던 소설가 앙드레 말로^{Andre Malraux}의 행적과 비교했더니 그는 금방 얼굴이 굳어졌다. "앙드레 말로와 나를 비교하는 것은 어불성설이다. 앙드레 말로는 프랑스 레지스탕스 정신을 공화국에 이어 준다는 당대의 시대적 자장 안에서 활동한 사람이다. 그 당시에는 그의 야심 찬 청사진을 들어주는 국민의 동의가 있었다. 앙드레 말로의 말은 어떤 것도 시대와 통했다. 나는 지금 아무 말도 하지 못한다. 말을 하면 비난받기 바쁘다. 그게 두려운 것은 아니지만 문화부의 수장으로서 실무를 맡은 관료들에게 일하기 어려운 환경을 만들지 않기 위해 조심하고 있다."

당시 많은 이들이 이창동의 문광부 장관직 수락을 뜻밖으로 여겼다. 그가 노무현 대통령을 지지하며 공개 석상에서 지원유세활동을 펼친 것은 이미 1990년대 후반 한국의 스크린쿼터 사수 투쟁에 나선 한국 영화계의 실질적인 이데올로그 역할을 했던 그의 전력에 비추어 크게 이상할 것이 없었다. 그렇지만 그가 몇 번의 거절 끝에 노무현의 참여정부 첫 문화관광부 장관 직책을 수락했을 때 많은 이들은 아쉬움과 기대를 동시에 가졌다. 〈오아시스〉 이후 영화 매체를 나름의 비전으로 장악한 중견 영화감독의 신작을 당분간 볼 수 없다는 아쉬움은 소설가 출신 영화감독이 갖는 거시적인 문화적 비전이 한국의 문화계 토양을 근본적으로 바꿀 계기를 만들지도 모른다는 기대와 겹쳐졌다. 그렇지만 참여정부 출범 이후 여전히 지속된, 지지층과 반대층의 대립으로 불거진 갈등의 정치사에서 이창동이 실질적으로 할 수 있는 역할은 그리 크지 않았다. 이창동이 소설가, 영화감독 출신의 트인 장관이라고 해서 한국의 문화 분야에도 그런 바람이 불어올 것이라는 기대는 두 시간여 남짓 그의 집무실에서 나눈 대화의 공기 속에서 덧없이 흩어졌다.

우리가 대화를 나누는 동안 서너 차례 문광부 간부들이 결재를 받으러 장관실 문을 두드렸고 그때마다 풀어져 있던 장관의 얼굴은 굳어졌다. 대화가 무르익을 만하면 모처에서 거듭 걸려오는 전화가 그 리듬을 깼다. 그는 공인의 일상 생활이 무엇인지 보여 주고 있었다. 전화를 끊고 나서 그가 뭐라고 입 속으로 중얼거렸으나 잘 알아들을 수 없었다. 그의 얼굴 표정은 레이스가 많이 남은 장거리 주자의 그것처럼 고통을 감춘 무심함이 배어나왔다. 그날 이창동은 '영화감독으로서 내 안테나는 정지 상태'라고 고백했다. 그렇다고 거기에 초조감을 나타내지도 않았다. 그는 스스로 말하길, 젊은 시절부터 '노는 데 도가 튼 사람'이기 때문이다. 소설가 시절에 그는 두 권의 창작집을 냈을 뿐이다. 영화감독을 하면서도 그는 자신은 한 번도 부지런히 영화를 찍은 적이 없으며 빈둥거리며 뭉개다가 좀 눈치가 보인다 싶으면 새 영화를 만들었을 뿐이라고 눙을 쳤다. 그것이 이창동의 삶을 사는 태도이며 이창동식 낙관의 화법이다. 그는 어떤 역할, 위치에 처해도 자신을 스스로 객관화하는 듯한 능력을 지닌 것처럼 보였다. 문화관광부장관 시절에도 권력에 초월한 인상을 주며 장관직에서 물러나 해외여행을 할 때 비즈니스 클래스에서 이코노미 클래스를 타도 크게 갈등을 느끼지 않는 그런 부류의 사람이다.

이창동은 영화감독을 하면서 소설가 시절에 비해 명성이 높아졌지만 그 명성의 진정성에 시큰둥한 태도를 취하곤 했다. 자신의 영화가 감동적이라고 누군가 말해도 그는 크게 고마움을 느끼지 않는 표정으로 응대한다. "눈물은 그저 생리적 작용일 뿐이다. 그게 감동이라고 하면 감동이겠지만 영화관 밖에 나와 잊어버리는 눈물은 의미가 없다." 〈오아시스〉 개봉을 앞두고 만났을 때 그는 그렇게 말했다. 그래서 그가 취한 영화적 묘사 방법론은 대중적인 장르 공식을 끌어들이는 척하면서 다소 관객을 불편하게 만드는 스타일과 결론을 예비해 두는 자객의 태도였다. 그는 아주 부드러운 태도로 관습적인 감동을 원하는 관객의 심장을 노리는 자객이었다. 그는 멜로드라마라는 대중 영화의 화술로 편한 감동을 배반하고 관객이 흘리는 눈물의 끝에 고통을 얹어 주려는 묘한 역설의 미학을 창조했다. 그는 대중에게 악수를 청하지만 대중이 쉽게 자신의 영화에 눈물을 흘리는 것도 원하지 않는다.

이창동의 영화 현장은 고도의 집중력과 인내가 필요한 것으로 유명하다. 영화배우 문소리에 따르면 이창동과의 작업은 '고난의 시간'이다. 그는 배우들의 가슴에 들어 있는 것을 코너에 몰아 놓고 꼼짝 못하게 한 다음 모든 걸 인정하고 직시하고 포기하게 한다. 배우들에게는 뒤로 넘어갈 만큼 힘든 데도 끝나고 나면 마약처럼 다시 구미가 당겨 다시 하고 싶어지는 그런 작업이라는 것이다. 비관적인 완벽주의자로서 그는 촬영 현장에서 뭔가 잘못돼 있으면 처음부터 다시 시작하는 스타일이다. 배우들이나 스태프들은 왜 처음부터 다시 해야 하는지 받아들이지 못하지만, 여하튼 극도의 피로 속에서도 다시 밀어붙이는 그의 예술적 의지에 놀란다. 다시 문소리에 따르면, "이창동이 현장에서 처음부터 다시 한다고 했을 때 스태프 누구도 이해하지 못하는 일이 가끔 일어나지만, 여하튼 다시 시작할 수 있다는 게 대단한 이창동의 힘이다. 자신이 확신했던 것을 의심하고 스스로 상황을 거꾸로 뒤집어 다시 생각해 보는 그 힘이 놀랍다"라는 것이다.

영화감독이자 〈오아시스〉에 비중 있는 조연으로 출연했던 류승완도 이창동 감독이 현장에서 얼마나 치열하게 배우와 스태프를 닦달하는지 증언한 적이 있다. 경찰서에서 종두 형 종일이 종두를 때리는 후반부 장면을 찍을 때 시연을 보이던 그는 정말로 설경구를 때렸다. 현장 분위기는 폭발 일보 직전까지 가는 듯했다. 순간적으로 이창동 감독의 눈빛이 돌변했고 그의 공격적인 감정이 엄청나게 뿜어져 나와 현장을 뒤덮었다. 그리고는 또 순식간에 냉정을 되찾았다. 주위에선 놀라는데 설경구는 담담했다. 설경구는 촬영이 끝나도 종두 옷을 입고 종두처럼 중얼거리면서 종두로 살았다. 이창동 감독과 의견 충돌이 생기면 작품을 함께 만드는 동료의 입장에서 서로 대립한다. 스태프들은 견디기 힘든 순간들이지만, 또한 그들만의 예술 공동체를 꾸려 가는 과정이기도 한다고. 류승완이 후배 감독의 입장에서 놀랐던 것은, 이창동이 배우에게 져 주거나 배우를 눌러 버리거나 하지 않고 항상 논쟁하면서 그 긴장을 끝까지 팽팽하게 유지한다는 것이었다. 그는 외부로부터의 자극에 항상 자신을 열어 놓고 현장을 끌고 가는 강인함을 보여 줬던 것이다.

이창동 자신의 고백에 따르면 그는 영화 현장에서 그야말로 지옥을 들어선 것 같은 끔찍한 고통을 느낀다. 그런데도 그가 영화감독을 택한 것은 소설을 더 이상 쓰기 힘들었기 때문이다. 소설은 머릿속에서 맴도는 것을 글로 풀어내야 하는 직업이다. 그는 늘 머릿속에 표현하고 싶은 것은 많지만 막상 백지를 대하면 머릿속이 하얘지는 공황에 빠진다고 했다. 그런 면에서 그는 자신의 구상을 배우들과 스태프들이 구체화시켜 주는 영화감독이란 직업이 마음에 든다고 했다. 그런데도 그는 영화 현장에 가면 몹시 괴로워한다. 그가 소설에서 영화로 매체를 옮기며 창작의 고통을 감내하는 근원적인 열망은 아마도 그가 자기 나름의 어떤 판타지, 또는 최후의 출구를 찾고 있기 때문일 것이다. 그가 안내하는 판타지의 출구를 찾는 것은 관객에게 그리 만만한 일은 아니다. 그는 자신의 영화에 대중적인 형식으로 외피를 두르고 있지만 자신만의 형식적 시험지를 깔아 놓고 관객을 초대하며 그 형식의 시련을 통과한 관객에게만 독특한 감동을 안긴다.

7장 현대 한국 영화의 형식적 얼룩들

주류가 품었던
변화의 바람

불균질 텍스트

고전적 할리우드 영화는 대칭, 반복, 변형과 종결, 시작과 조응하는 결말 등의 원칙을 갖고 있다. 그에 따른 고전적 내러티브 약호들은 단선적인 것이었다. 그렇지만 아서 펜Arthur Penn의 〈체이스The Chase, 1966〉부터 마이클 치미노Michael Cimino의 〈천국의 문Heaven's Gate, 1980〉에 이르기까지 기존 할리우드 장르 약호들을 거스르고 풍부한 위반 사례를 보여 줬던 1960년대와 1970년대의 뉴 할리우드 영화들은 서사의 잔가지가 많으며 세부 묘사의 과잉에 몰두하는 복합적인 플롯과 스타일 경향을 보여 줬다. 이들 영화를 분석하면서 비평가 로빈 우드는 '불균질 텍스트'라는 개념을 도입했다. 뉴 할리우드 영화의 서사와 스타일 분석을 정치적 비평과 접목시키려 했던 로빈 우드는 이 영화들이 지향하는 것에 권위를 정당화하는 사회 전체 구조에 대한 문제 제기, 그리고 마침내는 가부장제 자체에 대한 문제 제기가 있다고 봤다. "사회는 계속 붕괴 상태에 있는 것 같았으나 일관되고 납득할 만한 대안이 등장할 가능성은 없었다. 영화들이 그렇게 풍부하고 혼란스럽고 허무주의에 빠져 있는 것도 그 때문이다. 불균질성은 더 이상 숨어 있지 않으며 비밀스러운 것도 아니다."[1]

이런 불균질한 텍스트로 된 영화들은 상당한 즐거움과 그에 상응하는 혼란을 줬다. 이는 관객에게 묘사된 것이 실제적이라는 느낌을 주는 리얼리즘의 목표를 배반하기 때문에 벌어진다. 리얼리즘이 성공하느냐 마느냐는 많은 복합적인 요소들의 상호작용에 달려 있다. 이런 요소 중 첫 번째 것은 기술이다. 두 번째 것은 양식의 선택이다. 세 번째 것은 관습의 동시대성이다. 사실적인 것의 통념은 우리가 친숙해 있는 것과 현재 통용되는 재현 관습의

---

1. 로빈 우드, 『베트남에서 레이건까지 할리우드 영화읽기: 성의 정치학』, 이순진 역, 시각과 언어, 1994, p.70

수용에 의존한다. 오늘날 텔레비전 드라마가 사실적이라고 여겨지는 반면 고전적 할리우드 영화들이 양식화된 것으로 받아들여지는 것은 특수한 현상이 아니다.[2] 리얼리스틱한 효과를 구축하는 영화적 수단은 연민을 불러일으키는 인물에 대한 동일화이며 이는 기쁨, 흥분, 공포, 분노같이 일상적으로 경험하는 정서에 대한 동일화다. 관객은 카메라 위치와 편집을 통해 시점이나 숏/역 숏으로 잡힌 인물들과 함께 극적 상황에 묶이게 된다. 이에 반해 뉴 할리우드의 불균질 텍스트로 된 영화들은 서사의 일관성, 통일성과 별 관계 없는 세부들을 반복해서 사용하는 '과잉'의 수사학을 구사한다. 이는 삶이란 균질적인 내러티브가 아니며 많은 일이 우연히 일어난다는 우리의 생각에 의존하는 것이다.[3]

　등장인물들과 그들이 처한 관계와 상황을 소개한 다음, 갈등의 전개와 해결에 능한 고전적 대가들의 영화는 반복되는 이미지로 대칭/비대칭 효과를 사용함으로써 긴밀하게 통합된 주제적 상징적 구조에 의해 스타일이 풍부해지고 심화된다. 하지만 내러티브 구조와 상징적 구조의 관계를 다르게 세우는 것은 가능하며 또 정당하다. 서구 문화권에서 내러티브는 개인화된 것이었다. 그것은 인물들에 관한 것이며 그들에게 무슨 일이 일어났는가에 관한 것이다. 뉴 할리우드의 불균질 텍스트 영화에서 초점은 인물에서 상황으로 옮겨 간다. 그것의 전체적인 효과는 하나의 균질적인 태도나 진술을 취하는 것이라기보다는 여러 가지 가능성에 대해 세심하게 힌트를 주는 많은 요소를 어떻게 조직화하느냐에 달려 있다. 이에 따라 영화를 보고 나면 긍정성의 거부 및 상실감과 실패감이 남는다.[4]

2. 로빈 우드, 『베트남에서 레이건까지 할리우드 영화읽기: 성의 정치학』, 이순진 역, 시각과 언어, 1994, p. 335

3. 로빈 우드, 『베트남에서 레이건까지 할리우드 영화읽기: 성의 정치학』, 이순진 역, 시각과 언어, 1994, p. 336

뉴 할리우드 영화의 불균질 텍스트는 등장인물의 특정 행위를 과도하게 길게 묘사하거나 진행되고 있는 사건 사슬과 아무 연관성도 없으면서 새로운 수수께끼를 설정하지도, 이전에 제시된 수수께끼를 발전 해결하지도 않는 방식으로 화면을 전개시킨다. 순전히 단선적인 의미에서 내러티브를 사고하는 사람들에게 이런 양식은 지나치게 과도한 것처럼 보일 것이다. 이를테면 영화가 전개되고 나서도 한참이나 남녀 주인공의 관계를 묘사하지 않는 마이클 치미노의 〈천국의 문〉은 사건에 관객이 몰입하는 것을 방해하지만 당장 화면에 벌어지고 있는 사건의 세부는 엄청나게 장황하고 길게 묘사된다. "치미노는 우리를 침잠하게 하고 현재 일어나고 있는 행위에 대해 심사숙고하게 만들고 나서 나중에 그것을 재평가하게 하고 후속 행위에 의해 우리가 그에 반응하게 한다."[5]

방향등이 점멸된 관습의 충돌

로빈 우드의 불균질 텍스트 개념을 한국 영화에 적용해 본다면 가장 잘 어울리는 대상은 초기 류승완의 영화일 것이다. 류승완의 초기 영화는 부분적 세부가 늘 과잉으로 치닫고 대개는 그것들을 굳이 봉합하지 않은 채 과잉 그 자체로 내러티브의 흐름 옆에 놔둔다. 서사가 멈칫한다거나 길게 늘어지는 것도 그는 아랑곳하지 않았다. 류승완의 초기 영화에는 로저 코만Roger Corman, 쿠엔틴 타란티노, 〈엘 마리아치El Mariachi, 1992〉의 로버트 로드리게즈 등의

---

4. 로빈 우드, 『베트남에서 레이건까지 할리우드 영화읽기: 성의 정치학』, 이순진 역, 시각과 언어, 1994, p. 339

5. 로빈 우드, 『베트남에서 레이건까지 할리우드 영화읽기: 성의 정치학』, 이순진 역, 시각과 언어, 1994, p. 373

감독이 나누고 있는 B 영화의 분방함이 풍겨 나온다. 류승완은 데뷔 당시 '액션 영화 키드'라고 홍보되는 감독이었지만, 그의 데뷔작 〈죽거나 나쁘거나〉에는 액션 영화의 율동감, 비장미, 오우삼 스타일의 영화에서 절정에 이른 바로크주의가 없다. 저예산 독립영화를 만들면서 류승완은 성룡의 정교한 액션이나 오우삼의 폭력 안무, 스콜세이지의 발작적인 카메라 움직임의 기운을 체화할 여력이 없었다. 선배 영화를 흉내 내려 하지만 그것은 이제 막 가능성을 보여 준 스타일의 시도일 뿐이며 오히려 스타일만으로 포장할 수 없는 어떤 진심을 드러낸다. 깡패들의 비극을 낭만적으로 미화하는 것도, 형사와 깡패로 운명이 엇갈린 석환과 성빈 두 남자의 행보를 영웅적으로 포장하는 것도 아니며, 또 그 두 남자 사이의 관계에 끼어 들어간 석환의 동생 상환이 초장부터 어긋난 인생 끝에 죽음을 맞는 말로를 보여 주는 것도 과장이 없다.

꼭 의도적인 것은 아니었겠지만, 이 영화는 어떤 식으로든 기존 액션 영화의 영웅주의를 해체하고 아주 극단으로 비감한 현실의 세부를 그린다. 이소룡의 결투 장면을 인용하는 대목, 첫 번째 에피소드 '패싸움'의 한 장면에서 석환은 마음속으로 이소룡을 꿈꾸며 상대에게 발차기를 날리지만 그가 하는 것은 결국 상대와 합이 맞지 않는 '막싸움'이다. 네 번째 에피소드 '죽거나 혹은 나쁘거나'에는 〈영웅본색〉의 그 유명한 장면, 퇴락한 주윤발이 권토중래를 모색하는 장면이 삽입돼 있다. 그러나 결국 영화의 클라이맥스는 장렬한 총격전으로 맞이하는 비장한 최후가 아니라 개싸움 같은 집단 난투극과 일대일 난투극을 교차 편집한 처절한 장면으로 끝맺는다. 칼과 몽둥이가 동원된 처절한 유혈전 끝에 몸이 걸레가 돼 죽어 가는 상환의 모습, 상환을 칼밥으로 내몬 성빈에게 복수하려다가 두 눈을 찔려 피를 철철 흘린 채 절규하는 석환의 모습은 폭력 묘사의 운율감을 살리는 연출이 아니라 폭력 그 자체의 세부를 가능한 대로 길게 묘사하려는 강박을 드러낸다.

〈죽거나 나쁘거나〉의 소재는 익숙하기도 하고 낯설기도 하다. 엇갈린 운명과 남자들의 자멸극은 샘 페킨파David Samuel Peckinpah 이래 유구한 남자들의 이야기다. 그것은 오우삼의 이야기기도 하다. 한 방에 끝나지 않고 티격태격하는 인물들의 싸움은 성룡의 영화에서 익히 본 것이다. 하늘에게 버림받은 삼류 인생의 유혈극은 마틴 스콜세이지 영화의 주제다. 류승완은 이런 참조 영화의 껍데기에 구체적인 세부를 심어 놓았다. 당구장에서 고교생들이 패싸움하는 정경, 밥상머리에서 아버지에게 타박받는 젊은 전과자 아들, 야간고등학교를 다니며 폼 나는 인생을 살아 보겠다고 발버둥치는 양아치 사내아이의 욕지거리는 구체적인 실감을 낸다. 학창시절 친구에서 원수가 된 형사 석환과 깡패 성빈의 운명적인 관계를 묘사하는 것도 영화적인 인용으로 때우는 것이 아니라 그들 삶의 초라한 조건을 건드리는 패기로 접수했다. 그러고는 기교로 덮을 수 없는 부분을 타란티노식 나선형 구조로 맞물리는 4부작 구성을 통해 욕지거리 수다와 이야기에서 잠시 빠져나온 등장인물의 인터뷰로 채워 넣었다. 오우삼의 피투성이 낭만 혈극에서 낭만적 기운을 뺀 유혈극을 담은 것이다. 분명하게 영화광의 흔적이 남아 있지만, 영화 인용의 진부함을 삶의 진부함과 대면하는 패기로 맞바꾼다.

류승완의 두 번째 장편 영화 〈피도 눈물도 없이〉는 그의 데뷔작이었던 〈죽거나 혹은 나쁘거나〉의 세련된 업그레이드 버전이다. 류승완은 다시 한 번 그가 그토록 숭앙해 마지않는 이소룡이나 성룡의 액션 영화보다는 마틴 스콜세이지나 쿠엔틴 타란티노의 잔혹한 유머를 간 액션 영화의 적자라는 걸 증명한다. 왕년의 금고털이 경선은 택시운전사로 하루하루를 연명한다. 전성기를 놓친 그녀는 이제 세상살이에 별로 욕심이 없지만 과거에 진 빚으로 칠성파 일행에 쫓기는 신세다. 그런 그녀가 우연히 차 사고로 만난 수진은 크게 한탕 할 건수가 있다고 그녀를 유혹한다. 투견장을 관리하는 독불 애인 수진은 독불의 보스이자 잔인한 사채업자 김금복의 돈을 가로채 새 인생을 설계하고 싶어 한다. 수진은 경선의 도움을 얻어 투견장에서 걷은 돈을 몰래 빼돌리려 하지만 그 작업이 쉽게 이뤄질 리 없다. 수진은 애인 독불을 따돌려야 하는 처지고, 거기에 형사의 정보원인 양아치 채민수와 그의 친구들까지 따라붙는다. 독불은 보스인 김금복과 그의 충복인 침묵맨의 견제를 받고 있으며 경선은 마빡이라는 별명으로 불리는 형사반장의 감시를 받고 있고 설상가상으로 칠성파 무리에게 쫓기는 신세다.

〈피도 눈물도 없이〉는 말 한마디라도 잘못하면 금방이라도 주먹과 욕설 세례가 난무하는 험난한 밑바닥 세계에서 살아남기 위해 고군분투하는 두 여성의 이야기지만, 이야기는 일직선으로 쭉 뻗어가지 않는다. 그러기엔 등장인물들에게 고루 분배한 에피소드 세부가 과잉이고 모든 에피소드마다 여러 등장인물들의 색깔이 진하게 묻어난다. 이를테면 경선의 밀린 빚을 받으러 그녀의 집에 쳐들어간 두 늙은 건달은 한바탕 주먹질을 벌인 후에 소주 한 잔을 놓고 서로 좋은 시절을 놓쳐 버린 자신과 상대를 위로한다. 이야기의 속도감보다는 등장인물의 캐릭터 묘사에 더 치중하면서 〈피도 눈물도 없이〉는 등장인물들에게서 뿜어 나오는 에너지로 속도감을 벌충한다. 빈틈이 많고 자기 인생의 피로에 지쳐 버린 인물의 모습은 피식 웃음이 나오게 하지만, 이들이 처한 세상의 묘사는 제목 그대로 피도 눈물도 끼어 들 틈이 없다. 오로지 폭력으로 생존을 해결해야 하며 약육강식의 법칙을 당연한 것으로 받아들이는 세계의 본질은 무지막지한 폭력 묘사로 분출된다. 꽤 합이 많은 액션이 펼쳐지는데도 아기자기한 액션 안무가 아니라 더 이상 바닥으로 내려갈 수 없을 것 같은 인물의 감정선을 한 차원 더 바닥으로 끌고 가는 잔인한 장면들이 이어진다.

〈피도 눈물도 없이〉는 보는 내내 불편함과 우스꽝스러움과 연민을 교대로 오가게 하는 다양한 에피소드로 짜 놓고 구원이 있을 수 없는 세상의 밑바닥을 들춰내 보인다. 마초들이 나와 거들먹거리며 폼 잡는 액션이 이 영화에는 없다. 거칠게 행세하지 않으면 살아남을 수 없는 세계의 바닥을 훑을 뿐이

〈피도 눈물도 없이〉

다. 감독 류승완은 이 영화를 통해 과거 충무로 액션 영화의 단골이었던 배우 백일섭과 김영인, 백찬기 등을 비롯한 배우들을 출연시켜 나이 든 건달의 애환과 호기를 자연스럽게 담아내 과거 영화에 대한 존경을 표하면서도 데뷔작에서도 그랬던 것처럼 세상의 참 모습을 가리키며 영화적 관례와의 타협을 고려하지 않는다. 거친 세상을 있는 그대로 묘사하는 것으로 일관하는 가운데 문득 이 영화는 센 척하는 인간들의 여리고 소심한 면모를 들춰낸다.

세 번째 영화 〈아라한 장풍대작전〉에서 류승완은 2010년대 이후의 영화 성격을 가늠하게 할 장르 영화 세공사로서의 정체를 드러낸다. 액션종합세트를 만들고 싶어 하는 류승완의 취향과 그 배경이 되는 밑바닥 폭력적인 삶을 바라보는 그의 진심이 언제나 평화 공존할 수 있는 것은 아니지만, 다종다기한 장르 영화의 원전을 끌어와 자기 식으로 헤쳐 모여를 시키는 류승완식 혼성 상상력은 이 영화에서 훨씬 단순해졌다. 여러 갈래의 이야기가 꼬리를 물고 맞물리는 구성으로 전작 두 편의 이야기를 지탱했던 플롯은 이제 세 번째 영화에서 선과 악의 단순한 대결로 압축됐다. 무림 고수들에게 사사한 주인공, 류승범의 활기찬 페르소나로 덧칠된 상환은 〈취권〉 유의 영화에서 마르고 닳도록 봐 왔던 스승에게 사사한 미래의 고수를 실연하고 있다. 그가 아직 스승에게 무공을 완전히 전수받지 못했는데 지하에서 살아남은 절대 고수 악인이 출몰한다. 도시 한구석 허름한 도장에 은거하는, 칠선이라 불리는 무림 고수들에게 상환은 간택받으며 영화 중반 이후 〈터미네이터〉인지, 〈촉산〉인지, 아니면 〈소림축구〉의 변형판인지 모를 완연한 판타지풍으로 분위기가 조성되면서 '도시 무협' 액션이라는 애초의 기획은 보이지 않게 된다. 칠선 고수들이 하나씩 화면에서 사라지면서 그들이 있는 도시의 번지르르하거나 추레한 공간도 나올 이유를 잃어버린다. 도시 무협이라는 콘셉트 플롯이 특수효과가 가미된 장황한 클라이맥스 액션으로 치달은 이 자아도취 과잉 묘사에 대한 집착이 부분적으로는 류승완적인 것이라고 말할 수도 있을 것이다.

〈죽거나 혹은 나쁘거나〉, 〈피도 눈물도 없이〉에서 지칠 줄 모르고 이어졌던 피의 향연에도 과잉이 있었다. 그러나 〈아라한 장풍대작전〉의 전개는 도입부에서 던져 놓았던 재미의 요소와는 정반대 지점에서 절정부로 넘어간다. 안성기를 비롯해 김영인, 백찬기, 김지영 등의 쟁쟁한 배우들이 조역을 맡은 칠선의 캐릭터 면면은 우리가 사는 도시에 숨은 고수가, 그것도 2퍼센트 부족한 고수가 살고 있다는 흥미로운 통찰을 전해 주는 암시가 있었다. 그들이 허름한 집구석에서 장풍을 날리고 공중 부양하는 초반 장면에서 우리는 도시 무협 액션의 정체가 무엇인지 궁금해하고 그 전개를 기다리게 된다. 영화 중반, 사람이 한 분야에서 최선을 다하면 고수가 된다는 대사 뒤로 거리 곳곳의 각 분야 고수를 소개하는 롱테이크를 통해 카메라의 수평 움직임에 실린 화면에는 양손에 구두를 가득 든 구두닦이, 산만한 짐을 리어카에 싣고 가는 인부, 점심 밥상을 태산처럼 이고 가는 아줌마 등의 모습이 잡힌다. 그 장면의 유머는 카메라 움직임과 등장인물의 동선이 절묘하게 맞아떨어지며 여운이 남는 농담으로 전해지는 '액션'의 산물이다. 주류 판타지 영화의 균질한 영웅담과 상식을 비틀어 세상을 보는 B 영화의 관점이 충돌하는 이 영화는 류승완 스타일이 주류 영화의 관습과 충돌했을 때 과잉 에너지가 클라이맥스에 20여 분을 할애하는 이 영화에서처럼 엉뚱한 방향에서 소진될 여지가 있다는 것을 보여 준다.

후속작에서도 류승완은 자기 영화에 스며든 모방과 인용의 흔적에도 불구하고 세상의 어떤 지점에 대한 자기만의 시선을 과잉 묘사로 새겼다. 개발투기 바람으로 타락한 고향의 상황 속에서 어제의 친구가 오늘의 적이 되고 어쩔 수 없이 복수를 위해 대결하게 된다는 〈짝패〉의 플롯은 익숙한 것이었다. 하지만 영화 중반, 정두홍이 연기하는 형사 태수가 청소년이 잘 모이는 시내 중심가에서 청소년 조무래기들의 습격을 받는 장면은 이 영화에서 실질적인 클라이맥스이며 아무리 물리쳐도 계속 침입해 오는 악의 실체가 압도적인 물리적 충돌로 극화됐다. 그런데도 이 영화에서 류승완은 다시 한번 상투적으로 보일 만큼 비장하게 끝나는 리얼리즘적 진정성에 대한 강박을 결말에서 드러낸다. 이는 〈다찌마와리〉의 흥행 실패 이후 주류 영화산업 내에서의 재기라 할 〈부당거래〉에서도 여실히 드러난다. 〈부당거래〉는 이야기의 발단부터 결말까지 한 호흡에 내달리며 그때까지 류승완 영화 중 드물게 스토리텔링의 리듬감이 거의 완벽하게 성취된 영화다. 이미 승패가 예정된 먹이사슬 구조에서 아래로 내려갈수록 하중이 무거워지는 검찰과 경찰 조직, 범죄집단의 유비를 강조하며 그 안의 부조리한 질서를 견디는 인물 각자의 방식을 명쾌한 행동주의로 끌어낸다. 주인공인 광역수사대 반장 최철기의 작전에 따라 가짜 범인을 잡게 해 준 건설회사 사장이자 범죄조직 우두머리인 장석구는 최철기에게 뭔가 떡고물을 기대하며 만남을 청한다. 만나기로 한 한강 어느 다리 밑 인적 드문 곳에서 최철기는 장석구를 만나자 마자 유도기술로 장석구를 수차례 메다꽂는다. 신음소리를 내며 나가떨어지는 것은 장석구인데 뭔가 위엄을 과시하려는 듯한 최철기가 오히려 초조해 보인다. 다소 과한 그의 장석구에 대한 폭력은 그 자신의 위축된 마음을 반영하는 것이기도 하다.

이 영화에서 우리가 등장인물의 마음을 읽을 수 있는 것은 모두 이런 식의 행동주의 패턴을 통해서다. 영화 속 표현대로라면 빽이 없어서 가지치기도 좋은 출신 성분의 최철기는 절대 인형을 조종하는 사람이 될 수 없고, 인형극의 주인공을 잠시 맡을 수 있을 뿐이지만 인형줄을 조종하는 사람에게 매달린 그의 운명은 불우하다. 영화 속에서 그는 연기에 가장 서투르다. 부하 형사들에게도, 장석구에게도, 경찰 위에서 군림하는 주양 검사에게도 그는 연기하지 못한다. 이에 반해 그의 상대역들은 모두 유들유들하다. 이런저런 말로 눙치는 장석구는 말할 것도 없고 주양 검사도 상황에 따른 퍼포먼스가 능하다. 그는 비극의 주인공이지만 위엄을 갖추고 있지는 못하다.

영화에서 핵심 인물이라 할 최철기의 이런 비극적 면모는 류승완의 색깔을 드러내는 것이기도 하다. 그는 데뷔작 이래 줄곧 장르 영화를 찍었지만 그때까지 한 번도 주도적 영웅의 역할을 주인공에게 제대로 부여한 적이 없었다. 그의 주인공들은 코미디나 과도한 비극적 색채 속에서 속절없이 죽거나 비루한 인생 그 자체를 노출하는 캐릭터 영역에 속해 있다. 최철기가 이런저런 연유로 형제 같은 부하 형사를 죽음으로 몰아넣은 후 승진계급장을 달 때 화면은 크로스 커팅으로 부하 형사의 시체에 옷을 입히는 의식을 보여 준다. 신분 상승과 인간적 추락의 극단을 제시하는 이 장면 후로 최철기는 부하 형사의 납골당에 참회의 의식을 치르지만, 영화는 가혹하게도 그가 제대로 반성하고 참회할 시간도 주지 않은 채 그가 부하들에게 응징당하는 장면을 담는다. 카메라는 한 순간도 감상주의가 이입할 틈을 열어 두지 않고 그의 최후를 단호하게 응시한다.

대중영화에서 주인공의 위엄은 거의 필수 덕목이다. 존 포드나 하워드 혹스 등의 고전기 할리우드 영화에서 경이롭게 성취된 것은 바로 등장인물의 위엄을 보여 주는 방식이었다. 그들의 영화는 선악의 가치가 이분된 경계에서 해체될 때조차도 자신만의 위엄을 지키는 방식으로 내러티브에 종결을 고한다. 류승완의 영화에서 그런 순간은 허락되지 않는다. 그가 직접적으로 영향받은 마틴 스콜세이지의 영화에서처럼 등장인물들은 영웅이 되지 못할 자질을 지닌 인간이 응당 받아야 할 대접을 받으며 스크린에서 곧잘 비참하게 퇴장한다. 길거리 개싸움으로 피칠갑을 하며 끝나는 데뷔작 〈죽거나 혹은 나쁘거나〉를 비롯해 〈짝패〉에선 주인공이 쌍욕을 내뱉으며 승리했지만 보람이 없는 싸움의 최후를 견디고 있고, 〈주먹이 운다〉에선 죽도록 돌진했지만 너덜너덜해진 육신에서 겨우 살아 있다는 것을 체감하는 결말로 끝난다. 심지어 경쾌한 오락 영화 〈아라한 장풍대작전〉에서도 주인공은 절대 강자인 고수와의 싸움에서 기진맥진할 정도로 싸움을 끌어 관객을 탈진하게 만들지경에까지 이른다.

코미디로 간간히 숨통을 열어 놓고는 있지만 류승완의 영화에서 줄곧 보여 주는 것은 등장인물의 위엄이 아니라 피로다. 이것이 대중 장르 영화의 외피를 쓰고 아닌 척 제시되는 것이며 그의 영화가 주는 당혹감의 부분적인 실체다. 무수하게 많은 숏, 반응 숏의 접합이 드러나는 〈부당거래〉에서 류승완은 그들의 감정에 한시라도 이입되지 않겠다는 단호한 태도를 보인다. 심지어 부당한 거래의 희생자인, 연쇄살인용의자로 몰린 남자의 불행한 입장을 보여 주는 몇몇 숏에서도 류승완의 카메라는 감정이입 순간들을 남겨 두지 않는다. 장르 영화의 외피를 취하되 리얼리티 조각을 모은다는 명제는 진부할 정도로 상투적인 것이기는 하지만, 류승완 영화에서는 그것이 일관되게 비타협적으로 제시되었다. 그가 공감하거나 동정할 만한 인물을 만들지 않는 것은, 심지어 충분히 공감할 만한 인물이 등장했던 이전 영화들에서도 그랬던 것처럼, 현실을 견디는 방책으로서의 판타지를 그가 스스로 납득하지 못하고 있기 때문이다. 여기서 류승완은 이상한 함정에 빠지는데 그가 현실의 있음직한, 또는 정직한 재현 방식으로서 채택하는 비극적 수사학이 때로는 그 자체가 장르 영화의 수사학으로 보이기도 한다는 점이다.

〈부당거래〉 이후 류승완 영화의 초기와 중기 영화를 특징지었던 세부 묘사의 과잉 에너지와 비극적 정조는 더 이상 나타나지 않는다. 대신 화면 표층의 왕성한 활기를 있는 그대로 밀어붙임으로써 스토리텔링의 기능 너머의 잉여를 쟁취하는 장르 관행의 변용과 숙성의 징후를 보여 준다. 류승완 영화 가운데 가장 기록적인 흥행을 거둔 형사 영화 〈베테랑〉에서 재벌 3세 조태오와 그가 중심에 진입하려 드는 재벌가의 악행을 묘사할 때, 거기에는 어떤 복합적인 분석이나 설명이 붙지 않는다. 이건 영화를 평평하게 만들지만 오락 영화로서는 무난한 설정이다. 류승완은 거기에 심층을 부여하지 않고 표층을 있는 그대로 끝까지 밀어붙임으로써 악에 대한 다른 설정을 만들어 낸다.

영화의 클라이맥스 액션 장면, 명동 대로변에 운집한 군중들 앞에서 주인공 형사 서도철이 악당 조태오와 싸울 때 그는 일부러 조태오에게 일방적으로 맞는다. 그는 사방에 있는 CCTV 카메라와 군중들이 꺼내든 휴대폰 카메라를 의식한다. 영화 내내 서도철과 그의 주변 인물들을 지탱했던 최소한의 상식에 기초한 윤리적 감각은 이 장면의 중핵이 될 수 없다. 관객은 이미 누가 선이고 악인지 분명하게 가릴 수 있는데도 감독은 다시 제3의 시점을 끌어들인다. 제3자의 시점을 통해 자신이 피해자임을 충분히 입증해 내고서야 서도철은 행동에 나선다. 그는 엉망이 된 몰골로 비로소 "이제부터 정당방위야"라고 소리치고 주먹을 휘두른다. 영화 속 군중은 서도철과 조태오가 왜 피투성이가 되어 싸우는지 모른다. 그들은 그저 싸움을 구경할 뿐이다. 이 싸움에서 맥락은 중요하지 않다. 누가 먼저 피해자 행세를 하느냐가 중요할 뿐이다. 맥락상으로 서도철은 먼저 조태오에게 공격을 가해도 무방한 입장이지만 서도철은 그렇게 하지 않는다. 영화 속에 나오는 대사대로 문제 삼지 않으면 문제가 되지 않을 일을 지휘하는 권력자가 바로 조태오이기 때문이다. 서도철은 문제 삼으면 문제가 되는 상황을 바로 그 순간에 연출해야 했다. 그다음에 문제 삼게 된 그 맥락이 부연될 것이다. 조태오는 구속될 것이고 죄상이 낱낱이 밝혀질 것이다.

물론 이 장면을 찍을 때 어떤 심층을 의도하지는 않았겠지만, 좀처럼 맥락을 잡지 못한 채 어떤 일을 문제 삼느냐 삼지 않느냐로 시끄러운 혼돈에 갇혀 있는 한국 사회의 축약 같은 게 그 안에 있었다. 〈베테랑〉이 가닿은 지점이 바로 이런 자의식 없는 메타포의 성취다. 류승완은 집요하게 액션 오락 영화의 표층만을 훑었을 뿐인데 보는 이에 따라서는 심층이 있는 영화를 만들어 냈다. 류승완이 이 영화에서 기존의 약점을 극복한 것은 아니다. 그는 여전히 소리가 들리되 들리지 않는 무성영화스러운 유성영화의 경지, 모든 것이 정지된 듯 몰아의 경지를 느낄 수 있는 장면을 만들어 내지 못한다. 하지만 여느 영화보다 자신의 우상인 성룡 영화에 근접한 재미를 보여 준 영화 〈베테랑〉에서 주목할 만한 지점은 경쾌하지만 풍부하고 집요한 표층의 나열이다. 류승완은 자의식과 야심을 누르고 속도감에 몰두한 세부 천착을 통해 명시적으로 말하지 않고도 말한 것 이상의 수준에 도달한다.

류승완식 과잉 에너지를 서사의 기능을 훼손시키지 않고 발휘한 〈군함도〉는 스타일 면에서 야심적인 부분이 있었으나 개봉 직후 한국 현대사에서 일어났거나 일어나고 있는 재난을 착취하는 대다수 영화들과 비슷하다는 비판을 받으면서 저평가되었다. 비판자의 지적대로 〈군함도〉는 피해자 중심의 서사에서 피해자가 가해자에 대항해 탈출하는 서사를 꾀한 부분적 변형의 가공물이며 몇몇 주인공의 영웅 서사라기보다는 민중이 집단 주인공이 되는 프로파간다 액션 영화다. 〈군함도〉는 역사적 사건에 극적 활기를 불어넣기 위해 전형적인 영웅 플롯을 장착한 서사로 진행되지만 후반부 탈출 시퀀스를 포함하여 중반까지 거의 대다수 장면이 집단 이미지의 운동감을 구현하고 있다. 〈군함도〉의 영화적 가치는 움직임의 어트랙션에 있었다. 이제는 역사적 유물로밖에 취급받지 못하고 있지만 세르게이 에이젠슈테인Sergei M. Eisenstein이 주창한 개념 중에 '어트랙션의 몽타주'라는 것이 있다. 딱히 한국말로 번역하기 힘든 용어이긴 한데, 에이젠슈테인은 줄기차게 이 어트랙션의 몽타주 효과에 매달려 자기 영화를 스스로 분석하는 글을 여러 편 썼다. 이를테면 그의 대표작인 〈전함 포템킨Bronenosets Potemkin, 1925〉의 한 장면, 반란을 일으킨 포템킨호를 환영하기 위해 오데사 계단에 시민들이 모여 갈채를 보내고 시민들이 음식을 포템킨호로 실어 나르는 시퀀스를 분석하면서 그는 수직의 이미지와 수평의 이미지가 충돌하고 그걸 한꺼번에 포섭하는 이미지로 아크 모양의 이미지가 있다는 걸 주장한다. 이 세 형태의 이미지들이 화면 내에서 화면과 화면의 연결을 통해 지속적으로 충돌하며 이런 것들이 어트랙션 효과, 관객의 시선을 끌어당기고 관객의 마음에 트랙터로 밭을

갈 듯이 지울 수 없는 효과를 준다고 봤다. 영화 역사에서는 이 영화의 이 장면 다음에 나오는 짜르 군대의 오데사 계단 학살 시퀀스가 유명하지만, 감독 에이젠슈테인이 주력한 것은 그때까지 그런 충돌의 이미지들이 지속적으로 관객의 마음에 발을 가는 효과를 거두는 어트랙션의 장치들이었다. 그 결과로 수많은 민중이 짜르 군대 병사들에게 학살당했던 오데사 계단의 역사적 비극은 비극 그 자체로 끝나는 게 아니라, 반란을 일으킨 전함 포템킨호의 병사들과 응원하는 오데사 시민들의 이미지를 수직과 수평으로 충돌시키고 병렬시킨 끝에 영화의 끝 장면에서 포템킨호의 깃발로 수렴되는 이미지를 관객에게 각인시킴으로써 민중의 궁극적 승리를 암시하고 찬양하는 프로파간다로 영화의 입장을 재정의할 수 있었다.[6]

〈군함도〉에도 수많은 수평적 움직임, 개미떼를 연상시키는 집단 움직임이 있다. 카메라는 그들 속에 들어가 동참하는 입장에서 돌아다니거나 아니면 수직적으로 개미떼들 같은 사람들을 내려다본다. 이들을 묶는 감정적 키워드가 있다면 그것은 생존이며, 영화 속 인물들은 생존을 위해 필사적으로 움직인다. 가해자로 설정된 일본인이나 그들 편의 조선인 역시 생존을 위해 필사적인데 그들의 감정적 기조는 광기로 고조된다. 영화의 후반부, 조선인들이 집단적으로 탈출을 결심한 후 그들의 수평적 움직임은 더 큰 단위로 설계되며 대단원의 전투 장면은 물길 가르기와 같은 끊임없는 수평적 움직임들로 넘쳐나고 이윽고 그것에서 벗어나려는 움직임은 수직적으로 점층 변화된다. 영화 초반 갱도로 내려가 수평적으로 움직이며 꼬물거리는 사람들의 움직임에서 군함도 대지 위에서 갈라진 편 위에서 싸우던 조선인들이 상승과 하강을 반복하며 상당수가 탈출하는 광경의 이미지 설계와 구현이 주는 쾌감은 이 영화가 평면적인 서사를 시각적 웅장함으로 극복하는 굉장한 전시

6. 에이젠슈테인, 『이미지의 모험』, pp. 232-237

효과의 영화라는 걸 증명하고 있다.

20세기 초반의 상업적인 대중 영화는 서사 영화 작법의 규범 속에 묶이지 않으면 안 되었는데, 영화라는 것은 관객에게 이야기를 말하는 방식이라기보다는 관객에게 일련의 광경을 제시하는 방식이기도 하다. 류승완은 이 영화를 통해 서사 영화의 한 구성 요소로서 뮤지컬과 같은 일부 장르 영화에서 분명하게 나타나는 어트랙션 효과의 특징을 액션 영화의 활기로 재현해 낸다. 이 집단 군무와 같은 액션을 통한 어트랙션 효과는 서사의 빈약함이나 전형성에 따라 쇠락하는 게 아니라 서사의 구멍을 상당 부분 대치하는 활기로 나타난다. 이 영화의 플롯 상당수가 추적극 형태를 띠고 있는 것도 어트랙션 효과와 무관하지 않다. 강옥, 무영, 윤학필은 플롯의 전개에 따라 끊임없이 감시를 피해 탐색하고 서로 쫓고 쫓긴다.

역사적 비극을 소재로 한 이 영화에서 이런 활기에 기초한 전시적 특질을 발휘한 것은 서사의 인위적인 극적 활기를 비판하는 목소리에 묻혔다. 〈군함도〉는 역사적 실재에 관한 논쟁을 불러 일으켰으며 애도의 형식을 조심스레 취하면서 피해자 고증 다음의 단계를 웅변한다. 영화 내내 이어지는 집단적 움직임의 전시가 서사적 흡인력을 대체하거나 누르면서 수평에서 수직으로 올라서는 대단원의 움직임을 통해 조선인들의 일시적인, 환영적인 승리를 묘사하고 자긍심을 전시했다.

류승완의 초기 영화만큼이나 과잉으로 내러티브를 덮어 정체를 요약할 수 없는 영화를 만들어 내는 재능은 장준환의 데뷔작 〈지구를 지켜라〉에서도 두드러졌다. 이 영화는 웃겼다가 잔혹했다가 슬펐다가 도무지 가늠할 수 없는 정서의 리트머스 시험지 같은 성격을 지니고 있다. 이 때문에 어린 시절 본 만화영화를 떠올리게 하는 장난스러운 어감의 제목은 영화가 끝나고 자막이 올라간 후 절박한 사명을 지닌 구호처럼 들린다. 신하균이 연기하는 병구는 우스꽝스러운 옷차장에 과대망상증 환자처럼 보이지만 눈은 펄펄 끓는 듯하고 신경쇠약직전의 긴장을 환각제 복용으로 버티며 초인적인 에너지를 발휘하는, 근본적으로는 분노와 비탄으로 가득 찬 인물이다. 영화 중반까지 우리는 그가 품은 슬픔의 정체를 온전히 이해할 수 없다. 그가 외계인으로 확신하는 중소기업 사장 강사장을 납치해 자백을 받아내려 고문하는 장면에서도 우리는 웃어야 할지, 울어야 할지, 얼굴을 찡그려야 할지 당황하게 된다. 그것은 때밀이 수건으로 강사장의 발목 살갗을 벗기고 물파스를 발라 외계인의 신경조직 일부를 파괴시킨다는 황당한 병구의 발상과 행동을 보면 그저 웃길 뿐이지만 이상하게 자꾸 웃음을 멈칫거리게 만드는 기운이 화면에 있기 때문이다. 빨간 사각팬티를 입은 채 잡혀 있는 강사장과 그를 외계인이라 확신하고 고문하는 병구의 대립 상황은 웃기면서 잔혹하다. 이 두 가지 정서적 질감은 조금씩 동시에 강도를 높여 간다. 텔레비전 이 화면 저 화면을 재핑하는 것처럼, 혹은 매우 강한 맛이지만 뒤죽박죽이어서 한마디로 맛을 표현할 수 없는 칵테일을 마시는 것과 같은 기분으로 몰고 간다.

인물과 사물의 겉과 속은 다르다는 것을 이 영화는 진지하게 끝까지 밀어붙인다. 병구의 과거사에 얽힌 비극은 한국 사회의 소수자에 대한 일반적인 박해 양상을 정확히 반영하고 있다. 이 영화는 지구인과 외계인(으로 추정되는) 인간의 대결 드라마지만 또한 동시에 자본가와 실직 노동자의 대결 드라마이기도 하다. 불행을 대물림하는 소수자의 비극에 관한 애정 넘치는 조사이기도 하며 거기서 불행을 나누는 전 우주적인 구원 의식을 꿈꾸는 규모가 큰 문명 풍자극이기도 하다. 이뤄질 수 없는 사랑과 무조건적 사랑에 대한 엘레지이기도 하며 범죄를 대하는 정부제도 권력의 무자비한 시스템에 비판을 보내는 작품이기도 하다. 지구를 지키려는 병구의 몸부림을 소재로 한 이 영화의 기본 발상은 B급 공상과학 영화에서나 볼 법한, 엉뚱함으로 재미를 주되 과학적 설득력 따위는 애초에 염두에 두지 않는 것이었다. 거기서 이 영화의 유희정신이 배어나온다. 그 B 영화의 토대를 이 영화는 사실적인 디테일로 메운다. 병구를 둘러싼 현실은 너무 익숙해서 이제는 진부하기조차 한, 우리 사회의 망가진 단면을 가리킨다. 병구의 황당한 행동에 웃을 수는 있지만, 병구의 행동을 낳게 한 사회의 주변 환경에 대해 우리는 닥치고 침묵하며 심지어 죄책감을 느끼게 된다. 이 부조화와 충돌을 드러내는 것이 이 영화의 폭력이다. 병구가 강사장을 고문하는 방법은 상영시간이 흐를수록 더 잔혹해지며 거기서 엄청난 에너지가 뿜어 나온다. 장준환은 하드고어적인 설정에서 취할 수 있는 가공할 에너지에 매료당해 있다. 관객과의 대면에 앞서 그 스스로 그 에너지에 취해 있다.

통상적인 영화 어법이나 장르적 관성으로는 감당하기 힘든 이 하드고어 에너지는 대단원의 폭력적 대결 장면에서 관객을 얼빠지게 만든다. 물이 사방으로 흩뿌리고 두 사람이 흘리는 피가 그 물에 섞이는 가운데 그들은 무지막지하게 각자의 몸을 망가뜨리며 싸운다. 여기서 넘쳐나는 그 공격적인 에너지의 정체는, 어쩌면 같은 편이 될 수 있었을지도 모를 그들이 서로 대립하는 상황에서 뿜어내는 공격과 분노와 자기 파괴 에너지의 본질은 자문하게 된다. 여기서는 순수하게 추상적인, 또는 불온하지만 심미적인 폭력의 아름다움이 배어나온다. 그렇지만 그것은 불편하다. 〈복수는 나의 것〉과 어느 정도 비슷하지만 한편으로는 또 다른 폭력적 유머가 이 영화에는 있다. 〈복수는 나의 것〉이 인간이 잔혹해져 가는 과정에 방점을 찍는다면 〈지구를 지켜라〉는 이미 잔혹해질 수밖에 없었던 인간의 행동 발달 사항에 대한 보고서다. 역순으로 그 과정을 이해시키고 있지만 사회에 대한 깊은 분노를 깐 이 잔혹극은 또한 초현실적 몽상극이라는 영화의 또 다른 얼굴과 충돌하는 것을 어쩌지 못한다. 유희정신과 분노를 조화시키고 있지만 처음부터 공존하기 힘든 것을 공존시킨 대가를 치러야 하는 부분이 있는 것이다.

오승욱의 〈킬리만자로〉도 과잉의 에너지로 특징지어지는 2000년대의 주목할 만한 데뷔작이었다. 이 영화는 처음부터 끝까지 불안하고 사악한 인간 영혼을 끔찍할 만큼 처절하게 담았으며 일종의 누아르 액션 영화의 틀을 취하고 있지만 감상적이거나 말랑말랑하게 느껴지는 순간이 없다. 해식과 해철 형제의 이야기가 소개되는 전반부가 끝나면 해식이 고향인 주문진에 해철의 유골을 들고 나타났다가 자신이 아닌 동생 해철로 오해받으면서 벌어지는 메인 플롯이 본격적으로 펼쳐진다. 해식은 주문진의 상권을 쥔 깡패 조직의 보스 이종두와 한때 이름을 날렸지만 지금은 몰락한 깡패 번개를 통해 동생 해철의 지나간 삶의 흔적과 마주친다. 이때부터 사족처럼 여겨졌던 쌍둥이 형제의 모티브를 통해 삼류 인생의 처절한 종말기이자 가족을 내팽개치고 형사로 출신하기 위해 수단과 방법을 가리지 않았던 권력형 인간이 초라한 깡패를 위해 목숨을 바칠 수도 있는 순수한 인간으로 거듭나는 영혼의 재탄생 과정을 담는다.

오승욱 감독은 불안하고 죄의식에 가득 찬 인간 영혼을 다루면서 거의 도스토예프스키에 맞먹는 문학적 관념의 켜를 필름 누아르 장르의 틀에 입힌다. 해식과 해철 1인 2역을 연기하는 박신양은 그의 몸에서 넘쳐나는 기로 스크린을 장악할 것처럼 화면 속에서 의기양양하다. 죄의식과 강박감에 쌓여 있지만 호전적인 인물의 불안한 내면을 간직한 그에 비해 인생의 피로를

〈지구를 지켜라〉
장준환 감독

실감나게 보여 주는 이는 안성기가 연기하는 깡패 번개다. 그는 한때 자신의 목울대를 자해하면서 살아갔던 패기만만한 건달이었지만, 지금은 힘 한번 제대로 쓰지 못하고 기도원 철거 시위 따위의 쩨쩨한 일에 동원되는 삼류 깡패에 불과하다. 과거에 동료와 후배를 배신한 죄의식을 마음 깊숙한 곳에 감추고 살아가는 그의 모습에서는 겉으로 잘 드러나지 않는 불안한 인간 내면의 궁핍함과 선량함이 은근히 묻어 나온다. 동네 구멍가게 앞에서 뽑기 기계를 연이어 눌러 대면서 아들에게 줄 싸구려 선물을 얻을 궁리를 하는 모습이나 굳이 완력을 쓰지 않으면서도 과거의 위엄을 지키려 애쓰는 낮은 목소리의 화술에서 감출 수 없는 삶의 때가 드러난다. 이런 연기는 안성기라는 배우가 아니었으면 쉽게 표현해 낼 수 없었을 것이다.

동생 해철이 형 해식이 보는 앞에서 자기 가족을 몰살하는 처절한 첫 장면으로 형사와 깡패라는 서로 다른 삶을 산 쌍둥이 형제의 비극적인 사연을 소개한 다음, 해식이 그가 마주하는 주문진 깡패들과의 싸움을 통해 자신의 죄의식을 분출하는 모습을 폭력 묘사로 풀어내는 〈킬리만자로〉는 곳곳에서 서사의 전개보다는 인물의 행동 양식 세부를 그려 내는 기운에 몰두해 있다. 이는 오승욱이 〈킬리만자로〉 이후 무려 16년 만에 만든 그의 두 번째 영화 〈무뢰한〉에서 훨씬 세련된 방식으로, 그러나 본질적으로는 같은 궤에 있는 방식으로 추구된다. 이 영화에서 스크린에 구현한 인물들의 표정과 몸짓, 그들을 감싼 공간의 분위기는 오승욱에게 스토리란 근사한 맥거핀에 불과한 것임을 가리킨다. 오승욱은 형사 누아르의 외피를 두른 이 영화에서 '억압의 미적 제스처'라고 할 만한 것들을 허다하게 만들어 낸다. 그것이 스토리의 인과를 빼곡 메울 필요는 없다. 그것들은 이미 이 영화의 스토리가 시작되기 전에, 스토리가 끝나고도 지속적으로 이어질 제스처이기 때문이다. 그것들이 혹 알맹이 없는 퇴행의 제스처라고 해도 상관없다. 영화 속 주인공의 삶에는 우리가 허위로라도 채워 넣고 싶은 그런 가치의 알맹이가 없기 때문이다.

〈무뢰한〉도입부의 김남길이 연기하는 형사 정재곤이 터덜터덜 살인 현장으로 걸어가는 뒷모습은 남자의 정체를 이 영화가 묘사하는 방식의 시각적 신호다. 좀 가냘픈 몸매에 나사가 빠진 듯 발걸음을 옮기지만, 또박또박 기운이 느껴지는 그의 걸음걸이는 장차 보게 될 그의 삶의 행보와 유사하다. 그는 자신의 직업적 삶에 신물이 나 있으며 그 직업적 삶을 잘 수행해야 하는 의무와 그 직업적 삶에 따르는 윤리의 준수 사이에 일어나는 갈등에 지쳐 있다. 나중에 알게 되는 것이지만, 그는 형사가 자신의 직무에 충실한 나머지 그가 검거해야 하는 범죄자들과 닮아 가는 것을 두려워하는 인물이다. 완벽한 전문가주의와 그에 따르는 윤리의 마비 사이에서 그는 답을 찾지 못한다. 그런 그의 일상적 삶은 당연히 행복하지 않다. 그는 아내와 이혼했으며 가끔 연락을 주고받긴 하지만 전혀 달갑지 않은 관계를 유지하고 있는 듯이 보인다. 형사라는 직업적 일과도 마찬가지다. 아마도 최근까지 그는 꽤 훌륭한 업적을 거뒀을 테지만 발정제로 용의자의 애인을 고문하는 것과 같은 유형의 비인간적 취조 방법 끝에 남은 자기혐오에 시달리는 것처럼 보인다.

전문가로서 완전한 어른이 되고 싶었으나 그럴수록 자신 안의 모순을 해결하지 못하는 정재곤은 퇴행적인 문제적 개인이다. 정재곤이 추적하는 범죄자 박준길은 정반대 방향에서 퇴행적인 인물인데, 그는 도박하고 섹스하고 싸움질하는 깡패이며 애인을 등쳐먹고 사는 데 거리낌이 없는 철부지다. 그는 정재곤보다 훨씬 더 어린애 같은 인물이다. 이 두 사람을 묶어 주는 공통분모는 그들이 자기존엄의 표식으로 그나마 완강히 행세하려고 하는 육체적 강건함이다. 영화 초중반, 이들이 형사와 범인으로 인적 없는 아파트 야외 주차장에서 뼈가 으스러져라 싸우는 장면은 몸은 어른이되 마음은 어린애인 이들의 짐승과 견주어도 꿀릴 것이 없는 야수성을 드러낸다. 그들의 싸움은 공허하지만 동시에 치열하다.

대속의식은 정재곤의 행동을 관통한다. 영화 속에서 그가 보이는 모든 행동의 신호들은 모두 그것에 따른 것이다. 그렇지만 그것은 무의미하고 유치하다. 이 공허를 지탱하고 보완하고 조금이라도 유의하게 만들어 주는 것은 (전도연이 연기하는) 박준길의 애인 김혜경의 존재감이다. 그녀는 우리가 숱한 삼류 영화나 소설에서 튀어나올 법한 캐릭터의 전형이다. 한때 텐프로 룸살롱의 잘나가는 여급이었으나 이제는 퇴물 새끼 마담으로 빚만 잔뜩 안고 사는 여자, 남자에게 이용만 당하고 이미 불행해져 있지만 그럼에도 불구하고 그 남자에게 의지할 수밖에 없는 여자인 그녀는 자기의 연약한 상처를 드러내지 않기 위해 겉으로 보기엔 함부로 다가설 수 없을 듯한 암표범 같은 자태의 여자다.

중뿔나게 잘난 것 없으면서도 대속의식에 가득 차 있는, 육체적으로 강인하지만 속은 빈약한 형사 남자와 상처받기 쉬운 내면을 지녔으면서도 더 이상 다치고 싶지 않아 세게 내지르는 여자와의 만남은 각자 서로 연기하는 행위들로 점철된다. 정재곤이 김혜경이 일하는 단란주점의 영업부장 이영준으로 위장한 뒤 시작되는 이 두 사람의 관계는 처음부터 진짜가 아니라는 걸 의심하는 가운데 끊임없이 주고받는 진실/허위 게임의 연속이다. 김혜경은 박준길을 잡기 위해 정체를 숨기고 자신에게 접근한 정재곤을 신뢰하지 않지만, 일련의 사건들을 겪으며 정재곤이 보여 주는 진실한 단면의 흔적들에 혼란을 느낀다. 정재곤의 서툰 연기 덕분에 흔들리는 김혜경의 모습은 관객에게 압도감을 준다. 몸의 잔근육까지 세세하게 느껴지는 자태와 표정으로 김혜경은 정재곤의 일관되지 않은 연기력을 관찰하듯이 보고는 문득 "진짜 같애"라고 중얼거린다.

정재곤이 시도했던 게임은, 그 자신이 처음부터 예감하고 있었듯이, 그 자신을 구원하는 결말로 향하지 않는다. 정재곤은 아주 먼 길을 돌아 그 자신이 징벌당하는 길을 택한다. 박준길이 검거되는 현장에서 굳이 나서지 않았던 정재곤은 박준길이 칼부림하며 형사들에게 저항하는 아수라장이 펼쳐지자 어쩔 수 없이 김혜경이 보는 앞에서 그를 사살한다. 취조실에서 김혜경은 망연자실한 채 정재곤에게 묻는다. "당신 이름이 뭐예요?" 정재곤의 거짓 연기에 속지 않은 채 그가 연기의 마디마디 보여 줬던 진심을 끝까지 믿고 싶어 했던 그녀는 정재곤에게 강하고 무심한 척 연기하지 않았던 자신을 책망한다. 두 사람은 연기하는 데 실패했고 동시에 파멸했다.

영화의 긴 에필로그에서 정재곤은 기어코 김혜경을 찾아내 뒤늦게 그 자신의 본명을 밝힌다. 요리하는 평범한 아내로 살고 싶다고 했던 김혜경은 마약중독자를 간병하며 살고 있다. 어쩌면 그녀는 자신의 박복한 운명에 따른 연기를 계속하고 있었는지도 모른다. 그런 그녀 앞에 정재곤이 실명을 밝히고 그가 박준길을 죽인 것은 그녀에 대한 감정과 무관하게 직업적 선택이었다고 말해도 아무것도 바뀌지는 않는다. 영화 중반, 정재곤은 김혜경과 동침하면서 상처를 기억하고 싶지 않다고 말했다. 상처 위에 또 상처를 입는 것이 인생이라고 체념할 줄 알았던 김혜경과 달리 정재곤은 그의 의식 속에서 기억하고 싶지 않은 상처를 간직하고 살며 끝내 치명상을 입는 인물이다. 남는 것은 제스처뿐이다. 정재곤은 김혜경이 자기 배에 박아 넣은 칼을 그대로 둔 채 걷는다. 피가 배인 자신의 배의 상처를 보며 정재곤은 허탈하게 웃는다. 그리고 '무뢰한' 타이틀이 뜬다. 오승욱은 이것으로 자신들을 학대하는 인물들의 죄의식에 관한 억압적 제스처를 미적으로 고안해 자기만의 서명을 화면에 남긴다.

〈무뢰한〉

앙드레 바쟁Andre Bazin은 '카비리아: 네오리얼리즘의 끝으로의 여행Cabiria: the Voyage to the End of Neorealism'이라는 평론에서 인물들이 단지 존재하기만 하는 공간이 만들어질 때 서사가 멈추고 그 순간이 현대 영화의 본질이라는 걸 지적한다. "펠리니Federico Fellini의 영화에서 기나긴 묘사 시퀀스는 액션 전개에 어떤 영향도 미치지 않는다. 이것이 영화에 진정으로 중요한 장면을 구성한다. 〈비텔로니I Vitelloni, 1953〉의 해변 야간산책 장면이나 〈길La Strada, 1954〉의 수녀원 방문 장면, 〈사기꾼들Il Bidone, 1955〉의 야간 나이트클럽 장면 등이 이에 해당한다. 펠리니의 캐릭터들이 최고의 모습을 드러내는 순간은 그들이 특별한 무언가를 하고 있을 때가 아니라 그렇게 어딘가를 배회하고 있을 때다."[7]

극적으로 중요하지 않은 순간들을 연장하며 인물이 배회할 때 공간은 전경화되고 서사의 사건은 지연되지만, 사건 대신 공간의 아우라가 형성된다. 이 방식을 더 극단으로 추구한 것이 미켈란젤로 안토니오니Michelangelo Antonioni의 영화였다. 현대 영화는 서사의 필요조건으로서의 숏을 기능적 효율에만 가둬 사고하지 않고 숏 그 자체의 묘사력을 경계 없이 확장하는 데서 시작되었다. 거꾸로 할리우드 고전 영화에서도 작가의 영화와 표준적인 장르 영화를 구분하는 기준으로 이 숏의 확장력을 가늠하는 것이 가능해진다. 이에 관한 영감을 준 영화이론에서의 '잉여Excess' 개념을 최초로 제안한 이는 스티븐 히스Stephen Heath였다. 그는 지독하게 난삽하게 쓴 에세이 『영화와 시스템: 분석의 조건들Film and System: Terms of Analysis』에서 분석의 표준화 양식 바깥으로 떨어진 영화의 구성 요소들을 설명하기 위한 시도로 이 말을 썼

---

7. Andre Bazin, What is Cinema?, trans, Hugh Gray, Berkely: University of California Press, 2005, p.90

다.[8] 히스의 고찰에 따르면 이미지는 때로 내러티브 전개를 위해 완전히 소진되는 것만은 아니다. 내러티브는 영화적 질료를 억압하고 그 질료들이 드러나는 것을 막지만, (그러므로 우리는 고전적 할리우드 스타일의 영화를 볼 때 매 쇼트마다 영화의 형식적 질료들을 식별하지 않아도 되는 이른바 '불가시 스타일'에 익숙해 있다) 히스의 표현대로 "내러티브는 결코 픽션을 지속적으로 초월하려는 영화를 억제할 수 없다."[9]

할리우드 표현 시스템이 강제하는 내러티브 위주 영화의 균질하게 보이는 표면들은 그 이면에 표면을 뚫고 나오는 이질적인 소란들로 가득하다. 이 소란들이 어떤 형식적 잉여의 힘을 지닐 때 우리는 그것에 주목할 수 있다. 이런 히스의 주장에 대해 크리스틴 톰슨Kristin Thompson은 히스가 "이미지라는 질료가 통합을 초월하는 유희를 창조한다."라는 의견을 제시했다고 말한다.[10] 모든 영화는 이미지와 사운드라는 재료로 구조가 만들어지지만 영화의 모든 물리적 구성 요소가 매끄러운 지각의 신호로만 기능하는 것은 아니다. 따라서 비평가들은 일관된 구성 요소뿐 아니라 그것을 벗어나는 '잉여'에 주목해야 한다고 지적한다. 통합하려는 힘과 벗어나려는 힘 사이의 긴장을 탐구함으로써 영화적 표현의 참신한 가능성을 찾아낼 수 있다는 것이다.

고전적 할리우드 내러티브는 철두철미한 동기화로 잉여를 최소화하기 위해 노력하는 시스템이다. 서사화의 과정을 거치며 프레임 속 이미지들은 일관된 의미를 획득하고 영화의 다양한 요소들은 균질화된 의미로 고정된다. 영화를 구성하는 개별 질료들의 특수한 물질성에 주목하면서 히스는 균질화

8. Jason Gutierrez 외, Reconsideration of Excess in Cinema: Arrested Narratives, Opened Diegetic Spaces, and Hidden Details, p.3

9. Stephen Heath, 'Film and System: Terms of Analysis', Screen Vol. 16, No1(Spring, 1975), p.10

10. Kristin Thompson, 'The Concept of Cinematic Excess', 『Apparatus, Ideology A Film Theory Reader, Philip Rosen(cd.)』 Columbia, Univsersity Press, 1986, p.131

에 포섭되지 않는 영화의 질료에 관심을 가졌다. 고전적 할리우드에 대항하는 영화들은 이미지와 사운드를 서사화 과정을 위한 동기화로 제공하려 애쓰지 않는다. 이들 영화 안에는 서사를 위해 기능하지 않고 자체의 스펙터클로 남겨지는 질료들이 존재한다.[11] 이러한 영화들은 잉여화된 구성 요소들을 눈에 띄도록 남겨 두는 경향이 있다. 히스의 잉여 개념은 롤랑 바르트Roland Barthes의 에세이 『제3의 의미The Third Meaning, 1970』에서 얻은 영감을 바탕으로 한 것이다. 바르트는 『제3의 의미』에서 이미지의 질료성이 한 영화 안에서 통일성이라는 내러티브적 구성을 넘어선다고 주장했다. 바르트는 의미의 창조에 기여하지 않는 '미끄러짐'을 지적하고 심지어 "그것은 의미의 어느 장소도 지시하지 않고, 도리어 의미를 좌절시킨다"라고 썼다.

이 에세이에서 바르트는 러시아 몽타주 유파 감독 세르게이 에이젠슈테인의 〈폭군이반Ivan The Terrible, 1944〉을 예로 들며 이미지 안에서 파생되는 의미를 세 가지 층위로 구분한다. 첫째는 정보적 층위Infomational level로 아주 직접적이고, 시각적인 정보의 층위다. 둘째는 상징적 층위Symbolinc level로 서사적, 지시적, 역사적 상징 체계로 기능하는 명확한 의미를 뜻한다. 세 번째는 앞선 두 층위 모두를 넘어서는 무언가로서 기의 없는 기표의 작용이다. 세 번째 층위에 속하는 '제3의 의미'는 소통과 의미화의 체계 바깥에 존재하기 때문에 무딘 의미로 볼 수 있다.[12] 바르트의 『제3의 의미』에서 얻은 영감을 바탕으로 히스는 내러티브를 구성하는 질료의 특이성을 구분했다. 통합하려는 내러티브 힘의 영향을 받아 이미지와 사운드는 구조를 위해 작동하지만 개별적인 디테일들은 언제든 서사에서 일탈하여 본래의 성질을 드러낼 가능성을 가진다.[13] 내러티브에 포섭되지 않는 잉여, 인과성의 논리로 설명할 수 없

11. 스티븐 히스, 같은 책, p.48

12. Roland Barthes,『Image,Music,Text』, New York: Hill and Wang, 1977,pp.44-65

는 이미지의 흐름이 가시화되는 순간 영화를 구성하는 개별적 질료가 두드
러진다.

의미와 동기화에 무심한 채 영화의 질료를 살피는 것은 관객들로 하여금
영화의 스타일에 눈을 돌리도록 한다. 이와 관련하여 바르트가 주목한 영화
작가는 미켈란젤로 안토니오니다. 바르트는 "의미를 강요하지도 않지만 의
미를 제거하지 않는 변증법이 안토니오니의 영화에 위대한 미묘함을 부여
한다는 점에서 그가 우리 시대가 필요로 하는 예술가의 임무를 완수하고 있
다"[4]라고 언급한다. 또한 "안토니오니는 우리 시대가 요구하는 예술가의 임
무를 매우 정확하게 완수하고 있다. 작품의 의미는 의미의 불확실 자체다"라
고 평했다. 안토니오니 영화는 의미를 제거하는 것이 아니라 의미에서 달아
난다. 그 도피는 리얼리즘이 가리키는 심리적 고정성에서 벗어나게 해 준다.
사물에 의미를 부여함으로써 대충 멈추는 것이 아니라 의미가 깃들어 있는
사물의 외양에 매혹당해 늘 거기에서 더 멀리 나아가려는 확신을 담는다. 그
것은 대상에 테크닉이 아닌 떨림이라는 기묘한 느낌으로 접근하는 모든 예
술가의 확신이다. "예술가의 작품은 진실을 비스듬히 취한다. 그 세계는 진
실의 간접적인 것이다. 의미가 고정되고 또한 강요되는 때부터, 또한 미묘하
지 않은 것이 되는 때부터, 의미는 하나의 도구, 하나의 권력의 목적이 되어
버리기 때문이다. 예술가의 덕목 하나는 불안정성이다."[15]

잉여 개념은 현대 영화뿐만 아니라 고전적 할리우드 영화 내의 작가 영
화에 대해서도 유용한 개념이 될 수 있다. 영화가 이야기하기의 기능을 넘
어서서 이미지와 사운드의 창조 형식으로 존재할 수 있다는 것은 이들 작가

13. Heath, Stephen, 「Film and System: Terms of Analysis」, Screen, vol.16, no.1, Spring 1975, pp.48-50.

14. 롤랑 바르트, 『이미지와 글쓰기』, pp.197-198

15. 롤랑 바르트, 『이미지와 글쓰기』, p.203

영화들이 증명해 줬기 때문이다. 장 뤽 고다르는 앨프리드 히치콕의 〈오명 Notorious, 1959〉을 거론하면서 "우리는 〈오명〉의 이야기가 무엇이었는지 기억하지 못한다. 만일 당신이 〈오명〉을 기억한다면 무엇을 기억할 것인가? 아마도 포도주 병들일 것이다"[16]라고 말했다. 그의 말은 히치콕 영화가 지닌 쇼트, 이미지의 힘을 상기시킨 것이다. 내러티브에 충실한 할리우드 영화에서도 앨프리드 히치콕이나 존 포드, 하워드 혹스 영화에는 이야기 전개의 기능적 요구를 충실히 수행하고서도 내러티브에서 튕겨 나와 홀로 존재하고 있는 것 같은 숏들의 아름다움이 있다. 이것이 잉여의 숏일 것이다. 크리스틴 톰슨은 세르게이 에이젠슈테인의 〈이반 대제Ivan The Terrible, Part One, 1944〉를 분석할 때 잉여 개념을 분석 도구로 사용했는데, 내러티브를 끌어가는 숏들이 그 기능을 다하고도 그 밖의 것을 품고 있을 때 이 잉여를 지각하는 것은 영화의 구조에 대한 인식을 내포하고 있다고 봤다. 이미지의 질료적 특성이 내러티브의 균질성을 뛰어넘을 때 내러티브를 관습적인 방식으로 통합하려는 메커니즘에서 벗어나 서사와 이미지 사이에 발생하는 균열과 틈새, 이질성과 모순을 드러냄으로써 표현의 영역이 확장될 수 있기 때문이다.

영화 속 잉여는 서사를 명확히 동기화하려는 기능을 피하는 요소다. 그 잉여의 낯설음을 의식하고 거기 이끌림으로서 우리는 영화의 서사 바깥에 있는 것을 포괄하는 (바르트의 표현을 빌면) '무딘 의미'에 주목하게 된다. 이를테면 〈살인의 추억〉에서 인물의 시선과 그 시선을 이어받아 연결되는 반응 화면들은 봉준호식 잉여적 숏의 성취물이다. 이 영화는 첫 도입부 장면부터 '숏 A + 숏B = AB'라는 고전적인 편집 도식을 벗어난다. 형사 박두만이 논두렁에 있는 시체를 현장 검증할 때 그의 말투와 행동을 따라하는 주변 꼬마와 박두만이 시선을 교환하는 장면에서 박두만은 꼬마를 보고 그 꼬마의 행동의 정

---

16. Jonathan Rosenbaum, "Godard in the Nineties", Film Comment, Sep-Nov. 1998

체를 알 수 없다는 표정을 짓는데 이런 식의 화면 연결은 영화 내내 되풀이된다. 경찰서에 온 강간 가해자와 강간 피해자의 오빠에게 카메라가 줌인하는 화면 위로 누가 범인인지 알아맞혀 보라고 박두만에게 내기를 거는 서장의 말이 깔릴 때, 영화의 클라이맥스에서 자기 눈을 똑바로 쳐다보라고 용의자를 다그치다가 모르겠다고 독백하는 박두만의 클로즈업이 잡힐 때, 에필로그에서 나이 든 박두만이 오래전 살인 사건 현장이었던 논두렁에서 어느 소녀를 만나 수상한 남자를 봤다는 진술을 들을 때의 그의 반응 화면이 주는 느낌은 정반합의 숏 연결의 규칙에서 장쾌하게 벗어나는, 지속적으로 연결 체계를 거스르며 잉여의 감정과 의미를 쌓은 봉준호만의 독특한 수사법이었다.

주인공의 얼굴에서 시작해 얼굴로 끝나는 〈살인의 추억〉은 그 당시 상황만큼이나 그 상황을 살았던 사람들의 얼굴을 보여 주고 싶었던 감독의 계획된 의도를 반영하고 있다. 〈살인의 추억〉에서 클로즈업 배치는 매우 신중하게 천천히 강조되어야 할 때 들어선다. 영화 초반 용의자인 정신지체아 백광호를 산속에서 심문할 때 박두만과 후배 형사 조용구를 클로즈업하던 카메라의 잔상은 후반에 다시 메아리친다. 박두만과 서태윤이 강력한 용의자 박현규를 취조실에서 심문하는 장면에서 세 인물의 클로즈업 배치는 격렬하게 부딪친다. 액션과 리액션이 일치하지 않는 등장인물들의 클로즈업은 외양과 본질은 일치하지 않는 미궁의 시대를 바라보는 이 영화의 풍경 묘사와 조우한다.

이 영화에서의 대다수 장면은 설명할 수 없는 대극적 요인들이 한 공간에 공존하는 기이한 정서를 만들어 낸다. 영화는 곧잘 광장공포증과 폐소공포증을 넘나든다. 첫 장면에서 평화로운 황금빛 평야에 난 길을 경운기에 올라타고 가는 박두만 형사는 잠자리채를 든 아이들이 경운기를 쫓아오자 무심하게 주먹으로 감자바위를 날린다. 경운기에서 내린 박두만이 배수관 밑의 어두컴컴한 그림자 속에서 발견하는 것은 부식되기 시작한 인간의 시체다. 밝은 태양과 배수관 아래 그림자의 썩은 육체, 평야에 넘실대는 벼이삭과 남들이 보지 않는 후미진 곳에 버려진 시체, 잔뜩 찌푸린 형사와 천진하게 놀고 있는 아이들의 대비는 서늘한 공포를 안겨 준다. 이어지는 장면에서 박두만은 논바닥에 널려 있는 증거물을 갖고 노는 아이들을 쫓기 위해 소리를 지른다. 피로와 짜증이 잔뜩 밴 박두만의 옆에서 무심한 얼굴의 남자 꼬마가 그의 말을 따라한다. '어두운 골목길에서 벌어지는 살인보다 졸졸 물이 흐르는 대낮 시냇가에서의 살인이 더 무섭다'고 한 히치콕의 공포 효과 명제를 증명하는 이 도입부 장면은 가장 평화로운 순간과 가장 잔인한 순간이 공존한다. 어른에게 공포스러운 일이 아이들에게는 또 하나의 즐거운 구경거리다. 이 무심한 대비는 영화 마지막 장면에서 압운을 맞춰 되풀이된다.

데뷔작 〈플란다스의 개〉에서부터 봉준호는 이야기 전개를 멈추게 하거나 또는 이야기 전개와 병렬해서 잉여의 의미와 감정을 품는 장치들을 체계적으로 구사했다. 변희봉이 연기하는 경비원이 아파트 지하실에서 보신탕을 끓여먹으며 괴담을 말할 때 지하실의 빈 공간을 응시하는 카메라는 압도하듯이 관객에게 음산한 공포를 준다. 주인공 부부가 아파트 앞 아스팔트 도로에서 내기를 걸어 두루마리 화장지가 선전 문구대로 100미터의 길이를 지녔는지 확인하기 위해 화장지를 도로로 풀어 내리자 화면에는 정체 모를 시정이 어린다. 늘 보던 각도가 아닌 다른 각도로 비췄을 때 현실의 풍경은 전혀 다른 정서적 질감으로 다가온다. 평화롭게 간식거리를 즐길 수 있는 지하실을 원혼의 은신처로 바꾸고 삭막한 아스팔트 도로를 시정 어린 풍경으로 변하게 만드는 이 영화 속 서사의 곁가지 장면은 인물들이 단지 존재하기만 하는 공간을 만들어 주었을 때 극적인 서사가 정지되는 순간이 현대 영화의 본질이라고 했던 바쟁의 지적을 상기시킨다.

〈살인의 추억〉은 외양과 본질이 일치하지 않는 세상의 면면을 평화로운 시골 벌판 풍경, 한적한 여자 중학교의 재래식 화장실, 여인의 속옷이 나부끼는 채마밭을 낀 시골집 등의 평범한 풍경에 스민 공포로 가시화한다. 이 풍경의 복합적인 양면성은 등장인물들에게도 관철된다. 박두만은 험상궂게 생긴 용의자들의 사진을 형사 수첩에 붙여 놓고 다니다 결국 포기하고 그 사진들을 찢어 없앤다. 강력한 용의자인 박현규는 여인처럼 섬세한 손을 지니고 있고 그는 손에 책을 들고 있는 것이 어울리는 준수한 외모의 청년이다. 그에 반해 박두만은 형사라는 직업을 빼면 하는 짓이 건달과 다름없는 인간이다. 거칠게 본능만 믿고 돌진하던 박두만은 결국 박현규가 범인인지 확실한 증거가 나오지 않자 장탄식하며 그를 놓아준다. 잔인한 박두만이 점점 인간적인 본색을 드러내는 것과는 정반대로 곱상한 샌님처럼 보이던 서태윤은 거꾸로 이성으로 제어할 수 없는 광기에 빠진다. 이들의 표정을 결국 요약하는 것은 〈살인의 추억〉의 마지막 장면에서 박두만을 연기하는 송강호의 클로즈업이다. 숨이 목젖에까지 차오르지만 숨 쉴 수 없을 때 짓는 듯한 그 표정은 턱에까지 호흡이 달아오르도록 뛰었지만 결국 지켜 내지 못한 사회 정의를 슬퍼하는, 상황의 주인공이고 싶었지만 가까운 구경꾼으로 머물 수밖에 없었던 시대의 증인을 대표하는 표정이다. 그것은 편안하게 두 시간 동안 한 시대 전의 살인 사건의 전말을 지켜본 관객에게도 전이되는 표정이다.

서사 바깥으로 튕겨 나오는 숱한 잉여의 순간들은 〈괴물〉에서도 포식자와 어미의 정체를 오가는 듯 혼란을 주는 괴물의 몇몇 장면에서의 이미지들과 한강 저변의 풍경 이미지를 느닷없이 제시할 때 생겨난다. 이 영화는 괴물과 일가족의 대결을 평계로 한강 다리 밑의 하수구와 교각에 대한 인류학적인 시각적 디테일을 꼼꼼하게 파고든다. 한강을 끼고 사는 서울 시민들이 평생 알지 못했을 온갖 배수구를 시각적으로 전시하고, 특히 소녀 현서가 괴물에게 유괴당한 배수구 구멍을 통해 더럽고 위험한 공간에 갇힌 인간의 조건과 사회의 집단의식을 건드리는 어떤 공명을 만들어 낸다. 특히 현서의 눈앞에서 괴물이 소화시킨 인간의 해골을 구토하듯 쏟아내는 후반의 장면은 충격적이다. 소녀 앞에서 괴물이 해골을 쏟아낸다. 소녀는 절대적인 공포에 휩싸인다. 아무도 구해 줄 수 없고, 심지어 가족들마저 구해 주지 못하는 소녀 앞에서 대적 불가능한 괴물이 먹은 것을 꾸역꾸역 입으로 토해 내는 것이다.

영화 속에 잠시 나오는 두 부랑자 소년이 바이러스 때문에 폐쇄된 한 강변 매점을 털어 식량을 장만하는 장면에서 두 소년이 배수구를 따라 달리는 것을 따라가는 카메라는 배수구를 통과해 이제까지 어느 매체에서도 그 각도에서 보여 주지 않았던 한강의 이미지를 보여 준다. 그건 마치 거대한 괴물의 아가리처럼 보이는데, 그때까지 영화의 서사 배경으로 존재했던 한강의 이미지가 풍경에서 튀어나와 자체의 존재적 무게감을 압도적으로 관객에게 각인시키는 순간이다. 성수대교(1994년에 붕괴되었다가 복구되었던) 교각 밑에서 새우잠을 잔 박남주 역의 배두나가 고소공포증을 일으킬 법한 교각 난간 위를 위태롭게 달리는 이미지도 마찬가지 맥락으로 읽힌다. 우리가 굳이 상징적 논리로 구획 지을 필요가 없는 시각적 언어 레벨에서 영화 〈괴물〉은 위태로운 파국에 처한 인간과 그 상황의 이미지 및 그 모든 것의 배경에서 우리가 통제하지 못해 위협적인 숭고미를 전해 주는 한강과 그 주변 공간 구조물들을 형상화하고 있는 것이다.

〈마더〉에서 모성의 정체에 숨어 있는 광기를 포착하면서도 굳이 그걸 명시적인 이미지로 제시하는 대신 수수께끼 같은 의문으로 서사의 고정점을 지우고 이미지의 잔상들만을 남기는 방식으로 기획된 것도 봉준호식 잉여의 흔적들이다. 〈마더〉는 하나의 층위로 접수하기 힘든, 세 가지 층위가 겹쳐 있는 작품이다. 첫째, 아들을 구하는 모성의 정체성을 탐구한다. 이 모성은 절대적인 희생과 헌신이 아니라 불안과 히스테리, 강박으로 구성된 모성이다. 둘째, 어머니와 아들의 관계를 그들 각자의 억압된 성욕의 측면에서 질문한다. 살해된 여고생 문아정의 존재는 이 주제를 더 확장시킨다. 셋째, 어머니 혜자가 아들 도준의 누명을 벗기기 위해 수사하는 과정에서 드러난 문아정의 정체는 공동체와 개인의 관계를 질문한다. 그렇지만 이 세 가지 층위의 서사에서 이야기는 하나의 지점에 머무르지 않고 자주 이 지점에서 저 지점으로 이동하며 서로 접합되지 않은 채 그 자체의 갈래로 의미화에 저항하고 있다.

혜자와 도준이 식사하는 장면, 여중생이 (도준이 죽인 것으로 의심받는) 누군가에게 죽임을 당한 마을 어느 건물의 옥상 장면, 혜자의 교도소 면회 장면 등이 반복해 서사에 등장하지만 이것들도 점층적으로 어떤 의미의 윤곽을 만들지 않는 대신 차이를 강조하고 있다. 혜자가 도준에게 닭백숙을 만들어 먹이는 영화 초반의 식사 장면을 예로 들면 그 장면에서 생겨나는 긴장은 모자간의 성적 자의식이었다. 여자 만나러 간다는 성인이지만 지능이 모자라는 아들의 말에 어머니 혜자는 마치 아내가 남편을 타박하듯이 질투 섞인 농을 건네는데 영화의 후반부에 비슷한 식사 장면이 되풀이될 때 그들간의 성적 긴장은 사라지고 (살인 사건의 진실을 은폐했다는) 비밀을 공유한 자들의 상호 배려와 침묵이 그 자리를 지배한다. 이 장면의 프레임인 프레임 구도는 비밀을 은폐하고 있는 느낌을 강화하며 진실은 화면 밖에 있다는 것을 암시한다. 영화의 상당수 화면에서 쓰인 측면 구도 숏과 여백이 많은 구도는 이 영화가 겨냥하는 혜자의 히스테리에 관해 군이 언어적 효용으로 정의할 수 없다는 불가능성을 토로한다. 살인 사건이 있던 그날 밤의 진실에 관해 도준과 고물상 할아버지의 회상을 통해 반복되는 장면도 관객으로 하여금 확신을 갖게 할 만한 동기가 결여돼 있다.

액션 리액션 쇼트의 접합이 불일치로 충돌하긴 하지만 정연한 리듬으로 구성된 〈살인의 추억〉과는 달리 〈마더〉는 곧잘 화면들을 점프 컷으로 연결하며 인물에 몰입할 수 없게 만드는 순간들을 만들어 낸다. 도입부에 이미 주인공 혜자를 광기에 찬 중년 여자로 설정해 놓은 다음 자식에 대한 맹목적 사랑으로 진짜 살인범을 찾기 위해 마을 곳곳을 헤집고 다니는 그녀의 과도한 열정을 전시하면서 관객의 감정이입을 방해한 후에도 서슴없이 혜자의 클로즈업으로 관객의 동일시를 거듭 유도한다. 이 영화에서도 인물들의 명확히 지시되지 않는 비정상성의 단서들 외에 그들의 괴물성과 나란히 붙어 있는 인상을 주는 것들은 공간, 이를테면 주인공 혜자가 비 오는 날 폐가 옥상에서 보는 곳곳에 불이 꺼져 있는 산동네 마을의 이미지였다. 그리고 이 영화가 마침내 도달하는 심원한 잉여의 이미지가 있다. 버스에 탄 일군의 중년 여성들 사이에서 무리에 섞여 춤을 추고 있는 혜자를 멀리서 카메라가 포착한 후 형체가 잘 식별되지 않는 혜자의 그림자를 따라가다가 마침내 혜자의 형체가 하나의 점으로 수렴되는 〈마더〉의 마지막 장면은 내러티브의 명확한 동기화를 거부하고 끝내 언어로 의미화될 수 없는 순수 이미지 그 자체로 남는, 봉준호의 연출이 극단적으로 추구한 잉여의 순간이었다.

〈괴물〉

잉여의 에너지로 세상을 흔들다

잉여의 에너지로 내러티브를 흔들어 놓는 현대 한국 상업 영화감독들의 상징적 지주는 박찬욱이다. 영화학도 시절 엘프리드 히치콕의 영화에 매료됐던 그는 기술적 완성도가 뛰어난 치밀하고 정교한 영화에 대한 취향에서 차츰 니콜라스 레이Nicholas Ray나 샘 레이미Sam Raimi처럼 거칠면서도 대담한 영화의 영향을 흡수하기 시작한다. 1992년 제작한 〈달은 해가 꾸는 꿈〉에서 저예산 영화의 성긴 만듦새를 B 영화의 반역적 태도로 스스로 변명할 만한 비평적 자의식을 지니고 있던 박찬욱은 후속작을 만들지 못해 영화평론가로 활동할 때 이런 B 영화에의 매혹을 지속적으로 공공연히 천명했다. 예술 영화, 작가 영화에서 출발해 장르 영화를 거쳐 점차 B 영화로 동선을 그린 그의 영화 취향은 이자웅, 이수현 등 대중적으로 널리 알려지지 않은 배우가 나오는 홍콩 영화에서처럼 불완전해서 더 끌리는 영화의 매력을 주장했다.

근친상간, 친자유기, 존속살해 등과 같이 일반 대중 영화에서 금기시되어 온 까다로운 쟁점들을 건드리면서 박찬욱은 가족의 복원을 꿈꾸는 대개의 대중 영화와는 달리 정반대의 결론을 지향했다. 그런 그의 두 번째 영화 〈3인조〉는 두 남자와 한 여자가 작당해 강도짓을 벌이며 돌아다니는 내용을 담았으나 표현의 경계에 갇히지 않는 영화광의 자의식을 증명한 후 그는 다시 주류 영화계로부터 퇴각해야 했다. 상업적으로 성공한 〈공동경비구역 JSA〉 이후에 〈복수는 나의 것〉에서부터 시작된 그의 영화적 성취는 주로 영화 언어의 충격 효과에서 나온다. 박찬욱의 네 번째 영화 〈복수는 나의 것〉은 은근한 시청각적 쾌락으로 요동친다. 이를테면 누이의 병을 고쳐 주고 싶다는 주인공 류의 엽서 사연이 라디오 전파를 타는 첫 장면의 따뜻한 감상주의는 류가 공장에서 고된 노동을 하는 장면부터 금방 허물어진다. 그 장면에 내장된 것은 금방이라도 터질 것 같은 세계의 폭력적인 긴장이다. 청각을 상실한 류의 상황을 업고 표출되는 이 긴장은 공장에서 나는 외부의 소음과 류 내부의 침묵을 오가며 점점 공장의 작업 소음을 관객의 불안한 심장박동 리듬과 일치시킨다. 그 장면 끝의 류가 어둠침침한 공장에서 환한 바깥으로 나올 때 햇빛의 선명한 질감과는 대비되는 류의 절망적인 표정은 갑자기 세상이 정지한 것 같은 우울한 정조를 띤다. 불우한 운명에 짓눌려 있는 한 개인이 대면한 세상은 무심하다. 가난과 누이의 병환이라는 이중고에 갇힌 불행에서 류는 자신의 선한 의지로 불행을 돌파하려 하지만 그 선의가 쉽게 폭력으로 치달을 수 있다는 것을 이 고요한 분위기의 초반 장면은 일찌감치 예견시킨다. 외형적으로는 평온하지만 속으로는 대립하는 이 세계의 풍경을 요약하는 것은 부조리다. 영화의 또 다른 장면에서, 고통을 못 이겨 괴로워하는 누이와 그녀의 신음 소리를 듣고 자위 행위에 열중하는 옆 방 소년들과 그 모든 상황을 알지 못하고 방구석에서 라면을 먹고 있는 류의 표정을 비추는 화면이 가리키는 것도 부조리다. 〈복수는 나의 것〉의 대다수 장면은 양립할 수 없는 정서적 단위를 곧잘 한 장면에 끌어다 놓고 하나의 감정으로 포섭되지 않는 세계의 표정을 직시하라고 어른다.

그다음 영화인 〈올드보이〉는 한순간도 휴식을 주지 않는 파멸의 스펙터클로 이뤄진다. 자신을 15년간 가두었던 남자에게 복수하려는 주인공의 집념을 다룬 〈올드보이〉는 실은 복수극이 아니다. 이 영화는 복수담이 아니라 복수하는 데 실패하는 남자의 이야기다. 최민식이 연기하는 오대수는 유지태가 연기하는 이우진의 계략에 말려 자신과 딸의 인생을 저당 잡히는 위기에 몰린다. 이런 불가항력의 느낌 끝에 찾아오는 가족의 파멸은 오대수의 운명이며 그걸 확인하는 순간 이우진도 자멸의 길을 택한다. 이 어두운 스토리를 연출하면서 박찬욱은 최민식과 유지태라는 스타 배우들의 멋을 한껏 화면에 전시함으로써 대중에게 이율배반적인 쾌감을 준다. 거대 도시에 숨은 괴물 같은 두 남자의 망가진 운명을 강조하며 동시에 이런 것도 해피 엔딩이 아니겠느냐고 감독이 능청을 떠는 동안 관객은 행과 불행의 모호한 경계에서 여하튼 기진한 느낌을 받는다. 두 남자의 망가진 인생을 겹쳐 놓기 위해 효과적으로 연출된 화면 구성의 이중화Doubling 효과와 현재와 과거를 오가는 정교한 점프컷은 스타 배우와 관객이 동일시되는 효과를 거두면서 관객에게 자멸의 느낌을 전이시키는 연출력을 증명하고 있다.

이 영화에서 두 남자가 만나 벌이는 주요 대결극 상황을 연출하는 카메라의 시선과 움직임은, 이것이 올드 보이의 이야기가 아니라 올드 보이들의 이야기임을 강조하고 있다. 스핑크스의 수수께끼를 푸는 오이디푸스의 신화와 유사한 두 사람, 오대수와 이우진은 결국 서로 비슷한 운명으로 걸어 들어간다. 그들의 충격적인 삶을 보여 주는 가운데 영화는 늘 관객보다 한 발 앞서 저만치 가 있다. 시종일관 효과적으로 쓰인 점프컷은 이 두 사람의 운명의 비밀을 밝히기까지 한순간도 관객의 추측을 허용하지 않는다. 관객은 어리둥절한 채로 점프컷으로 묶인 극적인 드라마를 압축적으로 구경하는 대신, 오대수의 내레이션과 비슷한 상황을 되풀이하는 각운의 점층법을 통해 이 영화가 감춘 음흉한 파괴적인 윤리에 설복당하는 자신을 깨닫고 당황하게 된다. 영화에 곧잘 나오며 마지막에 최면술사가 강조하는 그 유명한 대사 "아무리 짐승 같은 놈이어도 인간답게 살 권리는 있는 것 아닌가요"라는 말은, 이 끔찍한 얘기를 즐기게 해 놓고 감독 박찬욱이 관객에게 능청스럽게 던지는 충고다. 오늘도 대충 수습하며 산다는 태도를 지닌 평범한 남자 오대수는 관객 누구에게서나 볼 수 있는 모습이지만 그를 매우 극적이고 신화적인 이야기 구조에 끌어다놓았을 때 그는 운명의 아이러니에 갇힌 복수의 집행자 또는 희생자가 된다.

그때까지 카메라는 쉬지 않고 인물들에게 다가가는 듯한 태도를 취한다. 이를테면 감금방에서 풀려난 오대수가 횟집에서 처음 미도를 만나는 장면의 카메라 움직임은 그들 주위를 배회하는 느낌을 준다. 뭔가 탐색하러 가까이 다가갔다가 마치 엿듣는 것이 들키기라도 한 양 서서히 물러나는 카메라는 의례적으로 속도감을 높이기 위해 동원되는 수사학이 아니다. 이는 나중에야 알게 되는 것이지만, 박찬욱은 체계적으로 관객에게 심리적 헛방을 맛보게 한다. 카메라는 등장인물들에 다가서지만 실제로 그들 주변을 둘러싼 진실을 알 수는 없다. 이 수법은 오대수의 심리와 관객의 오해를 일정 부분 비슷하게 겹쳐 놓는 것이기도 하고, 오대수와 관객이 함께 이우진과의 게임에서 완패하는 이유이기도 하다.

이런 카메라의 태도는 관객에게 심리적 폐소공포증을 안겨 줄지도 모르지만 대신 누구에게도, 어떤 상황으로도 파고들어 갈 수 있다는 카메라의 관능적인 질감은 영화에 매끈한 윤기를 불어넣는다. 오대수와 미도가 개미에 관한 대화를 나누는 초반 한 장면에서 '개미는 항상 떼로 다니며 외로운 사람은 개미를 찾는다'는 검증할 수 없는 속설을 말하는 장면 다음에 놀랍게도 화면은 지하철 안에 있는 개미를 보여 준다. 그리고는 개미 시점으로 뒤집어 지하철 내부를 본다. 초현실적인 판타지로 관객을 끌어들이고 거기서 캐릭터와 동일화를 이루는 이 영화의 다양한 시도 속에서 관객은 심지어 개미의 시점을 통해 상황을 안내받는 특이한 체험을 한다. 개미의 시점으로 본 미도는, 지하철 안의 의자에 앉아 있는 미도는 외로움에 지쳐 눈물로 범벅이 된 얼굴로 정면을 바라보고 있다. 판타지 속 지하철의 미도에서 다시 자신의 방에 있는 미도로 화면이 바뀔 때 관객은 유영하는 듯한 카메라 등에 타고 있다는 느낌을 받는다. 개인의 심리적 미로를 자유롭게 휘젓고 다니는 느낌, 또는 착각 속에 〈올드보이〉의 카메라는 개인의 우주를 담아내는 척하면서 실은 그들의 감정을 휙 들춰 보여 주고 그들 관계의 맥락에 숨은 진실은 끊임없이 감추고 있는 것이다.

〈올드보이〉에서 경험할 수 있었듯이 박찬욱의 카메라는 점점 플롯을 대치하며 전경화되고 있다. 〈올드보이〉에서 또 다른 주인공은 바로 카메라다. 카메라의 존재를 업고 꼬이고 꼬이는 플롯 속에서 등장인물들은 감정의 용광로를 파고 있다. 이는 새로운 한국 영화감독들의 스타일에 대한 자의식적 야망과 집착의 가장 뛰어난 전리품으로 기록될 것이며 향후 일정한 기간 동안 한국 영화감독들의 모방적 충동을 불러일으키는 사례가 될 것이다. 〈올드보이〉에서 박찬욱이 등장인물의 감정을 담는 방식은 과유불급의 원칙을 부정한다. 이 영화에서 카메라는 오대수와 이우진이 대화하고 있을 때도 가만히 놓지 않는다. 대화 장면을 창의적으로 찍는 감독 박찬욱은 클로즈업의 사용과 카메라 움직임을 결합해 두 사람 사이에 흐르는 에너지와 적의를 전달하면서도 두 사람에게 모두 감정을 주는 방식으로 연출하고 있다. 그들에게 다가가는 카메라는 극단적 클로즈업도 마다하지 않고 어루만지는 듯한, 동시에 그들 내부에 흐르는 에너지를 이어 주려는 듯한 태도로 촉각적인 아름다움을 품는다.

〈올드보이〉의 대단원의 클라이맥스 직전, 오대수는 과거 고교 시절에 얽힌 묻혀 있던 기억을 끄집어낸다. 여기서 그는 다른 사람으로부터 과거의 진실을 듣는 청자가 아니라 직접 그 과거를 바라보는 참관인이 된다. 고교 동창인 미용실 주인과 대화를 나누다 오대수는 그녀의 무릎에 자꾸 시선을 보내며 사물과 신체에 대한 매혹, 또는 관음증을 숨긴 이 시선에서 모든 실마리가 풀린다. 여기서 기가 막힌 연결 장면의 매개가 나온다. 무릎과 미용실 출입구에 달린 종이 울리며 내는 소리를 통해 사물은 기억으로 바뀌고 장면은 과거로 바뀐다. 과거 장면에서 이우진의 누이 수아와 오대수가 만나는 광경을 보여 준 후 다시 그 광경을 보는 현재의 오대수가 등장한다. 현재의 대수가 과거의 대수, 과거의 상황을 보는 이 교차 편집에서 끌어내는 놀라움과 몰두의 에너지를 통해 영화는 그 자체로도 초현실적인 매혹의 그물을 친다. 한 프레임 안에 현재와 과거를 공존시키고, 관객의 엿보고 싶은 관음증을 자극하며, 카메라는 계속 엿보는 샛꾼의 자리를 탐닉한다. 때로는 뻔뻔하게, 수줍게 서 있는 카메라의 시선 안에서 이우진과 수아가 금지된 사랑을 하는 장면이 보인다. 자신의 몸을 더듬는 이우진 앞에서 수아는 거울을 꺼낸다. 이것은 나르시즘에 빠진 남매의 사랑이다. 이우진은 수아의 사진을 찍고 수아는 자신과 이우진을 비추는 거울을 본다. 여기서 잠깐 망각된 카메라의 존재는 곧 거울에 비친 오대수, 깨진 창문을 통해 이들 남매의 사랑을 지켜보는 오대수의 모습을 통해 발각된다. 이는 어떤 장면보다 폭력적으로 비친다. 사랑에 빠진 자기애의 절정부에서 낯선 자가 틈입하는 것이다. 목욕탕에서 자기 몸을 쓰다듬으며 희열에 차 있는 동안 침입하는 〈사이코Psycho, 1960〉의 노먼처럼, 〈올드보이〉의 모든 비극은 엿보는 자의 수상한 윤리에서 시작됐다. 그건 관객도 자유로울 수 없는 샛꾼의 혐의이기도 하며 바로 여기서 이 영화는 본다는 것의 쾌락을 즐기게 하면서도 조롱하는 이중의 태도로 등장인물의 파멸을 장엄하게 응시하는 모순의 윤리를 만들어 낸다.

〈친절한 금자씨〉는 〈올드보이〉에 비해 스타일의 충격 효과 면에서 더 과격한 경지로 나아간다. 장병원의 글에 따르면 "박찬욱은 드라마틱한 쇼크를 만들어 내는 만큼이나 스타일의 쇼크를 창조하는 감독이다. 이는 단번에 형성된 규칙이 아니라 오랜 시간 축적된 영화 내적 시스템에서 비롯된 결과다. 이를 '박찬욱 효과'라고 한다면 그 속에는 확실한 실체가 있다. 박찬욱의 영화는 무엇보다 이미지로서 또한 이미지 제작자로서 감독이 영화와 맺는 관계에 관심을 둔다. 이것은 이야기나 주제, 철학이 아니라 영화의 시각적 스타일 또는 형식 미학의 문제다."[17] 박찬욱은 장면의 '연결'보다 '충돌' 혹은 '병치'의 차원에서 몽타주를 활용하고 한 프레임에 담긴 요소들의 세목들을 유기적으로 연동시키는 구성의 힘을 극대화한다. 박찬욱 영화의 스타일적 요체인 동요하는 감정들에 의해 이끌어지는 이야기, 단도직입적으로 말 건네는 이미지의 압도적인 과잉, 생략과 해체의 미장센, 상승과 하강의 운동, 프레이밍 컨티뉴어티, 탈중심화된 프레임은 한마디로 시네마틱한 요소들의 정력

17. 장병원, 「박찬욱의 스타일 효과에 관하여」, 『영화언어』 미간행 원고에서 인용.

적인 운동이라고 정의할 수 있다. 여기에는 오로지 앞을 향해 질주하고 뒤를 돌아보지 않는 박력의 이미지만이 있다. '절차를 밟아 차근차근'이라는 원칙은 그의 이미지 수사학에 존재하지 않는다. 박찬욱 영화에는 소위 '초기효과 Primary effect'(영화의 도입부에 중심 인물, 사건의 발단, 전반적인 분위기 등을 일러줌으로써 서서히 몰입할 수 있도록 유도하는 서사 영화의 관습적인 법칙)라고 부르는 것이 없거나, 있어도 희박하게나 존재할 따름이다.[18]

〈친절한 금자씨〉는 세르지오 레오네Sergio Leone의 마카로니 웨스턴Macaroni Western에서 곧잘 볼 수 있는 숏들의 구성법처럼 극단적인 클로즈업에서 풀숏나 롱숏으로 바로 이어 붙이는 비약을 서슴없이 구사한다. 때로 하나의 장면에서 다음 장면으로 넘어갈 때 일반적인 마스터숏의 효능을 무시하고 클로즈업과 클로즈업을 이어 붙이는 생략도 망설이지 않는다. 또는 입양사무소를 찾아가는 초반의 한 장면에서처럼 금자를 보여 주는 카메라 이동을 통해 공간이 아닌 시간의 비약을 이루어 낸다. 사무소 밖 횡단보도를 건너는 금자를 잡은 카메라가 솟구쳐 창문 안으로 들어오자마자 금자가 사무소 직원과 대화를 나누는 대화 장면이 이어진다. 이 장면을 보고 카메라가 이동하는 짧은 시간 동안 금자가 사무실로 들어와 이야기를 나누기 시작했다고 상상하기는 힘들다. 명백하게 시간의 점핑이 있었지만 카메라 운동은 여전히 연속성을 유지하고 있다. 금자와 제니의 딸 대화 장면에서는 인물이 늘 카메라를 향해 말한다. 카메라를 향한 말은 카메라의 존재를 드러내 영화보기의 환영적 특성을 파괴하는 것으로 고전적 체계에서 금기시돼 왔지만 카메라를 향한 말은 여기서 고전적 관습에 대한 파괴를 직접적으로 겨냥하고 있지 않다. 정면 숏의 대부분이 얼굴 클로즈업이라는 데 주목할 필요가 있다. 고전적 관습을 위반하는 인습 타파보다 중요한 것은 정면에서 보이는 얼굴에서

---

18. 장병원, 「박찬욱의 스타일 효과에 관하여」, 『영화언어』 미간행 원고에서 인용.

뿜어져 나오는 모종의 '인상'이다. 투 숏과 관련된 또 다른 파격은 순서의 역전이다. 박찬욱의 영화는 종종 숏, 리버스 숏 체계의 순서를 뒤집어 반응 숏을 먼저, 선행한 액션 숏을 나중에 배치하는 순서의 역행을 보여 준다. 이 역시 인물의 정면 숏를 통해 보이는데 반응 숏의 선행은 호기심을 유발한다. 결과를 먼저, 원인을 나중에 제시하는 방식은 다시 한번 원인을 알 수 없는 의미를 담은 얼굴에 집중하도록 만든다.

화면 조작도 같은 맥락에서 이해할 수 있다. 〈올드 보이〉에서 대수와 우진의 펜트하우스 대화 장면, 〈친절한 금자씨〉에서 백 사장을 사이에 두고 금자와 제니가 나누는 대화를 보여 주는 방식 등이 그렇다. 두 장면은 유사한 방식으로 찍혔는데, 첫눈에 분할화면인 것으로 보이는 이 장면들은 실은 합성을 통한 화면 겹치기 수법을 사용했다. 동등 분할인 줄 알았던 것이 실은 겹쳐진 합성 화면이라는 점에서 트릭이다. 대수와 우진의 대화가 합성 화면이라는 증거는 전, 경의 뚜렷한 분리감을 통해 비교적 쉽게 간파된다. 하지만 금자와 제니의 대화는 혼란을 주기에 충분하다. 금자의 얼굴과 제니의 얼굴, 영어사전 활자들이 어지럽게 교차되다가 한쪽 프레임에 담겨 있던 금자의 측면 얼굴이 정면으로 돌아서면서 다른 쪽 프레임을 덮어 버린다. 이 순간 이 신 전체의 프레이밍 컨티뉴어티(분할 화면 구도라는 프레임의 연속성)는 깨진다. 프레이밍 컨티뉴어티가 깨진 순간, 즉각적으로 드는 생각은 불연속적인 연결의 느낌이다. 박찬욱의 영화에서는 이처럼 연속성의 개념 자체를 다르게 사고하고 있다. 이는 극적이고 심리적인 분석에 기초한 고전적 연속성의 체계와 거리가 멀다. 액션, 프레이밍의 연속과 비연속을 사고하는 이 같은 체계는 완전히 다른 관람의 태도를 요구한다.

감정의 파동을 일으키는 클로즈업의 향연

박찬욱의 영화와 그와 비슷한 신념을 나누는 잉여의 에너지 신봉자들이 결정적으로 의존하는 것은 등장인물의 클로즈업 효과다. 이들 중 관습적인 숏/역 숏 구조를 체계적으로 이용하는 대표적인 인물은 박찬욱과 봉준호다. 봉준호와 달리 박찬욱은 이완과 긴장의 리듬보다는 화면에 쏟아져 내리는 듯한 클로즈업 구사에 점점 더 몰두한다. 〈올드보이〉의 클라이맥스 장면에서 오대수를 연기하는 최민식의 얼굴 클로즈업은 규칙적인 간격으로 편집된다. 얼굴의 스펙터클이라 불러도 좋을 이 영화에서 최민식의 클로즈업은 결정적인 매혹의 원천이다. 비슷하게 클로즈업을 효과적으로 썼던 〈살인의 추억〉의 봉준호 감독과 달리, 곧 클로즈업을 아꼈다가 결정적인 대목에서 극적 파괴력을 높이는 데 쓰인 클로즈업의 효과와는 달리, 박찬욱은 오대수의 쏟아지는 말처럼 엄청나게 많은 클로즈업을 화면에 배치한다. 클로즈업의 긴장을 이겨 내는 배우들은 그리 많지 않을 것이지만 최민식의 표정 주름, 다양한 주름에서 오는 여러 감정의 파고가 그 긴장을 버텨 낸다.

그 클로즈업의 향연을 통해 오대수의 영웅 흉내도 막을 내린다. "기억을 지워 놓고 찾으라고 했으니 비겁하다. 이제 죽어라"라고 오대수는 이우진에게 말한다. 무협 영화의 한 대목 같은 이 장면에서 카메라는 마치 장철의 옛 무협 영화에서처럼 극단적인 줌인으로 오대수에게 다가간다. 매우 극적인 과장 효과를 얻는 이 줌인 클로즈업은 반어법이다. 이 클로즈업 이후로 오대수는 영웅이 아닌 것이 밝혀진다. 그는 영화에서 여러 번 암시됐듯이 타의에 의해 괴물이 된 사람이다. 그는 무대의 조연이며 연출자는 이우진이다. 의기양양한 연극 연출자처럼 이우진은 오대수를 공박한다. 오대수의 혀가 우진의 누나를 임신시켰다는 궤변으로 이어지는 이 연설 대목에서 카메라는 두 사람의 반응을 교차해 편집하며 감정의 진폭을 쌓아 간다. 사물의 외양과 본질은 일치하지 않는다는 것을 절감하게 만들며 이 클라이맥스 대목은 강하게 보였던 인간의 모습이 어떻게 자기 내부의 상처들로 덧없이 허물어지는가를 보게 만든다. 히치콕 영화의 단골 주제이기도 했던 이 주제를 관찰하게 하기보다는 박찬욱은 휘몰아치듯이 관객과 캐릭터를 동일화시켜 궁극에 충격을 준다. 어느덧 화면은 오대수와 이우진의 더블 클로즈업으로 바뀌고 화면에는 두 남자의 얼굴이 전시된다. 카메라의 패닝 움직임을 통해 화면에는 대수와 우진의 얼굴이 연달아 보여지고 이 연결의 에너지는 두 사람이 본질적으로는 같은 운명에 있다는 걸 드러낸다. 둘 다 근친상간이라는 죄로 고통당한다. 그게 우진의 말대로 알고 한 거냐, 모르고 한 거냐의 차이를 지니고 있다 해도 그 공통된 운명의 고통은 변하지 않는다.

이우진은 오대수에게 말한다. "틀린 질문만 하니까 맞는 답이 나올 리 없잖아?" 이우진에게 오대수를 왜 가뒀을까가 아니라 왜 풀어 줬을까라는 질문이 중요하다. 이우진은 오대수에게 자신이 겪은 고통과 똑같은 것을 맛보게 할 속셈이었고 그 비밀의 열쇠는 미도에게 있었다. 이렇게 해서 클라이맥스 장면 곳곳에 미도의 모습을 교차 편집해 보여 준 화면들이 연상작용을 일으키며 폭포처럼 힘을 얻게 된다. 판도라의 상자를 열듯이 오대수는 감당할 수 없는 어마어마한 비밀을 알게 된다. 오대수가 연인으로 사랑하게 된 미도는 오대수의 딸이었다. 그걸 알아챈 오대수가 고통스런 신음을 내뱉는 사이에 이우진은 재미있어 한다. 감금방에 갇힌 채 천사 날개를 입고 있는 미도의 모습이 삽입되면서 이 장면에 깔린 분노의 에너지는 묘한 슬픔과 아이러니를 띤다. 그리고, 이제 오대수는 그가 이길 수 없다는 걸 인정하게 된다. 여기서 최민식은 비탄에 잠겨 모든 걸 쏟는 연기를 하고 있고, 유지태는 거꾸로 꾹꾹 눌러 담은 분노와 포기감을 연기하고 있다. 개처럼 기면서 애원하는 오대수의 모습을 핸드 헬드 카메라로 잡은 이 장면의 에너지에서 또 클로즈업 효과는 폭발하고 현재와 과거가 다시 교차되고 연결되는 사이에 유지태의 표정과 최민식의 눈빛이 부딪친다. 아주 짧은 회상 장면에서 고교 시절의 수아는 자살하기 직전 이우진의 카메라를 잡아 사진을 찍으며 "기억해 줘야 돼"라고 말한다. 이 기억하기 위한 것이 삶일 수도 있다. 그리고 그건 고통스러운 것이기도 하다.

영화의 끝 장면에서 최면술사는 오대수의 말을 되풀이한다. "아무리 짐승 같은 놈이어도 살 권리는 있는 것 아닌가요?" "비밀을 모르는 당신의 이름은 오대수. 비밀을 간직한 당신 이름은 몬스터예요." 이 영화를 윤리적으로 바라보지 않을 수 있는 것은 바로 이 대사다. 고대의 신화와 끈을 잇고 있으면서도 달라지는 것도 이 대목이다. 박찬욱은 파멸의 스펙터클을 찍고 싶은 감독이다. 그는 은밀하게 우리의 안정돼 보이는 일상에 침을 뱉고 싶어 한다. 그 음험한 충동을 그는 카메라의 관능과 연기자의 격정에 실어 묘사한다. 거의 웅변조의 영화라고 할 수 있는 〈올드보이〉의 마지막 장면에서 카메라는 이 모든 지친 삶의 흔적을 위로하듯이 이제까지 본 것을 지우는 듯한 그런 촉각적 자태를 자아낸다. 바로 이 카메라의 제스처가 이야기의 빈틈에서 결국 관객에게 말을 거는 또 다른 표현 주체일 것이다.

부정성의 아이러니

장르관습을 수용하면서도 작가적 긴장을 잃지 않는 일군의 감독들이 추동하는 현대 특정 한국 영화의 역동성을 요약한다면 한마디로 목적론적 서사에 대한 이탈 의지에서 수렴되는 부정성의 아이러니다. 여러 세분된 하위 장르를 하나로 수렴하는 고전적 할리우드 이야기체 영화의 매력은 문제 해결의 모델에 기초한 대중적 기대 지평의 확인에 있다. 다수의 공통된 기대에 반응하면서 사회적 가치의 합의를 재확인하는 장르 이야기체 영화의 이런 통합적 기능은 장르 이야기체 영화를 현대의 신화로 바라보게 하는 관점을 낳기도 한다. 현대의 관객은 동굴에서 옛날이야기를 듣던 고대인들과 달리 장르 이야기체 영화를 보며 세상의 기존 가치관과 도덕관을 확인하고 위로받는 도덕적 방어기제를 만든다.

이것의 핵심은 결국 어떤 이야기체 영화도 문제 해결의 플롯 모델과 목표 지향적 인물의 여정을 통해 유사 영웅의 민담을 창조하는 현대적 위로 기제가 도모하는 오락 기능을 달성하게 된다는 것이다. 장르 이야기체 영화의 역사적 역설은 바로 이런 순응적 모델에서 세상과 불화하는 긴장을 암암리에 새기며 복합적인 도덕적, 정서적 반응을 만들어 낸 감독들을 배태해 낸 작가의 그릇으로 기능하기도 했다는 데 있다. 실제로 작가 방침이 최초로 적용된 모델은 이야기체 장르 영화를 만드는 할리우드의 감독들이었으며 이들은 나름의 스타일 창조를 통해 장르의 대전제를 수용하면서도 위반하는 길항의 변증법을 창조해 냄으로써 위로와 불안을 동시에 관객에게 안겨 주는 영화적 쾌락의 전범을 만들어 냈다.

할리우드의 경우 작가로 불렸던 고전기의 거장 감독들은 스스로 장르의 전범을 창안하고 수정하고 심화하는 연속적 진화의 과정을 밟은 이가 많았다. 이 역사적 모델은 절대적인 것이어서 현대의 할리우드 영화도 어떤 범주의 영화이든 넓게 보아 할리우드 영화로 구분 지을 수 있는 플롯과 스타일의 공통점이 드러난다. 때로 이완과 이탈을 허용하기도 하지만 할리우드 시스템은 자기 브랜드의 경계를 완전히 벗어나는 창작적 활기는 결코 허용하지 않는다. 홍콩 영화인들도 오랫동안 축적된 대중 영화 장르의 관습을 충분히 의식한 상태에서 새로운 유행을 찾는다. 1980년대 말의 신 무협영화 유행이 좋은 예가 될 것이다.

이 책을 통해 꾸준히 거론했듯이 현대 한국 영화의 상업적 작가에 속하는 감독들은 이전 세대의 영화 만들기의 규범을 전혀 의식하지 않는 가운데 자기들 나름의 반역적인 영화를 만들었다. 이는 기댈 데가 없는 표현 규범의 전통을 지녔다는 점에서 부분적으로는 어떤 일탈도 가능한 창작의 활기를 자아내지만 동시에 새로 축적되는 표현적 패러다임을 만들어 내는 데 장애가 되기도 한다. 장르관습을 수용하되 본질적으로는 그 전제를 위반하려는 욕망을 감추지 않는 현대 한국 영화의 작가적 경향에서 드러나는 것은 심층의 말소와 표층에의 열중이라는 전도된 양상으로 나타난다. 박찬욱의 '복수 3부작'에서처럼 표면적으로는 복수담을 다루면서도 가해자와 피해자의 경계를 무화시켜 버리는 기묘한 결론에 도달하는 가운데 관객을 정서적으로 최고조의 불안 상태로 가둬 놓는 과잉의 스타일은 이야기의 뿌리가 되는 사회적 통념의 전면적인 부정임과 동시에 본다는 것의 매력을 이중으로 이용하는 작가적 전략을 드러낸다. 미제 연쇄 살인범을 쫓는 형사의 무능한 노력을 소재로 하면서 범죄 스릴러 영화의 문제 해결 플롯을 도입한 봉준호의 〈살인의 추억〉 역시 애초에 시작된 이야기의 전제를 부정하는 지점에서 영화의 주제를 재확언하는 기묘한 이중성을 보여 준다.

목표지향적 플롯과 스타일을 내세우지만 궁극에는 목표가 해체된 지점에 등장인물과 관객을 동시에 데려다 놓는 이런 경향은 전세대의 사회적 가치관을 전면적으로 부정하려는 욕망과 통한다. 이분법적이고 일직선적인 플롯의 모험적 궤적을 용인하지 않는 냉소적인 사회의 표정은 공통된 집단적 믿음을 갖고 싶다는 바람의 다른 얼굴이기도 할 것이다. 현대의 한국 영화는 이 부정성의 아이러니를 인과론적 이야기체 영화 논리를 응용하는 플롯과 과잉의 스타일로 돌파하려는 작가적 의지의 집합체로 바라볼 수 있다. 이것이 전혀 다른 맥락에서 새로운 표현의 패러다임 모델을 만들어 낼 수 있을지 가능성에 대한 희망을 품었던 것이 2000년대 중반까지의 한국 영화였다. 인과론적 플롯 모델을 전면적으로 부정하는 지점에서 새로운 영화의 가능성을 제시했지만 그것은 미완의 결과로 끝났다. 아직까지는 새로운 모델로 존재하지 않지만 그것은 화면 표층의 과잉으로 당대의 관객들에게 긍정과 부정의 감정을 동시에 경험하게 하는 정서적 카타르시스를 의도하는 장르의 변용 가능성이었다.

시네필^{Cinephile} 감독들이 어른이 될 때

〈살인의 추억〉이 극장 흥행에 성공한 후 봉준호 감독을 만났을 때 그는 느닷없이 〈대부〉에 관한 화제를 꺼냈다. "〈대부〉 1편과 2편 중 어느 쪽을 좋아하십니까?" "공식적으로는 2편, 개인적으로는 1편을 좋아한다"라고 답하자 그는 뭔가 알아냈다는 듯이 끄덕거리며 미소를 지었다. 좋아하는 영화 목록을 묻고 상대의 취향을 읽어 내려는 것은 영화광들이 흔히 시도하는 수법이다. 한번은 이런 적도 있다. 서울아트시네마에서 존 포드에 관한 주제로 강의가 예정되어 있었는데 그가 소포로 존 포드 영화의 DVD 컬렉션을 보냈다. 미국 출장 때 산 것인데 빌려주는 것이라면서, 강의 끝나면 돌려 달라는 메시지가 적혀 있었다. 나온 지 얼마 안 된 고급 컬렉션이었다. 거기에는 한때 평론가였고 나중에 유명 감독이 된 피터 보그다노비치가 만든 존 포드 기록 영화가 포함되어 있었다. 아트시네마에서 강의를 하는데 봉준호 감독이 와 있었다. 강의가 끝난 후 극장 관계자들이 뒤풀이 자리에서 기다리고 있었으나 그는 굳이 거기 합석하고 싶어 하지 않았다. 그래서 따로 그와 술자리를 가졌다. 귀한 자료를 빌려준 감사의 표시로.

존 포드에 관한 얘기를 나누다가 우리는 영화사에 등재된 몇몇 감독들의 영화로 화제를 옮겼으며 마침내 일본의 이마무라 쇼헤이 감독의 영화에 대해 공통의 존경심을 품고 있다는 걸 알게 되었다. 이마무라 쇼헤이가 보여 준 재능은 학습으로 이뤄질 수 있는 게 아니라는 걸 함께 동의했을 때 봉준호의 눈은 빛나고 있었다. 그와 얘기를 나누다 보면 인간과 인간들이 맺는 세상에 대한 교과서적이고 상투적인 정의를 모질게 배척하는 이마무라의 영화와 봉준호의 영화가 통하는 구석이 없지 않다고 느끼게 된다. 이를테면 봉준호는 〈괴물〉에 나오는 한강 배수로 장면들의 이미지가 탁월한 것에 대해 평소 한강변을 산

책할 때 자주 배수구를 드나들었던 개인적 경험 덕분이라고 말한다. 일상적인 공간에서도 그는 남들이 가 보지 않는 곳에 관심이 많다. 〈플란다스의 개〉에 나오는 지하실 장면 얘기를 꺼내면 그는 뜻밖의 얘기를 꺼낸다. "어릴 적부터 살던 아파트가 있었는데, 곧잘 남들이 보지 않는 곳에 관심이 많았어요. 틈나면 지하실에 내려가 보는 거예요. 그곳에서 경비원 아저씨와 청소부 아주머니가 몰래 데이트하는 걸 보기도 했죠." 공간의 이면에 대한 이러한 관심은 곧 인간의 이면에 대한 관심과도 통한다.

〈살인의 추억〉이 IP TV에서 방영될 때 봉준호와 음성 해설을 같이한 적이 있는데 몇몇 장면의 극적인 앵글을 지적하자 그는 이상하게도 부끄러워했다. 〈살인의 추억〉의 화면 앵글이나 인물 배치에서는 존 포드 영화의 영향이 곧잘 드러난다. 정통 호흡에 맞춰 단아한 그런 구성의 특징을 지적한 것일 뿐인데도 그는 그걸 비판으로 받아들인 것 같았다. 훗날 〈마더〉를 보면서 봉준호 감독이 자신이 수립한 형식을 서사와 주제에 맞춰 다른 방향에서 무너뜨리고 다시 출발한다는 느낌을 받았다. 〈마더〉에는 〈살인의 추억〉에서 꾀했던 빡빡한 극적 앵글과 인물 배치 동선이 없었다. 오히려 화면 구성이 어딘가 허물어질 듯 위태롭고 무너질 것 같은 느낌을 준다.

봉준호가 〈마더〉에서 보여 준 건 한국 사회에서 좀처럼 꺼내기 힘든 어두운 진실이었다. 사회적 맥락에서 신비화되는 모성의 어두운 그늘에 관해 병리적 접근을 하면서도 그토록 감성적이고 동시에 차가운 영화를 만들어 낸 건 희귀한 성취다. 〈마더〉 이후에 우리의 왕래는 간헐적으로 이어지다가 끊겼다. 시네필이라는 정체성을 공유하고 교류하는 건 어딘가 모르게 부끄러웠는지도 모른다. 내 마음 한편에 나이가 들면서 영화광적 취향이 시시해진다는 것도 있었다. 봉준호가 그 뒤에 만든 〈설국열차〉와 〈옥자〉는 좋긴 했지만 어딘가 서먹한 기분이 들게 했다. 〈마더〉가 한국 사회의 일반적인 어머니상에서 히스테리와 성적 억압과 피해의식에 사로잡힌 소름끼치도록 낯선 면모를 끌어내면서 그런 어머니에게 희생을 강요할 수 있는 무심한 공동체의 잔인하고 파괴적인 속성을 그려 냈다면 〈설국열차〉는 다국적 스태프와 배우들을 데리고 찍은 훨씬 보편적이고 추상적인 미래 버전의 디스토피아물이었다. 〈옥자〉를 본 후 나는 봉준호의 작품 세계는 선배들의 영화에서 온 것만큼이나 코믹 만화를 통해 단련된 상상력에도 크게 빚지고 있다는 걸 새삼 깨달았다. 그건 그의 데뷔작 〈플란다스의 개〉에서도 일찍이 만개했던 재능의 면모였다. 그의 영화에서 김기영 감독의 적자가 될 흔적이 있다고 생각한 나는 좀 혼란스러운 심정이 되었다. 선배 감독들의 뛰어난 어휘들을 습득하는 것에서 멈추지 않고 용감히 현실의 어두운 그림자를 파헤쳤던 면에서 나는 봉준호가 김기영 감독의 적자가 될지도 모른다고 여겼으나 〈설국열차〉 이후의 행보를 보면 그는 더 다양하고 규모가 큰 화법의 소유자다.

박찬욱 감독 역시 보증할 만한 영화광 출신이다. 그가 감독 데뷔를 하고 좀처럼 후속작을 찍지 못했던 1990년대에 그는 많은 평론을 영화잡지에 썼고 그 글들은 당대의 영화광 문화에 상당한 영향을 끼쳤다. 그 시기에 박찬욱이 열광했던 B 영화의 반역정신은 〈복수는 나의 것〉에서 만개했고 <친절한 금자씨>에서 더 이상 도달할 수 없는 최고 수준에 달했다고 나는 생각했다. 차분하게 관객의 성찰을 요할 수 있을 만큼 테이크 호흡이 긴 〈복수는 나의 것〉이 관객의 외면을 받은 이후 <올드보이>때부터 박찬욱은 히치콕 스타일의 빈번한 시점 이동과 유려한 카메라 움직임 테크닉으로 불온한 주제를 관객에게 자유자재로 들이밀 수 있게 되었고 〈친절한 금자씨〉는 그 결정판이었다. 영화광의 유희정신이 한계 너머까지 추구된 〈사이보그지만 괜찮아〉 이후 박찬욱의 영화는 보다 어른스러워졌고 〈박쥐〉와 〈아가씨〉는 금기시된 소재를 다루고 있음에도 정치적 올바름의 반듯한 태도를 놓치지 않았다.

에밀 졸라의 소설에서 서사의 일부를 취하고 뱀파이어 장르의 관습을 끌어들인 〈박쥐〉에서 박찬욱은 이국적인 문화적 코드들이 한국적인 공간(이지만 일본 식민지 시절의 흔적이 짙은 적산가옥과 마을)에서 어떻게 다종다기하게 폭발하고 해체되는지를 탐색한다. "내가 마음에 들었던 〈박쥐〉에 관한 평론은…" 칸영화제에서 〈박쥐〉를 상영하고 돌아온 직후 박찬욱은 말했다. "영화의 마지막 장면에서 남녀 주인공이 여명 직전에 격렬하게 싸울 때 그 모습이 마치 할리우드 스탠더드 코미디를 대표했던 로렐과 하디 콤비처럼 보였다고 어떤 외국 평론가가 쓴 글이야. 정확히 내가 의도했던 거거든." 그는 영화, 문학, 미술, 사진의 코드들을 끌고 와 그걸 창조적으로 파괴하는 데서 엄청난 에너지를 만든다. 그가 만든 미국 영화 〈스토커〉에서 히치콕의 〈의혹의 그림자〉를 떠올리게 하는 설정은 철저하게 그 전제를 배반하는 용도로만 기능한다. 삼촌이자 악당인 찰리에게 대항하는 여주인공의 모험담은 찰리보다 더 센 악의 도발이라는 형태로 폭발하는데 이것이 선악의 도식을 넘어서서 파괴를 통한 성장이라는 보편적 틀로 수렴된다.

"최근에 윌리엄 포크너의 소설을 읽었는데 말이야… 얼마 전에 잉마르 베리만의 영화를 다시 봤는데 말이야…" 박찬욱을 만나면 사석에서 그가 이런 식으로 화제를 꺼내는 걸 쉽게 볼 수 있다. 또는 "빅토르 위고가 말하길 유명세라는 것은…" 이런 식의 인용도 곧잘 즐긴다. 그는 그가 만난 영화인들, 예술인들과의 일화를 맛깔스럽게 정리해서 재미있게 들려주는 데도 일가견이 있다. 잘난 척하지 않고 모든 게 그저 놀라울 따름이야, 라는 태도로 그가 접하는 사람들, 책들, 음악들, 영화들을 접수하는 것이다. 바로 이런 무한의 관용 덕분에 그는 반역적인 B 영화 정신이라는 소극적인 저항에서 통념적인 도덕과 윤리를 넘어서서 아우르는 도발적이지만 매력적인 세계를 창조할 수 있었다.

8장

결론을 대신하여

체제 너머의
상상이 가능한 곳

한국 영화에 투영된 영웅적 아버지의 허상

〈실미도〉와 〈태극기 휘날리며〉가 각각 연달아 천만 관객을 동원했던 2004년에 영화평론가 허문영은 '한국 영화의 소년성'이란 글을 썼다. 한국의 주류 대중 영화가 산업적으로 확장 가능한 단계에 이르렀다고 대다수가 흥분했던 때에 그는 엄청난 관객을 동원한 흥행 영화들에서 영웅이 아니라 소년이 등장하는 것에 의아해했다. 허문영은 강제규의 〈태극기 휘날리며〉의 끝 장면이 현재가 아닌 과거에 고정돼 있다는 것을 주목했다. "노인이 된 오늘의 진석이 형의 유골 앞에서 오열하는 장면으로 끝날 듯하다가, 곧이어 한국전쟁 직후에 집으로 돌아온 청년 진석이 그의 가족들과 만나는 장면이 등장한다. 카메라는 공중으로 솟아오르며 황량한 폐허 한가운데 홀로 남겨진 진석의 모습을 비춘다. 이것이 결말이다."[1] 영화의 전체 인상을 홀로 남겨진 소년의 이미지로 수렴하는 이 장면은 아직 어른이 되지 못한 남성의 모습을 잡는다.

육체적으로는 어른이지만 심리적으로는 소년인 이들 남성 주인공이 등장하는 영화들은 〈태극기 휘날리며〉, 〈실미도〉, 〈친구〉, 〈공동경비구역 JSA〉 등이었으며 대중의 강력한 감정이입을 끌어냈음을 흥행 수치로 증명했다. 공동체의 위기를 남성 영웅이 구제한다는 서양 장르 영화의 신화적 구조는 이 시기 한국 흥행 영화들에 잘 적용되지 않는다. 공동체는 소년들을 받아들이지 않고 소년도 공동체에 편입되는 방법을 모른다. 그들의 결핍은 분노로 폭발하며 그 과정에서 그들의 아버지 되기는 회피되거나 지연된다. 실은 그들에게도 아버지들은 있지만, 아버지는 화면에 나타나지 않는다. 아버지의 최종 심급인 국가도 화면에는 가시적으로 나타나지 않는다. 대신 좋은 아버지, 좋은 아버지가 되려고 하는 소년들/남자들이 나타난다. 소년이 남자가 되는 것

---

1. 허문영, 「한국영화의 소년성」, 『세속적 영화 세속적 비평』, 강, 2010, p.69

은 아버지의 법을 내면화하든가 아니면 스스로 아버지가 되는 것이지만 양자 다 성공하지 못한다. 아니면 아버지의 법을 거부하거나 무시함으로써 어른이 되는 방법도 있을 것이다. 〈바람난 가족〉이 그런 희귀한 예에 속한다. "2003 년 충무로에서 만들어진 희귀한 어른 영화 〈바람난 가족〉의 성공 사례는 이미 한국 영화의 주인공들이 어른이 돼 가고 있다는 징조라고 봐도 좋을 듯하다. 그렇게 한국 영화는 홀로 남겨진 소년들을 서서히 떠나보내고 있다."[2]

허문영의 논지를 따르자면, 이들 영화에서 아버지/어머니/아들의 가족 삼각형 모델은 성립하지 않는다. 아들은 아버지와의 대결 속에서 성장하는 게 아니라 말 그대로 버려져 있는 상태다. 그러므로 여성은 〈태극기 휘날리며〉에서의 벙어리 어머니거나 〈실미도〉에서의 특공대 병사들에게 성폭행당하는 여교사로 등장하는 것과 같은, 어머니와 매춘부로 이분화되는 상투적인 접근법으로 묘사되지만 세세히 들여다보면 조금 다르다. 아버지의 부재로 소년의 욕망이 충분히 억압되지 않아서 여자가 성기로 환원된다고 허문영은 주장하지만, 더 엄밀하게 말하면 부권제 이데올로기의 꼭대기에 있는 아버지/국가는 너무 강력한 나머지 이들 소년에게 강력하게 거세를 위협한다. 반 영웅의 제스처를 취하고 있으나 당시 한국 주류 영화에서의 소년들은 아버지 되기를 거부하는 것이 아니라 아버지 되기에 실패하거나 아버지 되기를 체념하고 있다. 어떤 형태로든 다양한 형태의 아버지들이 소년의 삶을 가로막는다. 그런 아버지들은 부재하는 상황에서도 바로 그 부재로 인해 아버지의 존재를 새삼 되새기게 되는 부재한 현존 효과로 나타난다. 아버지 없는 세상을 소년들은 상상으로나마 그리지 못한다. 〈친구〉, 〈공동경비구역 JSA〉, 〈실미도〉, 〈태극기 휘날리며〉 등은 전쟁 트라우마와 독재 시스템의 지속을 통해 구성원들을 체제에 적응시키도록 강제한 과정의 희생자들을 보여

2. 같은 책, p.77

준다. 여기서 성장은 불가능하다. 소년들의 고통과 좌절과 분노는 좋은 아버지/공동체를 희구하며 그것과 동일시하려는 전제를 깔고 있는 것으로 이해해야 한다. 〈실미도〉의 예를 들면 북파 특공대인 그 영화 속 등장인물들은 박정희라는 유사 아버지에게 인정투쟁을 벌이며 자폭한다. 이 영화들이 당시로서는 예상을 뛰어넘는 관객을 동원한 것은 젊은 관객들뿐만 아니라 중장년층 관객들까지 합세했기 때문인데 그건 그들조차도 좋은 아버지가 되고자 했으나 그렇게 되지 못했던 미완성 성장 서사의 희생자들이라고 스스로 자기 연민했기 때문이다.

이는 비교적 최근 흥행작인 윤제균의 〈국제시장〉에서도 반복되고 있는 공통적인 서사다. 아버지에게 버림받은 '홀로 남은 소년의 서사'는 일종의 고아 의식에 따른 생존 강박감과 대리 가장으로서의 책임감과 죄의식으로 역사를 횡단하는 서사 구성의 도구가 된다. 이 영화에서 피난길에 아버지와 누이동생을 잃은 소년은 자라서 한 가정을 책임지는 가장이 되고 아버지와 달리 가족들의 생존을 건사하지만 아버지에게 인정받고 싶다는 인정 욕망을 끝까지 버리지 못한다. 그는 자신의 희생을 일상의 흐름에 묻어 버린 덧없는 황혼의 삶 끝에서 죽은 아버지에게 책임 있는 가장이 되고 싶었고 최선을 다했음을 인정받고 싶다는 속내를 독백으로 드러내며 흐느낀다. 허문영은 앞의 글에서 한국 영화가 소년기 혹은 성장 영화 시대를 경과해 왔고 한국 영화 중흥기를 이끈 1960년대 세대의 감독들이 관객의 절대 다수를 차지하는 1970, 1980년대 세대와 소통할 수 있는 가장 적절한 정서적 통로를, 전통적인 영웅상이 아니라 양자가 공유한 소년성에서 찾았다고 봤다. 그의 표현에 따르면 "청춘 드라마가 가미된 반영웅의 로드 무비로 변주한 것"[3]이 당시 한국 대중 영화들의 특징이었다. 대중 영화는 관객의 욕망과 함께 걷는다는 전제하에 그는

3. 같은 책, p.76

감독들이 나이를 먹어 갈수록 관객들도 나이를 먹고 한국 영화의 소년 주인 공들이 성장할 것이라고 예언했다.

〈국제시장〉의 예에서 보듯이 한국 영화에서의 주인공의 생물학적 나이가 어른의 연령대에 월등히 진입한 것은 사실이지만 한국 영화가 어른 영화가 돼 가고 있다는 징조는 아직 나타나지 않았다. 허문영의 글은 부분적으로 뛰어난 통찰을 내재하고 있고 흥미로운 영감을 던져 주지만 몇 가지 비약이 있다. 그는 당시 한국 블록버스터 영화들에서의 남성 주인공을 서양 장르서사의 영웅상과는 다른 미성숙한 소년이자 반영웅으로 규정하고 있지만, 이 소년들이 부권제 이데올로기를 부정하는 반항적 캐릭터가 아니라 부권제 이데올로기로부터 버림받은 존재들이라는 점에서 이를테면 뉴 아메리칸 시네마의 반 영웅 사조와는 동떨어진 감이 있다. (〈우리에게 내일은 없다〉, 〈이지 라이더 (Easy Rider, 1969)〉, 〈프렌치 커넥션(The French Connection, 1971)〉 등의 영화에서 공동체의 정의를 수호하던 전통적 미국적 영웅 이미지는 공동체의 권위에 반항하고 대드는 반영웅의 이미지로 바뀌었다.)

허문영은 또한 한국 대중 영화의 주인공들이 긍정적인 의미에서 어른이 되고 있다는 징조를 임상수의 〈바람난 가족〉에서 찾았지만 이 영화는 장르 영화의 표준 규범을 따르는 영화가 아니었다. 이 영화는 남성 주인공 입장에서 보면 유해와 각혈로 부서지는 부계혈통주의 앞에서 자식과 아내마저 잃는 어른의 영화다. 남자 주인공이 가부장제의 붕괴를 목격하면서 점차로 무의식적 각성을 하는 건 사실이지만 그보다 훨씬 진화하는 쪽은 그의 어머니와 그의 아내다. 가정에 집착하는 남자 주인공과 달리 문소리가 연기하는 여자 주인공은 남편/아버지-아내/엄마-자식의 삼각형 관계를 버리며 자식과의 2자 관계를 잃지 않은 채 실제 현실 속에서 힘차게 살아간다. 부권세 가족 공동체는 무너지며 주인공들은 서로를 필요로 하지 않는다. 가부장제 가족 공동체를 단호히 무너뜨렸다는 점에서, 각자가 단독자로 선다는 점에서, 급진적인 태도를 취하고 있으나 어느 모로나 장르 표준 규범인 아크형 플롯을 취하는 영화가 아니라 아크형 플롯을 취하는 척하면서 공동체 구제 도모와 개인의 성취를 분리시키는 안티 플롯에 다다른다.

스타와 장르 규범에 의지하면서도 작가성을 고유하게 새기려고 했던 일군의 감독들, 곧 임상수를 비롯해 박찬욱, 봉준호 등이 추구했던 영화들은 장르의 영웅 신화를 고의적으로 왜곡하는 가운데 공동체에 홀로 남은 어른 남성의 이미지를 각자의 개성으로 형상화했다. 이는 좋은 아버지를 갈망하지만 아버지로부터 응답을 듣지 못한 소년 고아의 이미지가 이 시기 한국 영화의 유사 영웅상을 대변한다고 정의했던 허문영의 한국 대중 영화의 경향과 살짝 포개지면서도 근본적으로는 어긋남을 겨냥하는 노선이었다. 박찬욱은 〈공동경비구역 JSA〉에서 아버지의 명을 의식하지 않고 판문점 군사분계선 내에서의 자기들만의 우정공동체를 이루고 놀다가 비극적인 최후를 맞는 남과 북의 젊은 병사들 이야기를 형상화했다. 〈공동경비구역 JSA〉가 얼마간 허문영의 고아 소년 영웅의 틀에 맞아 들어갈 수 있었다면 근친상간의 비극에 관한 기억을 잃어버린 주인공 오대수의 얼굴로 끝나는 〈올드보이〉의 마지막 숏은 어떤 형태로든 아버지가 될 수 없는 자의 삶을 영화적으로 추인하는 암시를 남긴다. 이 영화에서 오대수와 이우진 두 주인공은 시차를 두고 교대로 근친상간에 따른 파괴적인 비극을 겪어야 한다. 플롯과 화면 연출과 연기에 이르기까지 미니멀한 태도의 극점이었던 전작 〈복수는 나의 것〉(이 영화도 온전한 가족을 이룰 수 없는 두 주인공의 겹쳐진 비극을 다뤘다)과 달리 부단한 시점 이동으로 관객의 정체성을 두 남자 주인공에게 이입하고자 애썼던 〈올드보이〉에서의 카메라는 가족의 성립 토대 자체를 부인하는 고대 비극식의 결론에 도달하면서 로빈 우드가 브라이언 드 팔마Brian De Palma 영화를 평가하면서 내린 정의를 빌리면 "문명의 붕괴를 찍는 스펙터클"⁴로 자리 잡는다.

비슷하게 봉준호는 〈괴물〉에서 딸을 괴물로부터 보호하지 못하는 무능한 아버지였으나 한강변의 고아와 유사 부자관계를 맺으면서 좋은 아버지가 되려고 노력하는 약간 모자란 아버지의 이미지를 형상화했다. 국가라는 아버지가 보호해 주지 못해 안전한 공동체를 유지하는 데 실패한 사회의 구성원으로서 송강호가 연기한 이 영화의 주인공 박강두는 봉준호의 전작 〈살인의 추억〉에서 역시 송강호가 연기한 비리 형사 박두만을 떠올리게 한다. 박두만이 살인혐의자의 얼굴을 뚫어지게 쳐다보며 "모르겠다… 밥은 먹고 다니냐?"라고 묻는 클라이맥스 장면이나 용의자를 본 것 같다고 진술하는 소녀를 수십 년 전 살인 현장이었던 논두렁에서 만나 멍한 표정을 짓는 엔딩 장면은 경찰이라는 국가기구의 안전 보호자로서 표상되는 대리 아버지로서의 무능을 망연자실하게 드러냈다. 이 영화 속 송강호의 캐릭터는 허문영의 소년/어른의 교집합 같은 존재다. 합리적 행동 능력이 결여된 아이 같은 무지와 보호자로서의 절실함을 갖춰 가는 어른의 고뇌 사이에서 송강호의 인물들은 동요한다. 봉준호는 나아가 〈마더〉에서 공동체의 안전을 보장하지 못하는 국가 기구에 맞선 어머니의 단독 투쟁을 서사화하는데, 이때 어머니의 용기를 추동하는 것은 모성으로 포장된 그의 내부의 광기다. 처음부터 어머니의 정신분열증을 강조하는 화면으로 시작하는 이 영화는 아버지가 없는 상태에서 어머니와 아들의 간섭받지 않는 외디푸스적 2자 관계를 전면화시키며 그 2자 관계에서 억압된 욕망이 공동체의 불합리와 부조리와 부딪치면서 공격적인 광기로 전환되어 표출되는 과정을 묘사하고 있다.

한쪽의 한국 주류 대중 영화가 '버림받은 아이의 고해의식'을 멜로드라마 양식으로 고양시키는 경향을 취했다면 다른 한쪽의 주류 작가 영화는 그 버림받았던 아이가 불완전한 어른/아버지가 됐을 때 취할 수 있는 죄의식을 다양한 양태로 변주해 왔다고 할 수 있다. 이는 부권제 이데올로기에서 아버지

4. 로빈 우드, 「브라이언 드 팔마: 거세의 정치학」, 『베트남에서 레이건까지 - 할리우드영화 읽기: 성의 정치학』, 시각과 언어, 1995년, P.159

로 호출되는 다양한 형태의 부권을 의식하느냐, 의식하지 않느냐의 노선으로도 갈릴 수 있는데 이 경우에 상대적으로 가장 급진적인 태도를 취하는 감독은 역시 박찬욱이다. 이 시기 그의 영화들 가운데 〈친절한 금자씨〉는 아예 공동체의 법체계 바깥에서 개인이 제도를 대신해 도덕적 책임을 집행하고 감당할 수 있는가라는 질문을 던졌다. 가해자와 피해자의 위치는 다양한 맥락 안에서 손쉽게 뒤바뀌며 가해자가 누리는 권력의 크기는 상대적이고 가변적이다. 이 영화는 복수의 인과율을 깨트리는 대신 복수의 대상을 누군가에게 특정적으로 환원할 수 없는 것으로 만들어 내며 인간의 윤리를 상대적인 것으로 돌리는 동시에 당대의 정치적 불우를 가리킨다. 이 영화가 개봉했을 당시 참여정부의 과거사 청산 작업은 첨예한 이념 논쟁을 야기하면서 가해자와 피해자의 분별을 지웠다. 이 철학적이고 윤리적이며 동시에 정치적인 우화가 가리키는 현실은 불쾌한 것이었으나 박찬욱은 그 불쾌를 시청각적 매혹으로 메운다. 박찬욱은 이후로도 다양하게 반부권적 이데올로기를 내세우는 다양한 캐릭터를 자신의 영화에 등장시켰는데 그가 미국에서 찍은 〈스토커Stoker, 2013〉는 아예 괴물 어른이 되는 소녀의 이야기를 매혹적인 성장담으로 다루고 있다.

요컨대, 허문영이 지적했던 한국 영화에서의 소년의 이미지는 양극단에서 다양하게 변주돼 왔다. 2010년대 후반에 이른 현재 한국 영화의 아이들은 주류 영화들을 통해 생물학적으로 어른이 됐지만 무기력한, 그렇지만 최선을 다하는 아버지로 다시 등장하기 시작했다. 여기서 정동의 차이라는 걸 지적한다면, 과거의 버림받은 아이의 고해의식에서 느끼는 슬픔이 이제는 새끼를 보호하지 못하는 무능한 아버지의 죄의식과 슬픔으로 변했다는 것이다. 고아 같았던 아이는 자라서 무능한 아버지가 된다. 그것과 대비되는 흐름이라면 역시 아버지의 태도를 의식하지 않고 그럼으로써 부권제 이데올로기 자체를 부정함으로써 그에 따른 불안을 포착하려는 영화들이 나타나기 시작했다는 것이다. 무기력하지만 최선을 다하는 아버지의 모습을 표상하는 것이 〈곡성〉, 〈부산행〉, 〈터널〉 등에 나타난다면 그와 반대편에서는 〈아가씨〉, 〈밀정〉, 〈아수라〉 등에서 아버지를 부정하거나 의식적으로 외면하려는 또 다른 기운을 감지하게 된다.

허문영의 분류법대로 소년 영웅/반영웅을 한국 주류 영화의 장르적 성숙의 전단계적 특징으로 인정하더라도 이 궤도가 성숙한 어른 영웅으로의 진화를 예비하는 것일 수는 없다. 프로이트적 서사대로, 아버지를 제거한 형제들 중에는 아버지가 다시 나오게 마련이다. 형제애는 결코 평등한 우애로 유지되지 않는다. 〈태극기 휘날리며〉에서의 주인공 형제는 부자간의 애증과 비슷한 갈등에 시달리며 그런 남성적 연대와 그에 따른 갈등은 〈실미도〉의 조장과 조원들 사이에서도 확인된다. 〈친구〉의 '시다바리' 동수(장동건)는 아버지 자리를 차지한 준석(유오성)의 여자와 권력을 탐하다 결국 처단된다. 이 시기의 다소 저평가된 흥행작인 〈말죽거리 잔혹사〉의 주인공 현수(권상우)도 우식(이정진)의 여자친구를 연모하다가 사랑도 우정도 잃고 만다. 여기서 현수를 가로막는 아버지의 존재는 우식→선도부장→대한민국 학교→유신체제로 점층된다. 하나를 물리치면 더 큰 아버지가 버티고 있다. 아버지의 자리를 선망하던 아들의 최종 선택은 당연히 금기의 수용과 권력의 계승을 통한 아버지 되기이지만 한국 영화 속의 아들/소년들은 타협하거나 체념할 수밖에 없는 운명이다. 반영웅의 제스처에도 불구하고 한국 영화 속의 소년들은 아버지 거부와 아버지 되기라는 오이디푸스 이중구속Double bind의 중간 어디쯤에서 계속 패배하거나 체념했다. 한국 영화에서의 소년성은 어쩌면 한국 영화의 아버지성에 대한 다른 이름일 뿐이다. 그 아버지는 부인되고 부재하는 순간에도 좀 더 훌륭한 아버지, 좀 더 인간적인 사회, 국가를 환영처럼 비춘다. 이 트라우마는 극복하기 힘든 것이어서 소년들은 좀처럼 아버지 없는 세상을 상상하지 못한다.

다양한 변주를 거친 한국 영화의 미래

그 대신 최근 한국 영화에서 아버지들은 이제 못난 아버지의 죄의식과 고통을 고해하는 형상으로 불려 나온다. 허문영의 예언적인 글이 나온 지 십수 년이 넘었으나 공동체 속의 남성 어른 주인공이 자리할 공간은 여전히 한국의 주류 대중 영화에서 발견되지 않았다. 앞서 언급한 대로, 이제 대다수 한국 영화에서 주인공들은 외견상 소년이 아니라 어른/아버지다. 〈곡성〉, 〈부산행〉, 〈터널〉 등 최근 화제작들의 주인공들은 모두 화면 속에서 자신과 자식의 안위를 위해 힘겹게 싸운다. 재난에 처한 가족 공동체는 강박적으로 스크린에 불려 나왔는데 당연하게도 이는 세월호 이후의 사회적 집단의식과 무관하지 않을 것이다. 〈부산행〉은 국가기구의 무능과 부주의로 파생된 좀비들의 습격이라는 소재로 주인공 석우(공유)가 불성실한 아빠에서 성실한 아빠로 거듭나려는 남자 주인공의 갱생기다. 여기서 부권은 안전이라는 기호를 타고 호출되는데, 동승한 근육질 남자 상화(마동석)가 보여 주는 미래의 든든한 아빠상은 좀비로부터의 탈출기라는 이 영화의 플롯에 상당한 질감의 액션 긴장감을 부여한다. 그럼에도 이 영화는 위기에 빠진 집단이 영웅 주인공들의 활약으로 도덕의 재확인이나 가족 가치의 회복을 암시하는 할리우드 영화식의 해피 엔딩에 도달하지 않는다. 여기서 강조되는 것은 일차적으로 아비의 죄책감이다. 영화의 최종 장면은 리더가 없고 개인들은 그저 살아남은 것만으로도 다행이라고 여기는 사회적 축도를 터널의 이미지로 제시하면서 살아남은 여자아이의 노랫소리로 레퀴엠을 만든다. 동시에 국가 시스템이 방기한 재난의 희생자들을 일시적으로 보호하는 능력자의 이미지를 상화 역의 마동석 배우의 근육질 육체로 시연하는데, 흥미로운 것은 이 남자와 나쁜 아버지의 표상으로 제출된 용석(김의성)의 캐릭터를 어린아이처럼 그려 낸다는 것이다. 상화는 아내에게 체구에 어울리지 않는 애교를 부리고 말 잘 듣는 아이처럼 언제나 아내의 지시에 복종한다. 기성 체제의 화신처럼 그려진 중견기업 간부 용석은 영화 후반부에 좀비가 되어 죽어 가면서 (어머니가 아닌) '엄마'를 외치며 슬퍼한다. 〈터널〉 역시 나쁜 아버지/국가의 불성실로 인한 재난에서 초인적으로 살아남으려는 한 가장의 분투기이며 박근혜 정부 시절 나온 시대착오적인 영화 〈인천상륙작전〉에서는 심지어 우리를 구원하는 절대적 아버지로 맥아더 장군이 소환된다. 이것들은 모두 공동체를 구하거나 공동체의 악에 맞서는 남성 주인공 어른의 진화한 이미지로는 적합하지 못하다.

가장 혼란스럽고도 흥미로운 사례는 나홍진의 〈곡성〉이다. 허다한 플롯상의 속임수를 동력 삼아 이 영화는 딸을 구하는 데 실패하는 어느 아버지의 초상을 담는다. 절대적으로 무능한 주인공인 경찰 종구는 자신의 딸에게 닥친 재앙을 이성적으로 파악할 능력이 없는데, 경찰로서 그는 합리적인 추론 능력과 집행력을 가질 수 있었으나 처음부터 끝까지 비이성적으로 행동함으로써 더 큰 재앙을 자초한다. 영화 초반 그는 존속살인이 벌어진 끔찍한 현장에서 겁을 잔뜩 집어먹고 혼비백산한다. 이는 마을에서 일어나는 기괴한 연쇄살인 사건의 조종자로 그가 외지인을 혐의자로 단정한 후에 다른 형태로 발전하는데, 공적인 법 집행 대신 두려움의 반작용에 따른 사적인 린치로 사건을 해결하려다가 모든 상황을 통제 불능으로 만든다. 자신의 딸에게 닥친 재앙을 이성적으로 파악할 수 있는 능력이 그에게는 없다. 이유를 알 수 없는 재앙의 범람은 자연이나 절대자에 대한 우리의 입장을 은유하는 것이지만 종구의 서투름은 무엇보다도 그가 아이를 보호하려는 아버지였기 때문에 관객으로부터 면책받는다. 인간적 관점의 테두리 내에서 절대자와 자연을 이해하려는 인간의 노력은 패배할 수밖에 없다. 이것은 귀신이나 악마와 맞선 싸움이므로 인간의 패배는 당연한 것이지만 종구의 아비 본능에 대해서만은 유독 감정적 온기를 입히는 나홍진의 연출은 관객의 감정이입을 이끌어 낸다.

문제는 종구가 상대하는 어떤 절대적 힘의 존재에 관한 수수께끼에 있다. 나홍진은 이걸 퍼즐로 맞춰 놓기보다 결코 맞춰지지 않는 조각들로 흩뜨려 놓았다. 이 영화에서 플롯의 흐름을 가장 비트는 왜곡은 무당 일광이 주인공 종구의 딸 효진을 살리기 위해 외지인에게 살을 날리는 굿을 하는 장면에서 일어난다. 나중에 밝혀지는 대로 그가 외지인의 사주를 받았거나 외지인과 공명하는 상태에서 이 굿을 집전했다면 그는 효진을 살리는 척하면서 효진을 죽이려고 한 것이 된다. 반전을 가리기 위한 트릭으로서 논리적으로 납득할 수 없는 설정을 한 것인데, 영화는 이 시퀀스에서의 긴장을 최대한 연장하고 유지하기 위해 외지인의 굿 장면과 일광의 굿 장면을 교대로 인터 컷하면서 마치 그 두 사람이 서로 살을 날리고 있는 것처럼 관객을 현혹시킨다. 종구가 대결하는 외지인이나 그의 주변에 얼씬거리는 무명이라는 초현실적이고 비일관적인 캐릭터도 마찬가지로 관객을 오도하는데, 무명은 인간의 현실에 개입하지 않는 방관자이자 때로는 무당 일광을 공격해 급살시킬 뻔할 만큼 벌어지는 사태에 개입하고 나중에는 마을의 수호신처럼 보였던 존재로는 어울리지 않게 종구에게 닭이 세 번 울 때까지 자기 곁을 떠나지 말라는 얘기를 하기도 한다. 끝 장면에서 적그리스도로 정체를 드러내는 외지인은 강했다가 약해졌다가 하며 죽을 뻔한 위기에서 홀로 슬프게 울기까지 한다. 어떤 계기로 그들이 초자연적인 존재로서 등장인물들의 공동체에 나타났는지 이야기로 성립하기 직전의 지점에 그들을 위치시키고 인간의 판단으로는 알 수 없는 절대적 권능을 지닌 그들의 초자연적 존재의 비일관성을 인과론적으로 해석할 수 없게 겹겹이 벽을 쳐 놓은 이 영화의 서사는 다의성의 표현이 아니라 관객 조정 메커니즘을 위해 무리하게 희생시킨 속임수의 결과물이다.

놀라운 것은 이 영화가 개봉한 다음에 나온 관객들의 반응이다. 관객들은 영원히 맞춰질 수 없는 이 영화의 플롯상의 빈틈을 영화 속 내용과 마찬가지로 숱한 추정으로 메워 주려 나섰다. 진실은 밝혀지지 않는 가운데 소문만이 무성한 영화 속 곡성의 음산한 공동체처럼 〈곡성〉을 둘러싼 팬덤 공동체는 텍스트 창조주인 나홍진의 확인을 결코 받을 수 없는 온갖 단서들의 제시로 소란스러워졌다. 오직 단 한 번의 승부수로만 유효할 것이라고 보지만 이것을 통해 나홍진은 전무후무한 창조의 조물주가 되었다. 그는 선한 인간들에게 재앙을 내리는 절대자처럼, 아무 이유도 없이 죽어 가는 영화 속 인물들에 대해 어떤 알리바이도 내놓지 않았다. 그는 너무 많은 알리바이를 제공하는 역설적 시도를 통해 그걸 가능하게 만들었다. 나쁜 소문의 확대 재생산 속에 저절로 무너져 내리는 공동체의 상황을 텍스트 바깥의 세상으로 비유하고 재창조했다는 점에서 이것은 천재적인 시도다. 다른 한편으로는 자신의 가족조차 지킬 수 없는 '실패한 아버지의 무의식'을 드러냄으로써 재난적 현실에 대한 대중의 무지와 공포가 투영된 결과의 현상이라고도 할 수 있다.

〈곡성〉이 관객을 현혹시키는 서사를 통해 궁극적으로 겨냥하고 있는 것은 존속살인의 끔찍한 현장 증인으로서 입회해야 하는 아비의 무력감이다. 종구는 살인을 저지른 딸을 원망하지 않고 끝까지 지켜 주겠노라고 맹세한다. 아울러 관객은 종구가 자신의 일가족에 불어닥친 비극을 겪기까지 그가 사는 마을에 연쇄적으로 펼쳐졌던 존속살인의 처참한 광경들을 모조리 기억하고 있다. 피비린내 나는 자해극으로 점철된 가족과 마을 공동체의 비극 앞에서 한 가족의 가장이자 딸의 아버지였던 종구는 〈살인의 추억〉의 형사 박두만처럼 아무것도 이해할 수 없는 무지의 영역에서 공포에 떨고 있다. 나홍진의 전작 〈추격자〉에서 대리 아버지 역할을 해야 했던 엄중호(김윤석)의 승리나 〈황해〉에서 나쁜 아버지를 은유하는 사악한 적 면가(김윤석)를 끝내 처단했던 구남(하정우)의 위치는 이 영화에서의 무능한 아버지 종구에게는 허락되지 않는다. 그럼에도 이 영화가 대중의 마음에 어떤 공명을 불러 일으켰다면 이는 나쁜 아버지 시스템으로부터 어떤 답도 얻지 못하는 동시대 한국 대중들의 무기력과 분노와 교집합을 이뤘다고 추정할 수밖에 없을 것이다.

미완의 시도라는 인상을 주지만 앞서 언급한 대로 박찬욱은 꾸준히 아버지라는 초자아를 의식하면서 그걸 굳이 지우려는 영화를 만들고 있다. 〈박쥐〉는 신의 초자아에 강박당한 신부가 뱀파이어가 되면서 그 자신 안의 두 개의 자아와 싸우는 내용인데, 그의 싸움은 그를 유혹하는 젊은 여자의 계획대로 그 여자의 시집 식구들을 파멸시키면서 여자를 뱀파이어로 만들고 다시 그 때문에 여자 뱀파이어와 싸우는 내용을 다룬다. 이 영화에서 가장 도발적인 장면은 신부 상현이 팜므 파탈 태주를 위해 그의 남편 강우를 죽이고 강우의 친구들을 의도치 않게 몰살한 다음 자신을 속인 태주를 응징한 후 다시 그를 살려 내는 장면이다. 살육이 벌어진 후 탁탁하고 어둡고 사방이 막힌 공간이었던 강우의 집 내부는 밝은 원색의 공간으로 다시 도배되는데 이 공간에서 상현은 죽은 태주의 목덜미에 대고 맹렬하게 흡혈한다. 오래되고 썩어 문드러질 것 같은 가옥에 뿌리를 두고 있던 어느 가부장 가족의 질서는 성직자이자 흡혈귀인 한 남자의 개입으로 무너졌으나 그것은 해방일 뿐만 아니라 또 다른 죄를 짓는 과정이기도 하다. 욕망과 죄의식이 공존하는 가운데 화면에는 매혹과 두려움과 가책과 희열이 마구 배어난다.

〈아가씨〉는 박찬욱의 탈아버지를 향한 강박이 페미니즘의 도그마로 표현된 영화다. 이 영화에서 대저택 주인 코우즈키는 가문의 상속녀인 히데코와 그의 이모에게 강제로 지식을 주입한다. 거대한 도서관에 가득찬 장서들 속에 저장된 그 지식은 여성을 정복하는 남성의 환상을 다룬 도착적 외설물이다. 히데코의 재산을 노린 후지와라 백작의 계략에 다라 히데코의 하녀로 들어간 숙희는 히데코를 지켜보고 조종하고 있다고 생각했으나 3부로 구성된 이 영화의 2부에서 밝혀지는 것처럼 실은 히데코가 숙희를 관찰하고 있었다. 백작과 히데코와 숙희가 서로 다른 입장에서 속이기를 하는 것을 보여 준 게 1부였다면, 2부는 히데코와 숙희가 합심해 가짜 상황을 연출해 보여 주는 플롯이고 3부에선 그 결과로 맞이하는 남자들의 참혹한 패배를 담는다.

　여기서 여자들은 가짜로 숨긴 정체를 서로 드러내지만 남자들은 끝까지 거짓 환상에 스스로를 맡긴 채 가짜로 살아간다. 코우즈키는 본래 조선인이지만 개명을 하고 일본인 행세를 한다. 후지와라는 제주도 머슴 출신인데 일본 백작으로 위장한다. 코우즈키의 정체는 그가 소유한 양관과 화관의 건물로 대변되고 그는 이곳에서 서양식으로 먹고 자며 일본식으로 지식을 습득하고 부를 증식한다. 화관에 있는 그의 도서관에는 외설물들이 가득 차 있고 코우즈키는 그것의 일부를 히데코에게 낭독하게 하면서 엘리트 남자 손님들을 모은다. 낭독회가 진행되는 공간에는 간이 연못이 있는데 액이 흐르는 여인의 성기 같은 연상을 불러일으킨다. 남자들은 그곳에 빙 둘러앉아 히데코가 낭송하는 음란한 문장을 들으며 즐긴다. 2부 후반부에서 히데코의 안내로 마침내 그곳에 들어섰을 때 숙희는 코우즈키가 애지중지했던 지식의 실체에 아연해한다. 숙희는 그곳 간이 연못에 코우즈키의 책들을 쓸어담아 버리고 히데코는 거기 빨간 잉크를 뿌린다. 남자들의 관음의 대상을 연상시켰던 그곳 간이 연못은 남자들의 책을 흡수하며 망가뜨린다.

　이 영화에서 지배적인 수사로 쓰인 것은 엿보기 시점이지만 어떤 측면에서 여자들의 위치는 남자들의 소외를 초래한다는 점에서 우월적 자리를 차지하기도 한다. 히데코는 남자들을 욕망하지 않는다. 낭독회 공연도 이 관점에서 바라볼 수 있다. 히데코는 공연하고 남자들은 흥분한다. 남자들은 히데코의 낭송을 들으며 그 여자를 정복하는 지배 판타지를 상상하지만 히데코는 남자들의 응시를 무시한다. 여자는 남자들의 시선 대상이 되어 그들의 욕망 대상이 되지만 여자는 남자들을 욕망하지 않으므로 남자들의 환상은 환상으로 그치며 결핍으로 남는다. 남자들은 여자를 소유한다고 착각하는데 그건 환상 속에서만 가능하다. 여자는 소유되지 않는다. 남자들의 지식을 대신 발화한다 해도 여자는 그들의 지식에 정복되지 않는다. 영화 속 백작의 말에 따르면, "아가씨 몸은 물새처럼 차가울 겁니다."

　이것과 대비되는 것은, 이 영화의 서사 구성 논리에 따르면, 여자들 사이에서 진짜로 충족되는 욕망이다. 이 영화의 화면에는 노골적인 섹스 장면을 포함하여 여러 단서들이 촘촘히 깔린다. 영화 초반 숙희가 머무는 작은 다락방 앞에 있는 히데코 방의 미닫이문에는 보름달이 그려져 있다. 그 아래에는 새와 꽃이 있다. 미닫이문에 무늬로 그려진 이 풍경은 영화의 엔딩 시퀀스에 재현된다. 두 여자의 욕망이 충족되었을 때 그들이 탄 배의 바다 위에는 만월이 뜨고 그 아래 두 여자들의 욕망의 크기를 보증하는 듯 파도가 일렁인다. 하이틴 로맨스 풍의 예쁘고 직선적인 비유지만 이 자기 도취적 미장센 효과는 관객을 일종의 당혹감에 빠트리며 어떤 관객들에게는 그 자기도취에 공명하게 만든다. 박찬욱은 그 자신의 필모그라피를 통해, 판문점 군사분계선 내의 금지된 구역에서 자기들만의 공동체를 이루며 애비 없는 자식들의 놀이모험을 즐겼던 초기작에서부터 나아가 일관되게 가족의 파멸 서사를 찍었고 궁극에는 부권의 정체 자체를 부정하는 여자들의 쾌락 영토를 유사 포르노그래피 형태의 영화로 제시하는 데 이르렀다. 박찬욱이 펼치는 탈도덕적, 탈가부장적 설정은 시각적 충격을 꾀하는 그의 스타일과 결합되어 관객을 늘 어리둥절한 지점에 몰고 간다. 박찬욱의 상상력은 소년이 어른이 되는 진화 과정 자체를 아예 부권제 이데올로기의 틀로 가늠해 무시해 버린다.

　작품적으로는 실패했다고 보지만 봉준호의 〈옥자〉 역시 아버지가 존재하지 않는 곳에 가능한 이상적 모습을 묘사적으로 제시한다. 〈옥자〉는 양립하기 힘든 두 세계를 양립시킨다. 자연친화적이고 목가적이며 결핍을 결핍 그 자체로 받아들이는 세계와 자본주의적이고 탐욕적이며 소비 지상주의로 치닫는 육식주의 세계가 충돌하는 지점에서 영화는 비극적 페이소스를 끌어내며 전자의 세계로 안전하게 퇴각하는 결론을 담고 있다. 전자의 세계는 판타지에 가까우며 지금 존재하지 않는 세계의 우화처럼 보인다. 후자의 세계는 현실에 가깝지만 전형적이며 정치적 올바름의 잣대에 짓눌려 과도하게 희화화된다.

이렇게도 말할 수 있겠다. 옥자가 사는 강원도 산골 장면들과 처음 옥자가 추격전을 벌이는 한국의 어느 도심 복판의 공간을 묘사하는 봉준호의 연출 감각은 펄펄 뛰는 생선을 대하는 것 같다. 별다른 사건 없이 미자와 옥자가 뛰노는 산골 깊숙한 풍경들의 시각적 정보가 차근차근 세밀하게 나열돼 있는 화면 속에서 인물이나 사물의 질감이 빼곡하게 느껴지는 초반 화면들은 거기 빨려 들어갈 수밖에 없는 관객의 집중력을 자연스레 끌어낸다. 한국 도심의 어느 산동네 주택가를 횡단하며 미자가 옥자를 태운 트럭을 쫓는 추격전을 벌이는 중반 단락에서 그 동네의 지형지물은 강원도 산골을 닮아 있다. 추락과 하강의 현기증을 감내하게끔 설계된 로케이션을 무대로 봉준호가 의도한 카메라의 종횡 움직임은 공간 자체를 칼로 쓱싹 경쾌하게 베어내는 쾌감을 준다. 곧이어 지하철과 연계된 지하상가에서 옥자를 둘러싼 추격 소동극이 벌어지는 동안 수평과 수직의 면을 분방하게 교차시키며 감독이 꼼꼼하게 배치한 면들과 그 면들에 위치한 인물의 움직임은 시각적 화음을 이룬다. 그에 반해 뉴욕에서 벌어지는 사건들은 대다수 인물들이 감정적 동요가 심한 크레이지 희극에 어울리는 연기를 하고 있는데도 불구하고 밋밋하고 전형적으로 다가온다.

이런 장단점과 무관하게 〈옥자〉에서 예외적으로 거론할 것이 있다면 미자를 연기한 안서현의 표정과 몸짓, 그리고 옥자의 눈이다. 옥자를 보살펴 주고 동시에 옥자로부터 보살핌을 받는 미자는 옥자가 미란다 그룹의 상품으로 끌려간 후에 옥자를 구하기 위해 고군분투하는 동안 여기저기 생채기가 난 얼굴과 몸을 보여 준다. 그녀는 외부와 완벽하게 단절되어 학교도 가지 않고 옥자처럼 자연 속에서 뒹굴고 놀며 먹을 것을 채집하는 문명 이전의 삶을 사는 소녀다 이런 소녀가 오로지 몸에 의지해 도심 속 여러 구조물이나 자동차와 같은 문명의 산물에 직접적으로 부딪치며 생채기를 얻는 물리적 증거들이 화면에 시연되는 동안 옥자의 눈은 천진한 것에서 핏발선 것으로 바뀌며 얌전한 순둥이에서 광폭한 괴물로 변해 간다. 영화의 말미에 극적으로 구출된 옥자가 다시 강원도 산골로 돌아왔을 때 미자는 옥자의 눈을 바라보고 옥자의 피부를 쓰다듬으며 행복해한다.

박찬욱, 봉준호만큼 꾸준한 필모그래피를 가꾸진 못했으나 2010년대 중반을 넘어서서 서사를 넘어서는 잔여 이미지의 잉여 효과를 끈질기게 성취한 또 하나의 마지막 사례로 김성수의 〈아수라〉를 들 수 있을 것이다. 〈아수라〉는 부권제 공동체의 틀을 아예 무시하고 단독자로 서는 것조차 거부한 영화로서 대중 영화가 지켜야 할 권선징악의 규범을 한계점 너머로 위반한 문제작이다. 한국 사회의 축도처럼 제시된 한 도시의 범죄사회 내부의 공생관계를 서사화한 〈아수라〉는 사악한 아버지의 폭력이 횡행할 때 그에 반하는 대립적인 힘으로서의 영웅상이나 치유적인 결말을 제시하는 걸 원하는 관객의 기대를 정면으로 배반한다. 정우성이 연기하는 주인공은 거의 실어증에 걸린 듯 행동하면서 주권이 보장되지 않는 이 사회에서의 생존을 최선을 다해 추구하고 나중에는 생존 자체를 포기해 버린다. 이 영화의 후반 40여 분간 펼쳐지는 장례식장 폭력 시퀀스에서 영화의 주요 등장인물들은 모조리 척살당한다. 어떤 영화에서라도 대개의 경우 결말에는 살아남는 누군가가 있게 마련이다. 관객은 영화 속 생존자들/증인의 위치에서 주인공들의 죽음을 애도한다. 그럼으로써 관객은 살아남은 인간들이 마땅히 해야 할 일, 장례의 의무를 깨닫는다. 이 영화는 관객에게 장례의 의무를 청하지 않는다. 이런 죽음의 무가치성은 첫 장면에서부터 공표됐는데, 주인공 한도경 형사(정우성)가 정보원에게 준 돈을 탐내던 한도경의 경찰 상사는 한도경과 다투다가 우발적 사고로 죽지만 그의 죽음에 대한 형식적인 애도 절차도 없이 한도경은 상사를 죽인 자기 죄를 은폐하기 위해 더 많은 악행을 저질러야 한다.

〈아수라〉가 생존자 증인들을 영화 속에 남겨 두지 않고 그럼으로써 상징적 장례를 치러야 할 관객과의 협조 관계를 만들지 않은 이유는 자명하다. 여기에는 우리가 애도해야 할 남성 어른 영웅이 없다. 우연적으로 영웅이 된다는 사건의 개연성 자체도 아예 차단해 버린다. 한도경은 진화하는 주인공이 아니라 점점 더 타락하는 인물이다. 그는 곧잘 의리와 충성을 강요하는 타락한 남성 공동체에서 가장 가련한 처지에 내몰려 자신을 이용하려고 하는 자본과 권력의 쌍방 지배 블록 어느 쪽을 배신하면 되느냐고, 곧 배신자임을 공표하고 나서야 비로소 자신의 정체를 확인하는 인물이다. 공동체의 안위보다는 그 자신과 병든 아내의 생존에만 몰두해야 했던 그는 영웅의 자질이 없었던 인물이고 서사적으로도 영웅이 되는 계기를 부여잡을 기회를 얻지 못한다.

이 영화는 유난히 정우성이 연기하는 한도경의 얼굴 클로즈업을 많이 사용한다. 통상적인 문법과 달리 한도경을 비롯한 등장인물들의 클로즈업을 잡을 때 얼굴 주변의 공간을 최대한 많이 포착하는 극단적인 프레임을 잡는 김성수의 과격한 연출법은 극단의 정서적 반응을 겨냥한다. 실패자인 중년 남성의 얼굴, 폭력을 행사하고 폭력을 당하는 자의 얼굴과 그 배경의 왜곡된 공간상을 통해 패배의 숙명을 감내해야 하고 할 수 있다고 다짐하는 인간의 슬픔을 형상화한다. 한도경은 영화 내내 자신을 위협하는, 합법적인 주권을 갖고 있다고 믿는 권력자와 그 하수인들을 향해 기에서 밀리지 않겠다는 눈빛으로 겨우 저항하는데, 뱃속 깊은 곳에서 끌어낸 그런 자신의 기운도 결국은 상대의 부당한 권력 행사 앞에서 소진하고야 말 것이라는 체념을 감추지 못하는 표정으로 일관한다.

⟨아수라⟩는 공동체의 나쁜 아버지에 맞서기는 했으나 그 자신이 좋은 아버지가 될 자질이 없다는 것을 스스로 깨닫고 있는 주인공 남자의 무력감을 담는다. 그는 자신의 가정이나 의형제 관계에 기초한 유사 가족 공동체를 꾸리고 버티어 낼 자질이 없다. 이는 어느 모로나 정우성이라는 스타에게 대중

이 기대할 법한 역할이 아니었으며 김성수의 전작 〈비트〉, 〈태양은 없다〉 등에서 아버지 없이 홀로 자라 생존을 도모하며 비극을 맞았던 주인공으로 나와 청년 영웅의 아이콘이 된 정우성이라는 스타 배우가 대중에게 보여 준 다소 과격한 변화였다. 주인공 한도경/정우성은 부권제 공동체에 대해 스스로 피해자나 수난자라는 자의식도 없이 곧 어른스럽게, 누군가가 권력자/아버지의 자리를 대신 차지해도 폭력의 순환구조 고리는 끊어지지 않을 것임을 의식하고 아예 포기한다. 그렇게 해서 초래된 영화 속 서사에서의 살육의 순환을 장르 영화가 지켜야 할 규범(주인공은 승리한다, 또는 주인공의 비극적인 죽음을 통해 악의 징벌 가능성을 제시한다) 바깥에서 표현함으로써 이 영화는 깊은 단념을 표현하고 있다. 대안을 제시하는 것은 아니지만 단념을 표하는 것으로 이 영화는 나름의 윤리적 태도를 취한다. 그 단념에 대한 단호한 인장이 영화 속의 숱한 클로즈업 화면들이다.

대다수 한국 영화는 끊임없이 좋은, 훌륭한 아버지를 희구하는 한국 사회 구성원들 대다수의 집단의식을 늘 의식하고 만들어진 창작의 결과물이다. 그 안에는 아버지로부터 버림받은 자로서의 피해의식과 인정투쟁이 공존한다. 좋은 아버지를 갖지 못해 스스로도 좋은 아버지가 될 수 없다는 주인공의 강박과 죄의식도 그 과정에서 드러난다. 결과적으로는 부모로부터 버림받은 소년의 영웅상으로부터 무능력하지만 성실하고 싶은 어른 아버지의 영웅상으로 변화했던 상업 영화의 주된 궤적과 그 반대편에서 아예 고아의식을 당당하게 내세우고 아버지상의 존재 자체를 부정하고 싶은 충동의 산물로서의 단독자 영웅을 추구하거나 남성의 세계에서 배제된 여성의 영토를 희미하게 탐사하는 위반적 영화의 궤적으로 나뉜다. 후자의 경우, 분노와 슬픔과 불안을 겹쳐 놓고 아비 없는 어른의 영화를 지향했고 앞으로도 지향할 수 있을 한국 영화의 표현적 경향이라고 추측할 수는 있을 것이다.

표현 양식 면에서 보자면, 지배적 대서사의 규범에서 이탈하려는 충동이 서사 구멍을 보완하려는 스타일의 야심과 결합되었을 때 흥미로운 성취가 일어난다고 말할 수도 있을 것이다. 상징적 아버지의 지배와 존재를 무시하거나 거부하는 건 주제와 소재 차원에 국한되는 문제가 아니며 표현 양식의 추구에 있어서도 무의식적으로 추구되는 작가적 경향이다. 2000년대 중반에 절정에 달했던 반역적인 현대 한국 영화의 표현법과 그것을 가능하게 했던 세대의 한국 영화감독들은 이제 청년에서 장년이 되었고 그들의 향후 작품 행보에 한때 모험적이었던 야심적 표현 양식의 흐름 지속을 전적으로 기대하는 것은 무모한 일이 되었다. 그것이 전통이 되려면 계승과 거부의 변증법을 통해 다음 세대의 감독들이 만들어 내는 작품들의 성격과 질이 중요해질 것이기 때문이다. 인과론적 서사의 변형과 파괴와 세련, 그것을 통한 쇼트 이미지의 기능적 확장을 꾀하는 잉여의 에너지가 팽창하는 장관을 한국 영화의 스크린에서 보는 것은 점점 드물어진다. 2010년을 넘어가며 미학적 정체 상태를 보이고 있는 한국 영화계에 대한 판단을 당장은 괄호쳐 두고 그저 관망해야만 하겠지만 어떤 방향에서든 새로운 바람은 불어올 것이다.

자명한 것들에 맞선 해체와 재창조를 옹호하며

오늘날 특정 감독의 신작이라는 기호는 주류 영화산업의 브랜드 마케팅 측면에서 점점 힘을 잃어 가고 있는 추세다. 이는 감독의 권력이 급격히 위축되었다는 것을 의미한다. 이미 대다수 장편 상업영화의 엔딩크레디트 맨 앞에 감독 대신 투자자 이름이 뜨는 것은 관행이 되었다.

투자자와 제작자가 만드는 인력 배치도에서 감독은 여차하면 다른 아무 감독으로 대치할 수 있는 존재에 불과하다. 2000년대 중반 이후 등장한 감독들은 그들만의 개성적인 스타일을 보여 줄 의지도, 보여 줄 수 있는 환경적 여건도 미흡하다. 또 한편으로 '감독의 영화'는 영화제에서 트는 온실 속 화초 같은 영화들에 한정되는 경향이 있다.

20세기 중반 프랑스에서 일어난 작가주의는 영화가 감독이 쓰는 작품이라는 비평적 방침을 주장했다. 터무니없이 낭만적이고 신화적 예술가 창조에 대한 고집으로 보였던 작가주의는 영화 이론 영역에선 금방 폐기되었지만, 산업과 비평적 관행 속에서는 끈질기게 살아남았다. 애초에 이 작가주의라는 것은 당시 프랑스 젊은 비평가들이 훗날 감독이 되기 위해 감행한 일종의 권력투쟁이었으나 그 과정에서 비상한 비평적 통찰을 이뤄 냈다.

집단을 이루어 『카이에 뒤 시네마』라는 잡지에서 활동한 이들 시네필 출신 비평가들은 특별히 분별되는 영화의 개성을 메시지가 아니라 화면의 풍부한 활기에서 찾았다. 저명한 문학 작품을 원작으로 삼아 고비용으로 제작된 당시 프랑스 주류 영화와 달리, 자본의 통제가 심한 할리우드에서 정해진 시나리오, 정해진 배우, 정해진 스태프와 영화를 찍는 고용 감독들의 영화에서 고유한 화면의 활기를 찾아낸 것은 스튜디오 시스템이라는 영화 자본 권력에 맞선 대항의 증거였다.

카이에 평론가들은 그런 화면의 기운을 찾아낼 수 있는 자신의 능력을 강조하면서 그걸 영화 제작 영역에서 재차 증명했다. 그들이 '작가'라고 불렀던 할리우드 고전기 거장들과 달리 대자본과 촬영소 시스템의 도움은 받을 수 없었지만, 대신 그들은 거리에 나가 저예산으로 찍어 낸 화면의 풍부한 활기를 증명했다. 프랑수와 트뤼포François Roland Truffaut와 장 뤽 고다르의 초창기 영화들이 보여 준 화면의 독특한 기운은 앨프리드 히치콕과 하워드 혹스, 존 포드 등의 영화에서 드러난 드라마 내의 억제된 활기를 비드라마 형태의 방출된 활기로 대체했다.

스튜디오 세트에서 대사와 드라마 위주로 찍을 것을 요구받은 할리우드 고전기 감독들은 숏 안의 긴장, 숏과 숏 사이의 활기를 이어 붙이는 자기만의 방법으로 화면의 독자성을 확보했다. 훗날 누벨바그라 불리게 된 프랑스 젊은 비평가 출신 감독들의 영화는 정교한 스튜디오 촬영을 포기한 대신 드라마가 멈추는 곳, 이를테면 어린 소년들이 거리를 뛰어다니는 장면, 주인공 청년이 샹젤리제 거리를 으스대며 걸어 다니는 장면 같은 것을 통해 화면의 리듬을 확보하고 활기를 자체적으로 불어넣었다.

20세기 초반 할리우드 고전 영화와 20세기 중반 누벨바그 영화가 서로 다른 형식을 통해 같은 이상에 도달한 것은 바로 무성영화적 활기였다. 인물의 입을 통해 대사가 전달되고 이야기가 진행되지만, 그것은 넓게 보아 영화를 극장에 걸기 위한 맥거핀이다. 인물이 말하지 않는 순간들의 비상한 공기를 포착하는 것이 무성영화적 이상이라고 한다면 할리우드 고전기 영화의 거장 감독들은 철저하게 편집으로 통제되는 표현 체계 안에서 그걸 고유하게 뚫고 나오는 자기만의 호흡과 활기를 통해 작가의 영화다운 개성을 만들었다. 반대로 누벨바그 이후의 서구 현대 영화는 이야기의 정형화된 전달 자체를 무시하는 전략을 통해 인물의 행동과 인물이 거하는 공간의 공기에 강세를 둠으로써 화면의 독특한 활기를 포용하려 애썼다.

이런 것들은 자본이 강제하는 이야기의 독재, 우리가 흔히 주제라 부르는 큰 가치에 대한 개별적인 저항을 낳는다. 이야기와 주제가 강제하는 큰 가치와 인물에게 강제되는 모범적 전형성을 개인적 비전에 기초한 화면의 복합적인 활기를 통해 교묘하게, 세련되게 빠져나오는 이런 실례들은 오늘날 할리우드에서 클린트 이트스우드, 스티븐 스필버그 등의 영화에서 드물지 않게 확인할 수 있고 한국에서는 이창동, 박찬욱, 봉준호 등의 영화에서 만개했던 미학적인 업적이기도 하다. 이는 모든 자명한 것들에 대한 저항이며 자명한 것들의 반복 강조를 통해 자신들의 이데올로기적(그리고 상업적) 정당성을 고착하고 강화시키려고 하는 체제에 대한 저항이다. '재미있는 것이 지고의 선'이라고 웅변하면서 옳다고 주장되는 특정 이데올로기를 주제로 포장하는 상업 영화의 입장은 근본적으로 외설적이다. 옳다고 하는 것, 재미있다고 하는 것, 매력적이라고 하는 것을 노골적이고 직접적으로 전시함으로써 그런 영화들은 자신들의 자명성을 내세우고 결코 상처를 입지 않으며 패배도 하지 않는 관객의 자기의식을 부추기며 동시에 관객의 도덕적 우월감에 아부한다.

여기에 맞서는 (여전히 이렇게 부를 수 있다면) 감독의 영화, 또는 (감독을 비롯한 제작자, 기술 스태프, 배우들의 공동 작업으로 전제한) 작가주의 영화는 모두 이 자명한 이야기의 전제에 생채기를 내고 복합성의 결을 심으며 살아 있는 것의 활기를 모방하고 재창조한다. 선악과 미추의 구별이 분명하고 나아가 그 구별을 경직되게 단정하는 사회 속에서 영화는, 특히 장르 규범을 따라야 하는 상업 영화는 그 이분법적 판단의 가치 시험장이며 그걸 도덕적 우월감에 기초한 일방의 입장으로 서술한다.

그 시스템에 맞서는 영화들은 이분법적 판단을 강요하는 세상의 지배적 담론 경향에 맞서 영화 예술의 형식을 통해 우리가 보고 듣고 읽고 믿는 것이 과연 제대로 된 것인지 자문하고 새롭게 느끼게 하는 담대한 해체를 시도한다. 그 해체는 해체로 끝나고 머물지 아니하며 영화라는 매체에 고유한 화면의 활기를 통해 재창조된 세상과 인물의 상을 꾸민다. 이 책에서 줄곧 옹호하고 살펴보려 한 작업들이 바로 그것이었다.

김영진

참고문헌

국내 단행본

가라타니 고진, 『근대문학의 종언』 조영일 역, 도서출판 b, 2006

김수용, 『나의 사랑, 시네마』 씨네 21, 2006

이영일, 『한국 영화전사』 삼애사, 1969

이용관 외 책임 편집, 『유현목, 한국 리얼리즘의 길 찾기』 도서출판 큰사람, 1999

이효인 편저, 『한국의 영화감독 13인』 열린책들, 1994

정성일 대담, 『임권택이 임권택을 말한다』 현문서가, 2004

한국예술연구소 편, 『이영일의 한국 영화사 강의록』 도서출판 소도, 2002

국내 번역서

로빈 우드, 『베트남에서 레이건까지 할리우드 영화읽기: 성의 정치학』 이순진 역,
        시각과 언어, 1994

발터 벤야민, 『발터 벤야민의 문예이론』 반성완 역, 민음사, 1983

수전 손택, 『사진에 관하여 』 이재원 역, 시울, 2005

요모다 이누히코, 『우리의 타자가 되는 한국』 양경미 역, 삼각형 북스, 2001

존 힐, 파멜라 힐, 『세계영화연구』 안정효 외 역, 현암사, 2004

토마스 샤츠, 『할리우드 장르의 구조』 한창호 허문영 역, 한나래, 1995

기사 및 논문

강영희, 「곽지균 감독의 영화세계」 『한길영화』 창간 2호, 1991, 여름호

김동호, 「한국 영화정책의 발전방향에 관한 연구」 한양대학교 행정대학원 석사학위논문,
　　　1992

이연호, 신상옥 인터뷰, 『키노』 1997, 10월호

『영화저널』 복간 준비 2호, 1993, 6월.

『영화저널』 복간호, 1993, 7월

장병원, 「박찬욱의 스타일 효과에 관하여」 『영화언어』 미간행 원고

해외 저서

Barry Kieith Grant (ed), 『Film Genre Reader 2』, University of Texas Press, 1986

Bill Nichols(ed), 『Movies and Methods Vol 2』, University of California Press, 1985

David Bordwell, 『Making Meaning: Inference and Rhetoric in the interpretation
　　　of Cinema』, Cambridge, Mass. : Harvard University Press, 1989

Paulin Kael, 『I Lost it at the Movies, London: Jonathan Cape』, 1966

Paulin Kael, 『Kiss Kiss Bang Bang, London: Calder & Boyars』, 1970

Peter Brooks, 『The Melodramatic Imagination, New Heaven: Yale University』,
　　　1976

Stanley J. Solomon (ed), 『The Classic Cinema, Stanley Kauffman』,
　　　The Achievement of The Red Desert, Harcought Brace Jovanovich,
　　　Inc, 1973

Steve Neale, 『Genre』, London: BFI, 1980